鵜月裕典 著

不実な父親・抗う子供たち

――19世紀アメリカによる強制移住政策とインディアン――

American Indians against the unfaithfull
Great father in Jacksonian Era

木 鐸 社

目次

不実な父親・抗う子どもたち

――一九世紀アメリカによる強制移住政策とインディアン――

序　本書の視角

建国期から一九世紀におよぶアメリカ史の展開を考える場合、民主主義制度の発展やフロンティアの拡張、黒人奴隷制拡大などとならんで、実に多様なテーマの追求が必要となる。しかし、領土の拡張が植民地建設以来、アメリカの存在を支えてきたことを考えると、はたしてアメリカがどのように領土拡張を果たしたのかという問題の中で、特に先住民たるインディアンの存在にいかに対処したのかを体系的に明らかにすることがぜひとも必要となる。無論、インディアン・白人関係は従来数多の異なる視点から研究者の関心を集めてきたから、その要旨を簡単に紹介することは必ずしも容易ではない。アメリカ合衆国は、一八三〇年インディアン強制移住法の制定以降二〇年近い歳月と多大の資金と労力を費やして、ミシシッピ川以東に居住するインディアン諸部族の大半を同川以西のインディアン・テリトリ（現在のオクラホマ州を含む地域）に移住させた。一〇万人をこえる先住民をその意志に反して立ち退かせた無謀さと理不尽さ、それが民主主義を標榜する国家の政策として立案、強行されたことの衝撃、そしてインディアンたちが強いられた物理的、精神的犠牲の凄まじさ。こうした点からジャクソン期インディアン強制移住政策は、合衆国におけるインディアン・白人関係史上最大の汚点のひとつとして、彼我の研究者たちによって厳しく断罪されてきた。

筆者がインディアン・白人関係史に注目したのは、湾岸戦争やイラク戦争など現代史におけるアメリカの対外戦略の展開と並んで、なんといっても恩師の富田虎男氏の影響を強く受けたからであった。ヴェトナム反戦運動とあわせて一九六〇年代後半以降、帝国としてのアメリカ史という議論を打ち出した氏は単に強制移住の理不尽さへの人道主義的憤りに留まらず、アメリカ史全体において強制移住が有した意味に踏み込んで次のように述べる。「インディアン強制移住政策は、端的に言えば、国家権力を用いてインディアンをミシシッピ川以東の土地から追い払い、彼らの土地を白人社会の構成員に分配する政策であった。これを鏡として当時のジャクソニアン・デモクラシーを映し出すとき、そこに白人社会内でのデモクラシーの普及＝庶民の台頭が、インディアンと黒人の排除つまり人権の侵害と表裏一体をなしている構図が、はっきりと浮かび上がってくるであろう。」これに対し、アメリカ本国の強制移住研究史は次のように応じる。①

「ジャクソン期のインディアン政策は偽善的な言動と強欲の複合体であり、矛盾に貫かれている……ジャクソンの行動は有権者の意志に従う責任ある政府当局者の行動というよりも、有権者の偏見や強欲を十二分に共有した狂信者の行動であった。」ジャクソン研究の泰斗エドワード・ペッセンのこの説明が、アメリカにおける従来の研究者の視角をよくあらわしているといえよう。つまり従来の強制移住政策の研究は、日米両国において「強欲」＝領土拡張＝インディアンからの土地奪取を発想の起点にすえることで、この政策の持つ抑圧的、侵略的性格を告発することに力点をおいてきたといえる。こうした視角が、被抑圧者インディアンを組み込むことを通じたアメリカ史の捉えなおしに大きく貢献してきたことは敢えて確認するまでもない。②

しかし、土地奪取＝インディアンの空間的排除の論理やインディアン絶滅という征服者の論理を鋭く指摘する従来の研究には、無視し得ない問題が存在してもいる。それは連邦政府を含めた白人側の動機を土地奪取欲求として一元化してしまい、政策決定者から一般の開拓民にいたる多様な人々の言動を露骨な「強欲」の表明以外は、

「偽善的な言動」ないしは「強欲」の合理化として先験的に検討対象から除外したことにかかわっている。つまり強制移住をめぐる諸問題を、土地奪取という経済的欲求に収斂させて解釈する傾向を指摘しうるのである。この傾向は、従来の研究蓄積が移住に至る歴史過程をまずもって明らかにし、移住による白人への土地開放の完了をもって、連邦政府と移住インディアンの関係が断絶に向ったかの印象を与えてきた。しかし従来は必ずしも真剣な検討が加えられてこなかった移住前後のインディアン政策を総合的に射程に組み入れるとき、果たしてインディアン強制移住政策は放置絶滅目的の政策と断定しうるのかという疑問が生じる。

同時に注意すべきなのはかかる視角に基づく研究が、ともすればインディアンを一方的犠牲者、受動的存在として位置付ける傾向を持ったことである。勿論、強制移住という理不尽な歴史的事件においてインディアンが犠牲者であったことは何人も否定できない。しかし、この点を強調するあまりインディアンを一方的犠牲者、受動的存在として客体視するならインディアンの持つ歴史構成者としての性格は等閑に付され、延いてはインディアン・白人関係にも一面的にしか光があてられないことになりはすまいか。無論、個別部族の研究はインディアンの主体的努力を洗い出してはいる。またインディアン・黒人関係の究明も進んでいる。しかし、白人側の多様な論理とインディアン側の論理、はたまた黒人側の論理を個々の集団の内的ダイナミクスを踏まえつつ突合せ、強制移住の全体像を描く接近方法は必ずしも採られてこなかった。こうした点から従来の研究は、強制移住を歴史総過程の中に位置づけ解釈することには十分には成功してこなかったように思える。

そこで、本書は、移住前後のインディアンに対して連邦政府がいかなる政策を採り、どのようなインディアン・白人関係のあり方を模索したのか、またインディアンたちは連邦政府の政策にいかなる姿勢をもって対処したのか、という問題を中心的な検討対象としたい。より具体的には、インディアン強制移住政策を土地奪取＝空間的排除という視角からだけでなく、歴史も文化も多様な一〇万人を超える先住民の集住・隔離という視角からも捉えなおし、移住地で連邦政府が推進したインディアン文明化の試みとインディアン領地構想が、白人、インディアン双方にとっていかなる意味と目的をもったかを究明すべく努めたい。近年、特にアメリカでは従来の研究の限界を超えるべく、文化人類学の影響を受けつつ、いわゆるエスノヒストリー（歴史民俗学）研究が盛んである。[3]筆者もそうした新動向に決して無関心ではないが、むしろわが国におけるインディアン史研究の基盤の充実＝既存史料の読み直しに基づく新たな充実した研究条件の整備に努めたいと考えている。つまり先に挙げたペッセン氏や富田氏の指摘を受け継ぎつつ、両者を総合的により発展させたいと考えるのである。インディアン・白人関係史を考える上で、その最も暴力的な発現形態のひとつである強制移住の検討は不可避の要素であり、如上の研究視角を批判的に継承しつつ、個別研究が展開されねばならない。その際、筆者は特にフランシス・P・プルーカの実証主義的姿勢に大きな影響を受けた。彼の、アメリカ大統領を擬したグレート・ファーザーという呼称を軸に、数千頁に及ぶ大著でインディアン・白人関係を描ききった熱意には比類ない影響をうけたし、ウィルコム・ウォシュバーンの視野の広さやロナルド・サッツの目配りの周到さ、セーダ・パーデューのチェロキー族研究の情熱をはじめ、近年の様々な研究にも目配りするよう努めたい。[4]また、筆者一人の手では強制移住をめぐる多彩な研究——特に個別部族に関する多様な実証研究——は手に余ることを認めねばならない。この点、わが国でも特に若手研究者の間に懸命かつ優秀な努力が払われていることは喜ばしい。その意味で、本書は内外の強制移住研究の総合的努力たらんとするものである。[5]

本書の内容構成について簡単に確認しておきたい。本書は補章を含む六章構成をとる。先ず第一章「強制移住期までの連邦インディアン政策」において、強制移住法の制定過程と白人、インディアン双方の賛否両論を検討する。連邦政府と州政府の立場の相違、文明化を焦点とするインディアン内の対立関係も重要な検討点となる。また、「ジェディダイア・モースのインディアン改革計画」を補章として挿入する。第二章「一八三四年インディアン関連諸法」では、組織化法と通商交際法をとりあげる。第三章「ジャクソン期インディアン領地構想」においては、インディアン・テリトリへのインディアン移住と移住構想の展開、実際の歴史過程を明らかにしたい。インディアン内の自己認識の相違が焦点となろう。そして第四章「共生の試みと挫折―インディアン共和国と強制移住」では、チェロキー族の移住をめぐるインディアン・黒人関係について扱う。第五章では、「セミノール族・黒人・白人関係」に考察を加える。第六章「インディアンとインディアン文明化」では、インディアン・テリトリにおけるインディアン・白人関係を検討し、強制移住の全体的把握に努めたい。この点についてはより多くの部族検討が必要であるが、参照一次史料と二次文献から筆者の力量不足を補うべく努めたい。

また主要な法律名の定訳や法律内容の検討をはじめ、わが国における強制移住法研究は依然開拓期にあるように思われる。本書ではその点に鑑み、参考資料として一八三〇年強制移住法をはじめいくつかの重要法令の翻訳を試みた。そうした作業自体が筆者の抱く強制移住像を最も鮮明に描く方途と考えるからである。[6]無論、思わぬ誤りなどについては、読者の方々からの忌憚ないご批判を仰ぎたいと考える。

（1）　清水知久・高橋章・富田虎男『アメリカ史研究入門』山川出版、一九七四年、一三六―一三七頁。富田虎男『アメリカインディアンの歴史』雄山閣出版、一九八二年、一四八頁。

（2）　Edward Pessen, *Jacksonian America: Society, Personality, and Politics*, rev. ed. Homewood. Ill. 1978, p.296.

（3）　エスノヒストリーについては、専門雑誌もあるが、一九世紀インディアン史との関係については特に、M.D. Green and Theda Perdue "Native American Hisitory" in William L. Barney. *A Companion to 19th Century America*. Oxford Blackwell Publishers, 2001.

（4） 新たな世紀を迎え、革新的な視野や充実した研究が陸続と登場している。例えば、Deloria Philip Jr. and Salibury Neal eds., *A Companion to American Indian History*. Blackwell publishers: Malden, Mass. 2002.

（5） 例えば、岩崎佳孝「強制移住後のインディアン・テリトリにおけるアメリカ先住民部族―チカソー族の部族内抗争と部族自治への道程―」『アメリカ史研究』二四号、二〇〇一年、一―一六頁。佐藤円「チェロキー族における部族政治の組織化―一八世紀の初頭から一八二〇年代まで―」『法政史学』四九、一九九七年、三一―五七頁などがある。

（6） 本来なら、法制史や、政治史の専門家が従事すべき作業であり、筆者には荷が重いが、十分な研究展開を行うためには、不可欠の作業と考える。

第一章　強制移住期までの連邦インディアン政策

Ⅰ　土地奪取の展開

(1)　土地奪取と連邦インディアン政策

建国以来、連邦インディアン政策の最大の課題の一つは、国民に土地を安定的に開放するために、いかにしてインディアンから平和裡に土地を獲得していくかにあったといえる。当時、土地は最高の価値ある商品といえたから、これを着実に供給することは国家支配の正統性の点からしても、国庫収入の点からしても喫緊事であった。このために連邦政府が採用したのが、インディアン部族を独立の主権を有する国家として承認し、国際法に基づくものとしてインディアン関係を処理するという方針であった。つまり、各インディアン部族と条約を締結し、土地購入、譲渡条件や様々な保証条項を定めた上で土地を割譲させるというものである(1)。

無論、この条約制度が字句通り、理想通りに機能してインディアン部族の主権や利害が尊重されたとは決していえない。連邦政府はいざとなれば白人側に立っての武力行使を辞さなかったし、往々にして条約自体が現状追認、つまり、周辺白人の無法な領土侵犯を承認する形で結ばれた。この意味では、R・サッツが主張するように、条約制度は合法的な土地奪取の便法として機能したといえよう。事実、一八一二年戦争時の武力衝突に代表される幾多の戦争を経ながら、条約に基づく土地割譲は着々と進行していった。例えば、一七八九年から一八二五年までの期間の南東部の主要部族についてみるなら、合衆国への領土割譲ないしは新たな境界線承認に係わる条約の数は、チェロキー族が一二、クリーク族が八、チョクトー族が六、チカソー族が四にのぼっている。この結果、一八二〇年代中頃にはこれら部族はジョージア州北東部、ノースカロライナ州西部、テネシー州南部、アラバマ州東部、ミシシッピ州北部に飛び地として存在する、総計一、五〇〇万エーカーの土地に押し込められていったのである。[2]

軍事的にみても、この条約制度は必然性を備えていた。国力が未だ整わず、兵力を専ら民兵に頼る合衆国にとっては、積極的な軍事力行使は経済的にいっても得策ではなかった。事実、条約に基づく土地購入という方針は、連合会議による積極的武力行使・強制的な土地奪取という政策が失敗した結果生みだされたものだった。[3] 無論、一八〇三年にジェファソン大統領が「われわれの強さと彼ら（インディアン）の弱さは今や明白なのだから、われわれが手を振りおろしさえすれば粉砕されてしまうことを彼らは理解せねばならない」と述べたように、合衆国とインディアンの力の差は時代の進行とともに歴然たるものになっていく。[4] しかし、一八七一年に廃止されるまで、インディアン条約制度は土地獲得の公式方針として継続していくのである。同時にこの条約制度は連邦・州関係からも解釈されねばならない。秩序あるフロンティアの拡大と自らの主導権による土地開放を必要とする連邦政府にとって、条約制度は、ともすればインディアン領に侵入して土地の不法占拠を行いインディアンの敵対心を煽る開拓民や土地投機業者、その利益を代弁する州当局に対し、連邦権力の優越性を示す手段でもあった。つまり、条約締結という公式の外交手続きをふむことによって、連邦のみがインディアン関係を扱う権限を唯一有することを確認したのだといえよう。かくて一七八九年には、陸軍省（The Department of War）の創設とともにインディアン問題は同省の専権事項と位置づけられるのである。[5]

しかし、連邦インディアン政策のありようとその本質という点からすると、以上の経済的・軍事的・政治的側面からのみ条約制度を解釈することはできない。なぜなら、条約制度による土地獲得という方針は、極めて理想主義的な政策理念が提示される中で採用されたものだからである。条約制度の確立と購入による土地獲得を推進したワシントン政権のヘンリー・ノックス（Henry Knox）陸軍長官は、一七八九年六月の報告書の中で、土地獲得戦争にはかなりの軍事力が必要だが、たとえその余裕があったとしても合衆国はそれを用いるべきではない、とした上で次のように述べている。「インディアンは白人に先立つ占有者であり、土地への権利を持っている。彼らの自由意志によるかあるいは正義の戦争による征服の権利なしにそれを奪うことはできない。他のいかなる原則によって彼らを除去することも、自然権とそれから派生する、わが国の名誉たる正義を甚だしく傷つけることになろう。[6]」さらに、一七九一年一〇月の第三回年次教書においてワシントン大統領は、あるべき連邦インディアン政策の姿を明言している。彼は、「信仰と博愛精神に基づく寛大な原理原則」に則った、「国家の品位に恥じない」政策、「公正な」政策こそが、「インディアンの幸福を増進して彼らに合衆国への愛着を抱かせるのに必要だ」として、強制によらない理に適った形での土地獲得の推進、公平な交易の拡大、文明の恩恵を付与する実験の実施、インディアンの権利や条約の侵犯者への罰則規程などを議会に呼びかけている。[7]

この政策理念が、建国期の指導者たちの持つ啓蒙主義に基づく自然権思想や新生共和国の理想主義を反映した

ジョン・C・カルフーン

ものであったことはいうまでもない。また、この理念が現実と甚だしい乖離をみせたことも繰り返すまでもない。しかし、ここで重要なのは、そうした理念を政治的・経済的・軍事的意図を糊塗する美辞麗句として、検討の対象から先験的に除外すべきではないことだろう。というのは、この理念は条約制度を通しての土地奪取の方策や様々な実利をもたらすと同時に、インディアン・白人関係の管理者としての、また、インディアンの権利の保護者としての役割を連邦政府に課したからである。別言するなら、この役割は土地を取り上げるのと並行してインディアンにいかなる地位を与え、彼らを合衆国との（白人社会との）関係の中でいかに処遇していくかという課題と表裏一体のものだった。一八二〇年にジョン・C・カルフーン陸軍長官（John C. Colhoun）は次のように述べている。「彼ら（インディアン）は、徐々にわれわれの権威と法に従わねばならない。さもないと、彼らは悪徳にまみれ惨めに衰えていくだろう。文明社会の只中で、彼らが独立した社会として存続していくのは、彼らの風習をもってしては不可能だ……彼らは我々の保護の下に入らねばならない。彼らの文明化と幸福を意図する諸策のうちには、彼らの意見ではなくてわれわれの意見こそが浸透するべきなのだ。[8]」

時としてインディアンの物理的抹殺を宣言し、それを実行した開拓民やフロンティアの軍人たちとは異なり、連邦インディアン政策は決してインディアンの絶滅を唱道しはしなかった。連邦インディアン政策の立案者・実行者たちは、土地奪取を推進する一方でインディアンを「保護」し、その「幸福を増進する」という矛盾した目的を「国家の品位に恥じない」形で達成しようとした。その達成手段は、白人による抑圧と収奪という現実にも「公正な」政策理念にも決定的な変化を必要としなかった。カルフーンが述べるように、変化を求められたのはインディアンの「風習」であり、「意見」だった。つまり、インディアン文明化＝同化こそが白人に利益を与えると同時にインディアンに恩恵と「正義」を施す手段として追求されていくのである。

(2) インディアン文明化政策

強制移住の実行に至るまでの連邦インディアン政策には、条約締結による土地獲得という方針を軸にした二つの側面を認めうる。一つは、個々の条約で設定された境界線を尊重し、通商活動を中心にインディアン・白人間の接触を連邦権限により規制して、両民族間の摩擦を防止する側面である。この側面は、インディアン通商交際法の制定（一七九〇年）と政府直営のインディアン商館の設立（一七九六年）として具体化された。通商交際法は、インディアンとの条約を補完して白人に条約規程を遵守させることを意図して制定され、インディアン交易の免許制や合衆国の同意のない、インディアンによる土地売買の禁止、両民族間の犯罪取り締まり規定を内容とした。同法は数次にわたる改正により、いわゆるインディアン地方の境界線を明示した上で、インディアンへの酒類販売の抑制も含めた、両民族間の接触を包括的に規制する法律、連邦インディアン政策の基本法となっていく。一方、商館制度は、主として毛皮交易における白人商人の不正を糺し、必需物資を適正価格で供給することでインディアンとの友好を図ることを目的としていた。一八二〇年代初めまでに約三〇箇所設けられた商館（しばしば連邦軍砦に並置された）には、大統領任命による担当官がおかれ、一八〇六年には業務全般を統括するインディアン交際監督職が設置された[9]。

こうした試みが、インディアン・白人関係の秩序維持という多分に抑制的、消極的性格を帯びたのに対して、インディアン政策のもう一つの側面は積極的な性格を持っていた。インディアン文明化の試みである。

ここでいう文明化＝Civilizationとは、インディアンを未開状態から文明段階に進歩させる、という試みを意味する。具体的には、農耕や家内工業、英語やキリスト教信仰、これらを教育を通じて普及し、狩猟採集に頼る共同所有制の社会を私有財産制に基づく農業社会へと転換しようとするものである。そして、究極的には部族を解体してインディアンをアトム化し、市民として白人社会に同化、吸収することが目指されたといえる[10]。

強制移住に至るまでの時期においては、インディアンを野獣と同一視して意のままに殺しても良い存在とする開拓民的な発想から、ロマン主義的な「高貴なる野生人」という発想まで、様々なインディアン観が白人社会に共存していた。しかし、インディアン政策の立案者・実行者や文明化活動に携わるプロテスタント諸教会の宣教師は、インディアンを黒人とは違って、生物学的・人種的には白人と対等の存在と見做していた。つまり、インディアンはその置かれた環境故に文化的に劣っているのであり、生まれながら文明段階へ向上する資質は備えていると考えられたのである。

但し、ここで重要なのは「文明」の意味内容である。当時のアメリカ人にとっては、「文明」とは人間社会の単線的な発展＝進歩の一段階を意味し、独立革命以降アメリカ人が実現せんとする社会――経済的個人主義や個人の自由に基づく民主主義、キリスト教信仰――こそが、人間社会の必然的進歩の帰結と意識された。R・H・ピアスが主張したように、当時のアメリカ知識人はそうした進歩史観に則って、自らの社会を尺度として他の社会を評価したのである。この尺度によれば、インディアンは文明進歩の初発段階である未開状態にあり、道徳的にも劣位にあるとされ、もしインディアンが文明化を受容しなければ彼らの絶滅は不可避と考えられた。無論、ワシントンやジェファソンらの啓蒙主義思想に基づく文明化概念と福音主義的プロテスタント諸派のそれには若干の相違はあったが、インディアンの性質やその変革の可能性については両者は共通の認識を持っていたのである[11]。

前節でも触れたように、一七九一年の教書でワシントン大統領が文明化の実験を呼びかけて以降、連邦政府は友好的な部族の文明化を図るために臨時担当官や金銭や農具や家畜を送る方針をとり、一八〇二年の通商交際法第一三条によりこうした方針を実施するため年間一五、〇〇〇ドルの支出が定められた。これに加えて、各部族との条約においても文明化のための様々な援助が盛り込まれている[12]。しかし、なんといっても文明化の最大の推進力となったのは、福音主義的プロテスタント諸派の宣教師たちであった。連邦政府と宣教師の連携によって、学校設立を中心とした文明化活動が盛んに展開されていくのである。

建国当初は各派の宣教努力は必ずしも活発とはいえなかったが、一八世紀末の第二次信仰覚醒運動を経る中で、福音主義に基づく現世の普遍的改造や完全論の信念から、インディアンを対象とする旺盛な宣教活動が行われるに至った。特に一八一二年戦争以降は、ナショナリズムの高揚とも相俟って、プロテスタントの多様な宗派によって伝道教会が設立されていった[13]。一八二三年に「海外伝道連合教会」（United Foreign Missionary Society）が設立に当って発した声明は、そうした目的を的確に表している。「インディアンに文明の恩恵とキリスト教信仰の祝福をもたらすために設立された宣教師団体を積極的に支持していこう。そうすれば、あなた方は次のような未来を明るい期待をこめて望めるのだ。未開人が市民へと転じる未来。狩猟民が手工業者に変革される未来。農場や作業場や学校や教会が、全てのインディアンの村を飾る未来。勤勉と秩序と健全な道徳の成果が、全てのインディアンを祝福する未来。そして、赤人と白人がいたるところに見出され、同じ慈悲と友好の気持ちを持って交際し、同じ市民共同体、信仰共同体の仲間となり、キリストの王国を光栄にも受け継ぐ後継者同胞となる未来をである。[14]」宣教師たちの間では、福音の普及によるキリスト教徒化と文明化の優先順位については論争が存在したが、現実にはこの二つは渾然一体となって展開された。R・バークフォアのいう「キリスト教文明」を鏡として、「文明化の恩恵とキリスト教信仰の祝福」を未だ手にしないインディアン＝道徳的劣等者の改造が、慈悲精神をもって独善的かつ強圧的に推進されたのである。[15]

具体的には、宣教教会の活動を援助するため、[16]一八一九年三月に「インディアン文明化資金法」を制定し、連邦議会は年間一〇、〇〇〇ドルの支出を決定した。[17]これは直接的には一八一七年のモンロー（James Monroe）大統領の年次教書での要請を反映した立法であった。その中でモンローは、農耕民族の狩猟民族に対する優越、後者が前者に土地を明け渡す義務についてふれ、インディアンを絶滅から救うためには文明化が不可欠だとしている。[18]確かに、条約制度と同様に文明化の試みも合法的な土地奪取の便法と解釈できるし、インディアン農耕民化による余剰地の開放と文明化は矛盾なく統一的に認識されたということだろう。[19]

こうした文明化については、最後に二つの点を指摘しておきたい。一つは、当事者の努力にも拘らず全体としてみれば、文明化の進捗が極めて緩慢だったことである。一八二四年にインディアン学校は総数三二、生徒数九一六人だったが、一八三〇年に至っても、総数五二、生徒数一、五一二人に留まっている。この数字は、一八二八年当時の東部インディアン人口が約一二万だったことからみると、文明化が必ずしも顕著な成果をあげていないことを示している。[20]いま一つは、文明化の進行が部族間において不均等に生じたことである。いわゆる文明化五部族、特にチェロキー族において文明化は著しい成果をあげた。アメリカ海外伝道教会の援助の下、白人との混血部分を指導層として推進されたチェロキー族の文明化については、多くの先行研究があり詳しくはそれらに譲りたいが、ここではその文明化が必ずしも全ての白人の期待に適うものではなかったこと、つまり一八二七年のチェロキー憲法制定に象徴されるように独立主権国家の建設という方向を生んだことを指摘しておきたい。別言するなら、総体としてインディアン文明化が停滞したことは、文明化へのインディアンの反発を窺わせるものといえるし、チェロキー族の場合には、富田氏が指摘するように、部族の一体性を再生する梃子として文明化を逆手に利用したものと理解しうるのである。(21)

II　インディアン移住をめぐる賛否の論理

(1)　インディアン移住構想の形成とマッケニーの論理

前節で見たように、建国以来連邦政府は一方で通商交際法などを通じてインディアン・白人関係を統制し、他方でインディアン文明化を図りながら、条約による土地獲得を推進する方針を採った。しかし、特に一八一二年米英戦争後この漸進的な方針は白人社会、特にジョージア州を先達とする南東部諸州からの反発を呼ぶことになる。その反発が、迅速な土地獲得達成という経済的欲求に根ざしていたのはいうまでもない。一八一二年戦争後の急速な黒人奴隷制綿作プランテーションの発展に加えて、地下資源・木材・穀物への需要拡大は、プランターや土地投機業者、開拓民などの間に、インディアン領＝アメリカ発展の障害物の除去という要求を強めたのである。(22)

こうした経済的欲求は、政治的にはインディアンへの司法管轄権をめぐる、連邦政府への不満として顕在化した。つまり、単なる土地占有者、借地人にすぎないインディアンが、自州内に「国内の国」を形成する変則状態やそうしたインディアンを連邦政府が保護する事態は州権の甚だしい侵害だ、という不満である。これは、一八〇二年の連邦・ジョージア州間の合意（ジョージア州が西部領土請求権を連邦に譲渡するかわりに、連邦政府は同州内のインディアン土地所有を平和的で理に適った条件で消滅させる、という合意）の履行、即ちインディアン即時移住の実行を政府に迫るという形で表明され、一八二四年・二八年大統領選挙における、インディアン移住を主張するアンドルー・ジャクソンへの支持として表現されることになる。[23]

周知のように、土地交換に基づいてミシシッピ川以西へ東部インディアンを移住させる構想は、一八〇三年のルイジアナ購入をふまえてジェファソン大統領によって提示され、チェロキー族の一部との間で実際にすでに交渉が行われていた。[24] しかし、この構想が連邦政府において本格的に検討されるのは、南東部諸州からの圧力が強まるモンロー政権下においてであった。モンローは、一八二四年一二月の年次教書において、インディアンの絶滅の危険性を訴えた上で、次のように主張した。文明化こそがインディアンの生存にとっては不可欠の要素であるが、それは時間を要する試みであり、現住地では十分に達成されえない。従って彼らに西部への移住を促し説得しなければならない。但し、強制移住は「人道的見地からして不快であり決して正当化されえない。」さらにモンローは翌年一月の特別教書において、「インディアンを差し迫った滅亡の危機から救い、彼らの福祉と幸福を促進する」、インディアンの政府と文明化のための「熟考された計画」、インディアンも白人もともに満足させる寛大な政策を議会に要請した。かくて、インディアン移住構想が連邦政府の基本方針として正式に提示され、それはJ・Q・アダムズ（John Quincy Adams）政権へと引き継がれていくこととなる。[25]

確かにインディアン移住構想は、南東部諸州を中心とする白人社会内の不満を解消する手段として採用された方針、従来のインディアン政策の行き詰まりをインディアンの空間的排除により解決する方策であったとも理解できる。しかし、同時に留意すべきなのは、この移住構想が空間的排除の論理と並行してインディアン「保護」＝「統合」の論理も併せ持ち、それ故に従来のインディアン政策の一面と整合性を保つ形で提示されたことであろう。つまり、土地奪取と同時にインディアンをどう処遇し、いかなる地位を与えるか、という連邦インディアン政策の課題に応えるものとして、思考されたのである。

具体的にそれは、先述したモンローの特別教書において、白人の侵入を防止し文明化を促進するためのインディアンによる統治制度として提示され、アダムズ政権下ではジェームズ・バーバー（James Barbour）陸軍長官によるインディアン領地構想、さらにはジャクソン大統領による同様の主張として登場する。押しなべてそうした主張は、合衆国大統領の監督の下で移住した諸部族に連合政府を組織させ、それを連邦政府によるインディアン一括支配の機関として機能させつつ文明化をさらに推進し、やがては州として連邦に編入する、という内容を持っていた。結局、そうした領地政府は実現することはなかったが、そこに示された移住構想の持つ「保護」＝「統合」の論理は生き続けるのである[26]。

トマス・L・マッケニー

移住構想が備えたこの論理については、インディアン局責任者トマス・L・マッケニー（Thomas L.Mckenny）のインディアン移住賛成論のうちにその本質の一端を窺うことができる（インディアン局長の職が設けられるのは一八三二年）。マッケニーは、一八一六年にインディアン通商監督官に就任し、一八二二年に商館制度が廃止されると、一八二四年には実質的なインディアン局初代責任者となり、一八三〇年にその職を辞するまで連邦インディアン政策の立案・実行に中心的役割を果たした人物である。[27]政策を立案する上で、彼が最大の関心を寄せたのがインディアン文明化であった。彼は特に宣教教会の活動に期待を抱き、様々な援助を与えるとともに、連邦議会に積極策を呼びかけ、カルフーン陸軍長官と共に一八一九年文明化資金法の成立に尽力した。こうした点について、彼は一八四五年に次のように述べている。「私は、文明や信仰においてインディアンが最高の水準に達する能力を持つことを疑わなかったし、今も疑っていない。しかし、その偉大な改革のためになんら十分な計画は練られていないと考えた。だが、善良な人々の努力によって、インディアンがその知的・道徳的構造においてはわれわれと同等だと得心させる証拠は十分に引き出されていた。従って、私は彼ら民族の将来の幸福の促進のための、広がりにおいても内容においても十分な体系を導入せんとしたのだ。[28]」

マッケニーは、インディアン文明化を図る上で農民化の重要性を主張した。農耕による定住生活こそが、私有財産権思想や勤勉、キリスト教信仰を可能とするからだった。「彼らの注意を農業と手工業に向けてください。……インディアンを永遠に狩猟民にしておくのは、われわれの目的ではないのです。われわれは彼らの中から市民を作り出したいのです。そのためには、彼らは先ず土地に錨を降ろさねばなりません」、と彼は一八二一年にある人物に述べている。[29]マッケニーは、こうした試みを学校教育を通じて推進することを主張した。彼によれば、学校教育こそがインディアンの白人社会への同化の前提条件を整え、文明化の模範的人物や白人社会とを繋ぐ媒介の役割を担う人物を育てるからだった。[30]

文明化に固い信念を抱くと同時に、マッケニーはモンローの示した移住構想を支持し、インディアン移住賛成の急先鋒となった。彼の移住賛成の論理は、彼が一八二九年五月に「アメリカ海外伝道教会」のジェレマイア・

エヴァーツ（Jeremiah Evarts）に宛てた長文の書簡の中にはっきりと示されている。彼は先ず土地所有権と主権の問題について次のように述べている。「インディアンによって保有されている土地への権利は単なる占有権にすぎないし、彼らとの条約でなされているような保証がどのように行われようと、それはこの種の（占有権の）保証にすぎない。他の何れかの規準によってこうした保証を解釈することは、主権が主権に反して、つまりインディアンの主権が州の主権に反して打ちたてられると判断することになってしまうのだ。」現住地へのインディアンの土地所有権と主権を否定した上で、マッケニーは問題を文明化へと移す。彼は、インディアンの潜在能力、人間としての平等を指摘する一方で、現状ではインディアンは知的・道徳的・政治的に白人に大幅に劣っており、その劣位ゆえに差別・圧迫に苦しめられているばかりか、白人の悪徳により害されていると嘆く。「インディアンは堕落させられている……既存の（白人社会との）関係が変化しない限り、インディアンは現状では救われることも向上させられることもあり得ないのだ。」従って、移住こそがインディアンの生存と文明化にとっては最善の策だ、と主張するのである。

続いてマッケニーは移住後の計画について語る。「こうした権利（西部移住地の土地所有権）を彼ら（インディアン）が直ちに確保するのを連邦は保証せねばならない。彼らの土地は、全家族の間で分割、分配される。彼らの保護と向上のため、少なくとも政府の枠組みが直ちに与えられるべきである。この政府の運営には彼らが参画すべきである。彼らと連邦の関係は、わが国の領土と連邦の関係と同一であるべきだ。さらに、市民生活や政治や宗教におけるアメリカ市民の特典全てを享受するほどに彼らを向上させるための包括的計画が望まれるのだ。」こう述べて彼は、農民化とキリスト教化、読み書きや手工業を教える学校制度の確立を移住先で連邦政府が推進することを約束し、政府の目的は移住によって「インディアンの保護と向上と幸福を図ること」にほかならないとして手紙を結んでいる。[31]

以上のようにマッケニーは、現住地でのインディアンの土地所有権を否定した上で、白人の悪徳や圧迫により現状での文明化は不可能と断じ、移住地にインディアン領地を設立して連邦政府の保護下で文明化を強力に推進することが、インディアンを絶滅から救う唯一の手段だと主張した。つまり彼は、移住を文明化の先行要件と考えたわけで、ここにはっきりと排除の論理と統合の論理の一体化を見てとることができよう。彼は、モンロー、アダムズ両政権下でカルフーン、バーバー、ピーター・B・ポーター（Peter B. Porter）の歴代陸軍長官と協力して移住法案の連邦議会上程に尽力し（モンローの提案に大筋で従った法案が、一八二五年、二六年、二九年の三回上程されたが何れも廃案）、その一方でインディアン部族を説得し移住条約を締結する努力を展開した。彼は、武力に基づく強制移住を否定し、政府の人道的意図を説得せんとしたが、いうまでもなく大多数の部族は移住を拒んだ。特にチェロキー族の移住拒否は彼を憤慨させている。最も文明化の進んでいたチェロキー族こそ移住後のインディアン領地で指導的役割を果たすものと期待したからである。彼は一八二九年の年次報告書で、大部分の部族民は移住を望んでいるが、権力欲に駆られた首長たちが暴力支配により圧力を加えているから、是非とも部族民保護のために連邦軍を派遣すべきだ、と提唱している。[32]

マッケニーはジャクソン政権でもインディアン局の責任者を引き続き務め、一八二九年七月には「北アメリカ先住民の移住と保護と向上のためのインディアン協会」をニューヨークに設立した。これはオランダ改革派の聖職者を中心とした組織で、綱領において移住したインディアンへの生活技術と信仰の普及（第四条）、連邦政府への全面協力（第五条）、政治党派や宗派に拘りなく参加者を募ること（第六条）を定めていた。同協会は八月に、綱領やマッケニーの主張、政府見解を盛り込んだパンフレットを刊行し、翌三〇年二月には移住法制定を求める請願書を連邦議会に送った。しかし、これらが同協会の活動の全てだった㉝。

元来、「インディアン協会」は宗教界による移住賛成論の醸成というジャクソンの期待をうけて、マッケニーが奔走して設立した組織であり、オランダ改革派教会以外の宗派は悉く参加を拒んだ。連邦からの資金援助やバプティスト派やミシガン領地総督ルイス・キャス（Lewis Cass）の支持があったとはいえ、「アメリカ海外伝道協会」を中心とした反対運動に対抗するには総勢三〇名たらずの組織の活動力には限界があった。一八三〇年五月に強制移住法が成立し、八月にマッケニーがインディアン局責任者を解任されると自然壊滅したのも当然であった㉞。

「インディアン協会」が政府の御用機関だったのは明らかであり、それがマッケニーの政治的野心の表れだったことも否定できない。彼は『回顧録』において、自らがインディアン局責任者を解任されたのは、強制移住に反対したためだとしているが、実際にはジャクソンが強制移住法が成立した後はマッケニーの力を必要としなくなったためと考えられる㉟。マッケニーは、熱烈なカルフーン支持者であり、アダムズ政権の要員だったのである。マッケニーについては、彼の評伝を著したH・ヴィオラやF・プルーカがその純粋な人道主義を強調する一方、一般には打算的で日和見主義的人物との評価が定着している。しかし、重要なのは彼の人となりではなく、その移住賛成の論理が連邦インディアン政策の本旨を彼なりに代弁したものだった点なのである。

（2）ジャクソンの論理とエヴァーツの論理

一八二七年七月のチェロキー憲法制定により態度を一層硬化させていたジョージア州は、同年一二月七日に州議会において、州内領土全てへの同州の絶対主権、借地人たるインディアンの借地権処分への自由裁量、州内領土全てへの州法拡大などを盛り込んだ委員会決議を採択した。[36] さらにジャクソンの大統領当選で意を強くしたジョージア州は、翌二八年一二月一九日に州内チェロキー領を北西部諸郡に編入する法律を、一年後には半年の猶予をもって州法を全領域に拡大する法律を制定した。[37] ここに至ってジョージア州は、チェロキー族の国制・条約・習慣を全面否定し、州法に従うか移住するかの二者択一を迫る強硬手段に出たわけだが、ジャクソンはジョージア州に性急な行動を戒める一方で積極的に移住政策を展開することになる。

ジャクソンのインディアン移住についての考えは、一八二九年四月一八日にイートン（John Eaton）陸軍長官がジャクソンの指示によりチェロキー族代表団に宛てた書簡と同年一二月の第一回年次教書に明らかである。イートンは先ず、独立宣言と一七八三年パリ条約によりグレート・ブリテンに属した全主権は連邦諸州（邦）に委譲されたのだとして、「今となっては諸州に対してその元来の主権の行使を否定する情況にはない」と主張した。一七八五年のチェロキー族とのホープウェル条約は狩猟場を割り当てて境界線を定めたが、それは単に占有権や使用権を認めたにすぎない。その後の条約も同様に解釈すべきだし、一八〇二年の連邦・ジョージア州間の合意も主権についてはふれていない。それが州にあることは自明のことだからである。イートンはこう述べた上で、ミ大統領は州権に反してインディアンを現住地において助けることはできないし、そのつもりもない。従って、ミシシッピ川以西の移住地においては、「合衆国政府は、領土侵害を食い止め、互いの平和と親善を保つために温情的な、監督者としての保護をあなた方に施し与えるであろう。」そして、文明への進歩を現在妨げているインディアン固有の風習は、学校教育によって勤勉と教養に取って代わられるだろう、[38] と。

ジャクソンの教書も、このイートンの手紙と同趣旨のものだった。ジャクソンは、独立国家を既成州内に樹立せんとするインディアンの試みは、連邦政府によっては決して支持されないと述べて、インディアンにミシシッピ川以西への移住か州法に従うかの選択を迫った。さらに彼は次のように述べる。もしインディアンが白人と接触し続けるなら、彼らは堕落し破滅するだろう。「慈悲精神と国家の名誉が、そうした大惨事を避けるべくあらゆる努力のなされることを求めている。」ミシシッピ川以西で、インディアンは「フロンティアの平和と部族間の平和を保つのに必要な合衆国の統制に従う以外は、彼ら自身の選択による政府を享受し」、その地域は「インディアン諸部族が占有する限り彼らに保証される。」そこでは文明化を推進し、「彼ら民族を永続化させ、わが政府の人道性と正義を証明するであろう興味深い共和国を樹立するべく」努力が払われるだろう。こう述べた上で、彼は移住が自発性に基づくべきことを強調して教書を結んでいる[39]。

こうしたジャクソンの主張は、移住の自発性を唱えつつも、インディアンの主権を否定して州権を支持し、結局は移住を強制するための詭弁と解されるのが通例である。しかし、本書の文脈からいって重要なのは、彼がこの二つの文書を通じて、連邦政府とインディアンの関係をはっきりと規定している点であろう。周知の如くジャクソンは元来、インディアンを独自の主権を持たない合衆国の従属民と考え、それ故条約制度の廃止を公言していた。一八一七年三月、南部軍管区司令官だった彼はモンロー大統領に宛てた書簡の中で、インディアンは「狩猟の目的のために土地の占有権を有するにすぎず、領有権は持たないのだから、連邦議会は法令によって全てのインディアン関連事項を処理する完全な権利を持つ、と私は結論します」と述べ、一八二〇年九月にはカルフーン陸軍長官に対して、「インディアン部族と（条約締結）交渉をする茶番劇にはもう幕を下ろす時です」と進言している[40]。前節で検討したように、連邦インディアン政策はその成立当初から、土地奪取と並行してインディアンにいかなる地位を与えどう処遇するか、という課題を背負ったわけだが、ジャクソンはその課題に対して、インディアンは「温情的な、監督者としての保護」を連邦政府が与える従属民だ、という答えをはっきりと下したのである。もとより、この答え自体はインディアン・白人関係の実態に基づいて様々な人々によって仄めかされていたし、また、条約制度を彼が現実に廃止しえたわけでもない。しかし、ジャクソンは強制移住を通して、インディアン従属民化を実質的に展開していくことになるのである。さらに、彼のいう「保護」が文明化の論理に則ったものだった点も強調されねばならない。マッケニーと同様、ジャクソンも文明化を軸として「排除」と「統合」の論理的整合を図るのである。そしてその論理を逸脱する存在、即ち「移住」による「文明化」＝「統合」＝従属民化を拒むインディアンは、徹底的に抑圧されたのである[41]。

以上のようなジャクソンの論理やジョージア州を中心としたチェロキー族への圧迫には、白人社会内からも大きな反対世論と同情が巻き起こった。その中心的人物となったのが、「アメリカ海外伝道協会」の事務局長ジェレマイア・エヴァーツ（Jeremiah Evarts 一七八一―一八三一）だった[42]。彼は、「アメリカ海外伝道協会」の組織力を十二分に活用しつつ、連邦政府がチェロキー族の権利を擁護しないとすればそれは道徳的な大罪であると断じ、キリスト教徒の良心に訴える形で抗議運動を展開した。彼は、一八二九年八月五日から一二月一九日にかけて、ワシントンの新聞『ナショナル・インテリジェンサー』（*National Intelligencer*）にウィリアム・ペンの筆名で二四回にわたる長大な論説を発表した。この論説は、夥しい数の新聞や定期刊行物に転載された後に、イートン長官のチェロキー族代表団への手紙などの資料を併録して『アメリカ・インディアンの境遇における現在の危機についての論説集』と題して出版された。この著作は、インディアン移住反対派に理論的根拠を提供すると同時に、チェロキー族の権利の擁護者エヴァーツの名を天下に知らしめることになった[43]。

『論説集』の第一回で、エヴァーツは執筆の目的について次のように語っている。「合衆国の国民は、この問題（移住問題）に正しい判断を下す上で、彼ら自身そして人類に対して責任を負っている、と私は主張するつもりだ。

次のような疑問が、一国民としてのわれわれに課せられているのだ。インディアンはどうなるのか。彼らは何らかの権利を持つのか。持っているのならそれらはどんな権利なのか。彼らはそれらをどのように護るのか。これらの疑問には、実際的な答えが緊急に下されねばならないのだ。」こう述べた後、彼は第二二回まで種々の史料を挙げながら、チェロキー族の現住地に対する権利を詳細に検討している。彼の主張を要約すれば次の通りである。チェロキー族は太古からその居住地を占有してきたのであり、合衆国は一七八五年のホープウェル条約以来数々の条約によって、チェロキー族を国家として承認し、その土地所有権を保証してきた。最高裁も、インディアンの土地所有権はそれが合法的に消滅されない限り、尊重されねばならない、と判決を下している。従って「このこと（最高裁判決）は、チェロキー族が自発的に自らの国を引き渡すまでは、彼らを完璧に護る論拠になるのだし、彼らの側からの土地引き渡しのみが、彼らの土地所有権が『合法的』に消滅させられうる唯一の方法なのだ。」[44]

ジェレマイア・エヴァーツ

ジョージア州のインディアン領への主権宣言は、過去の諸条約の内容を無視、曲解した誤りであるし、一八〇二年の合意を詳しく検討しても、チェロキー族の土地をその意思に反して処分する根拠は見出せない。「国内の国」派は容認し得ないというジョージア州の主張は、「チェロキー族はわが国の繁栄に反する利害関係は決して持たないし、現にわが国の保護の下で生活することに厳粛に同意してきた」のだから、「なんら心配の種たりえないのだ。」[45]

以上のようにエヴァーツは、先住権と条約による保証事項を論拠に、インディアンが現住地への所有権と自治権を有すること、それ故非自発的移住がそうした権利の侵害にほかならないことを法律学的に論証した。しかし、重要なのは、彼がそうした論証結果を道徳的議論によって説得しようとする点である。彼はキリスト教こそが国家の現行法の基礎だ、と主張して「道徳性という大原則は不変であり、それは個人同士と同じく国同士をも相互の付き合いにおいて拘束する」と述べる。さらに彼は市民一人一人を陪審員に準え、陪審員の不注意で生命を奪われるのは六万のインディアンだと断じ、その一方で国家指導者に対して、国家の名誉を汚さないよう呼びかける。[46]「連邦政府はルビコンの川岸に立っている。踏みとどまれば、国家を不実の誇りから救える。しかし、一歩踏み出したら……この偉大で誇るべき北アメリカ合衆国が条約侵犯により有罪になるのを万人に知らしめることになるのだ。」そして、もしインディアン移住という大罪を犯すなら、神は災いを国家と国民にもたらす、と強調して『論説集』を結んでいる。[47]

エヴァーツは、完全に福音化された世界、全ての人がキリスト教化された世界という理想を抱き、神はそうした理想の実現をアメリカに使命として与えたと信じていた。そうした彼にとっては、インディアン移住問題はそれまで文明化の試みとしてインディアンに向けられていたキリスト教慈善運動を、全国民を対象とするものへ拡大する梃子にしようとしていたともいえよう。即ち、チェロキー族保護の拒否＝道徳的大罪を国民がキリスト教徒としての良心の覚醒によって防ぐよう説き伏せる一大宣教活動と認識していたのである。[48]

無論、彼はキリスト教文明へとインディアンを導くという目的においてはマッケニーと同じ道を歩いていた。『論説集』においても、随所でチェロキー族文明化の成果を喧伝し、「チェロキーは（現住地に）留まり文明化されたいという願いを抱く」と強調している。[49]その意味では、彼とマッケニーの主張の違いは、移住を文明化の一手段と見るか、阻害要因と見るかの違いだったともいえよう。文明化の試みに内在する、統合の論理は共有されていたと考えられるのである。エヴァーツはインディアン領地構想を白人の強欲を過小評価する「夢物語」として斥けており、おそらくはインディアンの国家主権と土地所有権を尊重することで白人の領土侵害を防止し、「わが国の保護の下で」文明化＝統合を推進せんと考えたといえよう。[50]彼は『論説集』を出版すると、連邦議会への大規模な請願運動を組織し、移住反対の議員たちと連携して東部で移住反対運動を精力的に展開した。移住問題を道徳的範疇において正邪の図式で解釈する彼の主張は、党派対立と絡み合いつつ、連邦議会での移住法案審議に影響していくのである。

Ⅲ　インディアン強制移住法の成立

（１）連邦議会での法案審議

ジャクソンの教書での要請に応えて、連邦上院では一八三〇年二月二二日に、下院では同二四日に各々のインディアン問題委員会が、東部の全部族と土地交換交渉を行う権限を大統領に与える法案（ほぼ同内容）を上程した。[51]この二一議会第一会期では、与党民主党が上院の五八％、下院の六九％を占めていた（表１・２参照）。上院の審議は四月六日から二四日まで行われ、結局は移住法案は賛成二八、反対一九で可決された。[52]上院での投票行動は、概ね所属政党に従っていた。ニューハンプシャー、ニュージャージー、ニューヨーク、ペンシルヴェニア四州の民主党議員五名の賛成投票とミズーリ、オハイオ両州の非民主党議員の反対投票は、選出州とインディアンの存在や土地奪取要求の関係が、必ずしも投票行動の決定要素ではなかった点を示唆している。（表１参照）。

上院での審議は白熱したものとなった。反対の先陣はセオドア・フリーリンハイズン（Theodore Frelinghusen:

表１　1830年インディアン強制移住法案の上院における州別・地域別・政党別採決状況

	州　　名	賛成（#）	反対（#）
ニューイングランド・中部諸州	ヴァーモント		2（0–2）
	コネティカット		2（0–2）
	ニュージャージー	1（1–0）	1（0–1）
	ニューハンプシャー	1（1–0）	1（0–1）
	ニューヨーク	2（2–0）	
	ペンシルヴェニア	1（1–0）	1（1–0）
	マサチュセッツ		2（0–2）
	メイン		2（0–2）
	ロードアイランド		2（0–2）
	小　　計	5（5–0）	13（1–12）
南部諸州	アラバマ	2（2–0）	
	ヴァジニア	2（2–0）	
	サウスカロライナ	2（2–0）	
	ジョージア	2（2–0）	
	テネシー	2（2–0）	
	デラウェア		2（2–0）
	ノースカロナイナ	2（2–0）	
	ミシシッピ	2（2–0）	
	メリーランド		1（0–1）
	ルイジアナ	2（1–1）	
	小　　計	16（15–1）	3（0–3）
中南部・境界諸州	イリノイ	2（2–0）	
	インディアナ	2（1–1）	
	オハイオ		2（0–2）
	ケンタッキー	2（2–0）	
	ミズーリ	1（1–0）	1（0–1）
	小　　計	7（6–1）	3（0–3）
	総　　計	28（26–2）	19（1–18）

典拠：United States Congress, *Register of Dabates in Congress*, 21st Cong. 1st Sess., p.383; *Biographical Dictionary of the American Congress, 1774-1989*; Ronald N. Satz, Federal Indian Policy, 1829-1849, Ph. D. diss., Univ. of Maryland, 1972, p.34.
#　党派別内訳：民主党－非民主党（国民共和党と反メーソン党）
尚，棄権はメリーランド州の民主党議員１名

ニュージャージー州国民共和党）によって切られた。後に「アメリカ海外伝道協会」会長となる彼は、安息日郵便物配達禁止運動などを通じてエヴァーツと親交が深く『論説集』に従ってインディアンの主権と土地所有権が合衆国との条約で保証されていることや連邦政府のインディアン保護義務を訴えた。「インディアンが係わると、道徳的原則の命令を蔑ろにできるのが白人の特典なのか、」「隣人インディアンの神聖な特権への高圧的侵害により、将来われわれが良心の痛みにいかに苦しむか弁えようではないか」と、彼は三日間延べ六時間に亘る熱弁で、道徳的見地から連邦政府とジョージア州を激しく攻撃した[53]。

フリーリンハイズンに続いて、ピーレグ・スプレイグ（Peleg Sprague: メイン州国民共和党）や、アシャー・ロビンズ（Asher Robbins: ロードアイランド州国民共和党）らが、移住後の保証の不明確な点や条約締結権限を

めぐる、法案の違憲性を中心に反対主張を展開した。[54] こうした反対論に対して、法案賛成論が、ジョン・フォーサイス前ジョージア州知事（John Forsyth: 民主党）やロバート・アダムズ（Robert Adams: ミシシッピ州民主党）らによって行われた。フォーサイスはジョージア州の年来の主張と連邦政府の人道性を繰り返した上で、北部諸州は過去においてインディアンを自らの保護の下においたのに、なぜ同じことが自分たちには許されないのか、と憤慨し、アダムズは法案が国家の品位を汚さない「公正で高潔な」ものだと主張した。[55]

議論が平行線を辿る中で、デイヴィッド・バートン（David Barton: ミズーリ州国民共和党）が、移住交渉の公開や脅迫や威嚇が用いられないこと

表2　1830年インディアン強制移住法案の下院における州別・地域別・政党別採決状況

	州　名	賛成（#）	反対（#）	棄権（#）
ニューイングランド・中部諸州	ヴァーモント		5 (0–5)	
	コネティカット		6 (2–4)	
	ニュージャージー		6 (0–6)	
	ニューハンプシャー	6 (6–0)		
	ニューヨーク	16 (16–0)	14 (2–12)	2 (2–0)
	ペンシルヴェニア	7 (7–0)	16 (14–2)	3 (3–0)
	マサチュセッツ	1 (1–0)	12 (1–11)	
	メイン	2 (2–0)	3 (1–2)	1 (1–0)
	ロードアイランド		2 (1–1)	
	小　計	32 (32–0)	64 (21–43)	6 (6–0)
南部諸州	アラバマ	3 (3–0)		
	ヴァジニア	15 (15–0)	5 (2–3)	1 (1–0)
	サウスカロライナ	9 (9–0)		
	ジョージア	7 (7–0)		
	テネシー	8 (8–0)	1 (0–1)	
	デラウェア		1 (0–1)	
	ノースカロライナ	8 (7–1)	5 (0–5)	
	ミシシッピ	1 (1–0)		
	メリーランド	5 (5–0)	3 (0–3)	1 (1–0)
	ルイジアナ	1 (1–0)	1 (0–1)	1 (0–1)
	小　計	57 (56–1)	16 (2–14)	3 (2–1)
中西部・境界諸州	イリノイ		1 (1–0)	
	インディアナ	2 (2–0)	1 (0–1)	
	オハイオ	2 (2–0)	11 (5–6)	1 (1–0)
	ケンタッキー	8 (8–0)	4 (1–3)	
	ミズーリ	1 (1–0)		
	小　計	13 (13–0)	17 (7–10)	1 (1–0)
	総　計	102 (101–1)	97 (30–67)	10 (9–1)

典拠：United States Congress, *Register of Debates in Congress*, 21st Cong. 1st Sess., p.1133; *Biographical Dictionary of the American Congress,1774-1989*; Ronald N.Satz, Federal Indian Policy, 1829-1849, Ph.D.diss., Univ. of Maryland, 1972, p.40.
#　党派別内訳：民主党－非民主党（国民共和党と反メーソン党）

を保証する修正条項を求めたが否決された。フリーリンハイズンとスプレイグも法案通過の条件として、インディアンの権利の明確な保証や連邦議会が移住地の居住適正を調査するまで移住を延期するという内容の修正案を提出したが否決され、前述のように法案は上院を通過した[56]。

下院では上院法案が優先され、審議は五月一三日から二五日にかけて行われた。結果的に法案は賛成一〇二、反対九七という僅少差で可決されたが、下院の投票行動は上院のそれとは大きく異なっていた[57]。賛成票の九九％は民主党が占めていたが、三〇名の民主党議員（反対票の三〇％）が反対に廻り、九名の民主党議員が棄権（棄権の九〇％）した（表2参照）。特に民主党の拠点の一つだったニューヨーク・ペンシルヴェニア両州とオハイオ州がそうした反対行動の中心だった。これらの州では、例えば、ペンシルヴェニア州のクエーカー教徒の圧力に象徴されるように、移住反対やインディアンへの同情の世論が湧き起こっており、地域密着という下院の特性から見ても、当該議員は政府への忠誠心よりも住民感情を尊重したものと考えられる。同時に一八三二年大統領選挙を睨んだ国民共和党のヘンリー・クレイ（Henry Clay）らが、先述の事情を利用して民主党の切り崩しを図り、それがエヴァーツらによる道徳的見地からの強い働きかけと相俟った結果ともいえる。

下院審議は上院以上に白熱したものとなった。反対論は、ウィリアム・L・ストーズ（William L. Storrs: コネティカット州国民共和党）を急先鋒にウィリアム・エルズワース（William W. Ellsworth: 同）、サミュエル・ヴィントン（Samuel F. Vinton: オハイオ州国民共和党）、エドワード・エヴェレット（Edward Everett: マサチュセッツ州国民共和党）、アイザック・ベイツ（Isaac Bates: 同）らによって展開された。一方賛成論は、ジョン・ベル（John Bell: テネシー州民主党）を筆頭に、ディクソン・ルイス（Dixon H. Lewis: アラバマ州民主党）、ウィルソン・ランプキン（Wilson Lumpkin: ジョージア州民主党）、リチャード・ワイルド（Richard H. Wilde: 同）らによって担われた。下院審議は当初は上院と同様に、インディアンの権利（とそれを保護する連邦の義務）対州権を軸としていたが、ランプキンが反対派の多くはアダムズ政権時代にはインディアン移住を支持していた、と非難したように党派的利害対立の色彩を強く帯びていった。[58] 移住地の居住適正を疑問視したベイツの意見などは、かつてアダムズ政権下では移住地の気候風土が賞賛されたことからみれば明らかな矛盾を示していた。[59] 従って、移住自体は既定のこととした上で、論争の行き詰まりが、移住方法や手続きを議論の焦点とすることで打開されようとしたのも当然であった。

その方向は、ジョーゼフ・ヘンフィル（Joseph Hemphill: ペンシルヴェニア州民主党）の修正案によって示された。ヘンフィルは、法案が移住の具体的計画を十分示していない点を批判し、移住地を徹底的に調査した上で各部族との移住交渉に当たる三人の特別使節を任命し、その作業のため移住実施を一年遅らせることを提案した。これは、ジャクソンが強制的に移住を断行するのではないかという法案反対派の不信を、大統領に全権を委ねないことで和らげるとともに、自党への忠誠と地元有権者の板挟みに悩む一部民主党議員の救済策ともいえた。実際ヘンフィル修正案の採決が九八対九八の同数となったことは（民主党議員の大多数は反対に廻った）、移住反対派が移住そのものには反対しなかったことを示している。しかし、結果的にヘンフィル修正案は、アンドルー・スティーヴンソン下院議長（Andrew Stevenson: ヴァジニア州民主党）の反対投票により否決された。[60]

この後、「本法案に政権の浮沈を賭ける」というジャクソンの決意をうけたジョン・ベルの工作により、ペンシルヴェニア・マサチュセッツ両州の民主党議員四名が翻意した結果、法案は五票の僅差で下院を通過して上院に戻された。[61] 上院では、インディアンの権利を保証し移住地の事前調査を行うという修正案がフリーリンハイズンとスプレイグによって、法案をジョージア州にのみ限定するという修正案がジョン・M・クレイトン（John M.

Clayton: デラウェア州国民共和党）によって提出されたが何れも否決された。上院で可決された法案は、五月二八日にジャクソンの署名を得て、ついに「何れかの州または領地に居住するインディアンとの土地交換ならびにミシシッピ川以西へのその移住を定める法律」が成立した。[62]

この法律は、「どの州にもどの准州にも含まれておらず、インディアンの土地所有権が既に消滅している、ミシシッピ川以西の合衆国に属する領地」を境界線と定め区画した上で、東部諸部族の現在居住する土地と交換する交渉を行う権限を大統領に与え（第一条・第二条）、移住部族とその相続人への新住地の恒久的保証（第三条）、現住地でインディアンが施した諸改良への補償（第四条）、移住経費の政府負担と移住後一年間の援助（第五条）、現行条約の尊重（第七条）、法律条項実施のための五〇万ドルの支出（第八条）を定めていた。第二条が一八〇二年の合意の履行を確認していることが示すように、この法律が南東部諸州を中心としたインディアン「排除」と同時に「統合」の側面をも併せ持つことにも注意しなければならない。即ち、第六条は移住部族を「他のいかなる部族または国からの、あるいは他のいかなる個人または集団からの干渉ないしは侵害からも保護せしめる権限」を、さらに第七条は、移住部族に「現住地において彼らに現在認めているのと同様の監督と保護を施す権限」を大統領に与えている。こうした規定は、通商交際法をはじめとする現行の法令がそのまま移住地においても効力を持つこと、つまり、インディアンおよび彼らと白人の関係への連邦政府の統制が持続されること、さらには、移住諸部族が連邦政府の直轄支配の下で「保護」と「監督」を受けることの宣言だったのである。[63]

こうした「統合」の側面は、強制移住法に基づく初の移住条約、チョクトー族とのダンシング・ラビット・クリーク条約（一八三〇年九月）でより明確な形で現れてくる。同条約は新住地でのチョクトー族の自治権を認めたが、「合衆国憲法や合衆国の条約・法令と矛盾する」法令の制定は禁じ、チョクトー族は連邦議会がインディアン問題に対する立法をなす権限を認めると宣言した。（第四条）。さらに同条約は、合衆国は「合衆国市民が保護せられるのと同じ原則に基づいて国内紛争や外敵からチョクトー族を保護する」こと（第五条）、連邦政府が在地担当官を任命すること（第八条）、年金支給（第一七条）、族長の自宅や教会、学校などの建設費支給や青年の教育、農具の支給（第二〇条）を定めた上で、チョクトー族は「教育と教養の点での急激な進歩」を遂げれば、連邦下院へ代表を送る特典を持つと謳っている（第二二条）。また同条約は、「（現住地に）留まり州市民となるのを望む家長」には単独所有地を与えるとして、種々の規定を行っている（第一四条～一九条）[64]。

強制移住法は、前述の検討に従えば、インディアン「排除」による土地奪取と同時に、インディアンを連邦政府の「保護」と「監督」の下におくことを通じて政治的支配と文明化による「統合」を目指したものと考えることができる。連邦下院における白熱した移住法案審議は、インディアン「排除」のありかたの如何を軸に進められたが、ヘンフィル修正案の投票動向が示すように、法案反対派にも「統合」の問題は――その方法について幅はあったが――それほど議論の必要はなかったのである。「われわれの助言に促されて、彼ら（インディアン）は熱意を持って人間つまり合理的で教養あるキリスト教徒になることにしたのだ」というフリーリンハイズンの発言が、そのことを暗に示しているのである[65]。

（２）チェロキー裁判と移住反対論の旋回

強制移住法の成立は、インディアン移住反対派の敗北を意味したが、反対運動は議会外で活発に続行された。但し、注意すべきなのはしだいに反対運動の持つ政治的性格が顕在化していった点であろう。

エヴァーツは、一八三〇年七月には「合衆国へのチェロキー族の嘆願書」を執筆し、ジョージア州とジャクソンの主張に反対するチェロキー族の立場を国民に訴え、一〇月には『北アメリカ評論』に第二一議会第一会期の法案反対演説集を編集して掲載、翌月には『ナショナル・インテリジェンサー』に一二月からの議会での強制移住法廃止のための請願運動を呼びかける論説を発表した[66]。さらに彼は、「アメリカ海外伝道協会」の移住反対請願書を執筆した。これは一八三一年一月に議会へ送付されたが重要なのはエヴァーツの主張に一定の後退が見てとれることである。請願書は『論説集』とは好対照をなしていた。後者にみられた史料批判に基づくインディアンの権利の主張や政府への痛烈な道徳的批判は雲散霧消し、過去の伝道努力の主張と移住が招くであろう災禍や困難が、誇張や想像に基づいて強調されている。西部の広大な土地を前にすればインディアンは狩猟民に逆戻りしてしまい、移住は「道徳や習慣や悦楽における深刻な堕落を伴わずには行われえない」という主張は、エヴァーツらのインディアン文明化の達成度のそれまでの主張の信憑性を疑わせるものだった[67]。無論、これを戦略的後退と見ることもできるが、移住を道徳的大罪として攻撃するエヴァーツの運動は確実に世論の関心を失いつつあり、三一年五月に彼が病没すると実質的にその運動は消滅した。「アメリカ海外伝道協会」はしだいに移住先でのインディアン文明化へと方向を転換していくのである。

一方、ヘンリー・クレイら国民共和党指導層は、一八三二年大統領選挙に向けてインディアン移住問題をジャクソン民主党攻撃の格好の材料として捉え、インディアン移住の是非を司法裁判に委ねることでチェロキー族の法的擁護を訴える戦術を探った。一八三一年の「チェロキー国対ジョージア州」裁判である。これは、ダニエル・ウェブスター（Daniel Webster）とフリーリンハイズンらの勧めにより、ジョージア州法のインディアン領への強制執行の差止め命令を求めてチェロキー族が最高裁におこした訴訟である。さらに翌三二年には、「アメリカ海外伝道協会」がジョージア州によって二人の宣教師サミュエル・ウースター（Samuel Worcester）とイライザ・

バトラー（Elizur Butler）が禁固刑に処せられた事件を巡って最高裁に上訴した、「ウースター対ジョージア州裁判」である。[68] この二件の訴訟に対してジョン・マーシャル（John Marshall）最高裁首席判事が下した判決は、司法がインディアンの法的地位や彼らと合衆国の関係を公的に規定したものとして重要な意味を持った。

マーシャルは、一八三一年三月に出した判決において、「わが政府の諸法律は明らかにチェロキー国を国家として認めてきたし、裁判所はそれらの法律に拘束される」としながらも、「インディアン領土は合衆国の一部を構成すると考えられる」から、インディアンの合衆国に対する関係は特殊なものだと主張した。さらに彼は、インディアン国を「国内の従属国」と規定し、インディアン領への合衆国の土地所有権はインディアンの占有権が消滅する時点で発効するとする一方で、「合衆国に対する彼らの関係は被保護者の保護者に対する関係に類似している……彼らはわが政府に保護を求めている」と主張した。こうしてマーシャルは、連邦政府のインディアン保護の責任を強調する一方で、チェロキー国は憲法のいう意味での外国ではないとして訴訟を却下した。つまり、最高裁はインディアンへの司法管轄権を否定することで、政府・州との対立を回避したわけである。[69]

これに対して一八三二年の訴訟は、明らかに最高裁の司法管轄権に入る事件であり、マーシャルはチェロキー族の政治的独立性についてより踏み込んだ判決を下した。彼は、チェロキー国は「独自の領土を占有し、明確に定められた境界線を持つ別個の社会であり、そこではジョージア州法は効力を持ち得ないし、チェロキー国の同意や条約による協定や連邦議会の立法がなければジョージア市民が立ち入る権利はない」として、ジョージア州裁にウースターらの有罪判決を翻して釈放するよう求める命令書を発行した。但し、マーシャルは合衆国とインディアンとの交渉の権限はすべては連邦政府にのみあること、チェロキー国は厳密な意味では外国と見做せないことも指摘している。[70]

この二つの判決は、重要な政治的意味合いを持った。国民共和党は、判決記録係リチャード・ピーターズ（Richard Peters）が出版した「チェロキー国対ジョージア州」裁判文書を利用し、ジャクソンを一八二〇年通商交際法の執行を拒む「連邦法無効論者」として攻撃するキャンペーンを張り、一八三一年一二月の党大会ではジョージア州の宣教師投獄は「連邦政府の支持と是認」に基づくと非難して、インディアン問題を来るべき選挙の争点の一つに据えた。さらに、「ウースター対ジョージア州」裁判の原告側弁護人ウィリアム・ワート（William Wirt）とジョン・サージェント（John Sergeant）は、裁判の前に各々反メーソン党大統領候補と国民共和党大統領候補に指名されていたのである。(71)

ジョージア州がウースター裁判での最高裁命令を、文書回答を拒むという形で連邦法の抜け道を利用して無視すると、国民共和党は最高裁命令執行拒否を追及してジャクソン攻撃を一層強めた。しかし、重要なのはジャクソンには最高裁命令を執行する法的権限はなんらなかったことである。国民共和党がそれを弁えた上で先述の非難を展開した点に、反対運動の政治的意図がはっきり現れていた。一方、ジャクソンは最高裁命令が執行不可能なことを逆手にとって、自発的移住こそが唯一の対処策だと主張し、ジョージア州知事ウィルソン・ランプキン（Wilson Lumpkin）から連邦政府と協調行動をとる旨の同意を得た。ここに至って、インディアン移住をめぐる賛否両派の運動は完全に党派抗争の様相を呈したのである。(72)

さらに、一八三二年連邦議会の高率関税法制度に反対したサウスカロライナ州が、その無効を宣言した問題で連邦分裂の危機が深刻化すると、賛否両派は連邦護持という目的のためにインディアン移住問題を棚上げにして共同歩調をとるのである。一八三二年四月には、フリーリンハイズンでさえ寛大な条約が申し出られるならインディアンは移住に応じるべきだとの結論に達した。(73) サウスカロライナ問題が沈静化すると、国民共和党と反メーソン党が中心となって新たに結成されたホイッグ党は、再び移住反対の立場をとり、クレイらは議会内で移住条約批准反対運動を展開したが、議会外で運動を組織することはできなかった。しかも、一八四一年に誕生したウィリアム・ヘンリー・ハリソン（Willian Henry Harrison）のホイッグ党政権は民主党政権からインディアン移住政策をそのまま引き継いでいく。ハリソン政権とタイラー（John Tyler）政権初代の陸軍長官は、かつて移住法案を上程したジョン・ベルが務めたのである。さらには、移住が現実に進行していくと宣教協会の大部分もインディアン部族に移住条約締結を促し、連邦政府に協力して移住先での文明化に携わっていくことになる[74]。

一八三一年・三二年の最高裁判決は、インディアン国の主権を条件付きながら認め、合衆国の土地所有権はインディアンの土地占有権が消滅する時点で発効すると主張した。これはある意味ではインディアンの権利を認定したものといえる。しかし、同時に最高裁判決がインディアン関連事項（土地獲得も含めて）における連邦の州に対する優位を確認して、合衆国とインディアンの関係を「保護者」と「被保護者」の関係と規定したことは、本書の文脈からいえば、ジャクソンのインディアン強制移住政策の持つ統合の論理に正当性を与えたと解釈しうるのである。強制移住法に従って、ジャクソンはインディアン部族と土地交換条約を締結し、合法的に――マーシャル判決に従えば条約締結により自発的に――ミシシッピ川以東のインディアン領を獲得した。いうまでもなく、大多数の場合に移住条約締結は圧倒的な力の差を背景にした威嚇や武力そのものの行使によって達成されたが、前述の意味ではジャクソンは最高裁判決に則って移住政策を実行したのである。そして、連邦政府は移住政策を通して、インディアン問題に関する連邦の州に対する優位を確認し、「保護」の名の下にインディアンの「統合」を推進するのである。

Ⅳ　中間総括

以上、本章ではインディアン移住問題をめぐる白人社会内の賛否両論をできる限り多面的に検討してきたが、最後にいくつかの重要点を再確認した上で、今後の展開を示しておきたい。

先ず、第一に確認したいのは、マッケニーないしはジャクソンの主張とエヴァーツの主張の相違点と共通点である。端的にいって、前二者と後者は移住を文明化の手段と見做すか、阻害要因と見做すかにおいては決定的に異なっていた。マッケニーもジャクソンもインディアンは現住地に対しては占有権を有するのみだし、合衆国と交わした条約もそうした占有権を認めたにすぎない、として州権を尊重し、同時に白人との接触が文明化を妨げるという説明で移住を唱道した。（無論、多分に政治的・経済的目的の達成手段をも同時に移住に読み込んだジャクソンの主張と人道主義的ともいえるマッケニーの主張には差異が認められる。）一方、エヴァーツはインディアンの主権と土地所有権を認め、移住の強制はそうした権利を保証した過去の条約を侵犯する道徳的大罪だと捉え、移住反対運動を展開したのである。[75]

しかし、注意すべきなのは、インディアン文明化の正当性については三者の間にはなんら矛盾は存在しなかったことである。極言すれば、三者の相違はその手段の点につきるのである。多少乱暴に図式化すれば、インディアン文明化とは、「白人」＝「道徳的優越者」＝キリスト教文明が「インディアン」＝「道徳的劣等者」＝「野蛮な異教徒」を慈悲心をもって教導し、それによってインディアン個人・社会を改造せんとする、インディアン固有の生活・文化を敵視した独善的な試みだった。もとより、この場合の白人（社会）とは現実のそれではなく、「キリスト教文明」を体現する理想的白人（社会）だった。マッケニーは、インディアンをミシシッピ川以西の地に移住させ、連邦政府の保護の下でその理想を実現せんとし、エヴァーツは、インディアンの主権を連邦政府が保証することで現住地において、さらにはインディアン問題を梃子に世界全体を福音化することで、その理想を実現せんとした。但し、文明化が実際にはインディアンの農民化・キリスト教化・市民化を、即ち現実の白人社会への同化を目指したことは言うまでもない。つまり、文明化の試みは「統合」の論理を内包したのである。[76]

モンロー政権以降、インディアン移住政策は、一方で南東部諸州の土地奪取要求に応える「排除」の論理と並行して、文明化を政治面でも実現しようとする「統合の論理」（その一形態としてのインディアン領地構想）の中で本格的に形成された。一八三〇年強制移住法は、そうした「排除」と「統合」という二つの論理を併せ持っていた。さらには、ジャクソンが国家権力を用いて、この二つの論理の整合性を図った背景には、ワシントン政権以来の連邦インディアン政策の一大課題、即ち白人への土地開放＝インディアンからの土地奪取を追及するのと並行して、インディアンにいかなる地位を与え、どのように処遇するかという課題が厳然と存在していたのである。一八三七年三月の「告別演説」において、ジャクソンは次のように述べている。「わが国市民の安全と安楽は、彼ら（インディアン）の移住によって大いに促進された。その一方で、博愛心あふれる人は以下のように慶ぶことになろう。かの不幸な民族の生存者たちがついに危害や抑圧の及ばない場所を与えられ、そして、連邦政府の温情あふれる監督が彼らを見守り、保護するだろう」、と。[77]

無論、白人の「安楽」がインディアンへの「抑圧」に基づいて得られたこと、つまりインディアンの「排除」による土地奪取が、強制移住の持つ本質の一つであることは敢えて確認するまでもない。しかし、強制移住政策が「連邦政府の温情あふれる監督」として表現された「統合」の論理をも併せ持ったことは、連邦インディアン政策が、ジョージア州の主張に見られるが如き粗暴で民族差別的な「排除」の論理とは一線を画する形で自律性を持ったことを示唆しているといえよう。現実には、多数のインディアンの命を奪ったとはいえ、連邦インディアン政策は決してインディアンの絶滅＝物理的抹殺を唱道しはしなかった。しかし、一九世紀後半を見通した上でいえば、移住問題をめぐって現れた「統合」の論理は、一方でインディアンへの政治的支配＝従属民化を、他方でインディアンの（文明化という形での）文化的抹殺を実行していくのである。[78]

もとより、本章は、インディアン移住をめぐる賛否の言説を検討することに主眼を置いたもので、本章の主張に説得力を持たせるためには、「統合」の論理が実際にいかなる形で現象したかを追求しなければならない。さしあたっては以下において、移住地での文明化の実体と政治的統合のありようを確認していきたい。

（1）こうした点については、Francis Prucha, *American Indian Policy in the Formative Years*, chap.II, III; Rogin, Michael P., *Fathers and Children: Andrew Jackson and the Subjugation of the American Indian*, New York, 1975, pp.76-110.

（2）Satz, *American Indian Policy in the Jacksonian Era*, p.1; Charles J.Kappler ed., *Indian Affairs:Laws and Treaties*, 5vols, Washington, 1904, vol.II (Treaties), pp.25-217; Mary E. Young, "Indian Removal and Land Transfer," in Wilcomb E.Washburn ed., *History of Indian-White Relations* (Handbook of North American Indian vol. 4), Washington, 1998, pp.211-229.

（3）この点については、Reginald Horsman, "United States Indian Policies, 1776-1815," in Washburn ed., *History of Indian-White Relations*, pp.29-33. 富田虎男「連合会議のインディアン政策」『アメリカ市民社会意識形成研究会報』一九六九年、同、『アメリカ・インディアンの歴史』一九八二年、一〇〇－一〇九頁。

（4）Jefferson to William Henry Harrison, Feb. 27, 1803 in Francis Paul Prucha ed., *Documents of the United States Indian Policy*, Lincoln Neb., 1975, p.23.

（5）ワシントン政権のノックス陸軍長官は、一七八九年七月に次のように述べている。個々の部族は「特定の州の従属民としてではなく、外国人と考えられねばならない。各州は自領域内の土地すべてに対する先買権を保有する権利を持ち、それは奪われない。しかし、あらゆる条約を締結する権利は国家主権に属するべきだ。」Report to the President of the United States, July 17, 1789, in *American State Papers, Indian Affairs*（以下 *ASPIA* と略）, p.53; An Act to establish an Executive Department to be dominated the Department of War, Aug. 7, 1789, in Prucha ed. *Documents*, p.14.

（6）Report to the President of the United States, June 15, 1789, *ASPIA*, I, p.13.

（7）Message of Oct. 25, 1791, in James D. Richardson, comp., *A Compilation of the Messages and Papers of the Presidents*, 20 vols., Washington, 1897-1917, I, pp.95-98.

（8）Report of Jan. 15, 1820, *ASPIA*, II, pp.200-201.

（9）一七九〇年インディアン通商交際法の原文は、Washburn ed., *The American Indian and the United States:A Documentary History*, 4 vols., Westport Conn., 1979, III, pp.2151-2153. 通商交際法は数次にわたって改正され、改正のたびに内容は厳格なものとなった。しかし、連邦政府は十分な立法執行力を持たなかったし、両民族間の犯罪行為に対しては、司法はしばしば民族差別的判断を下した。また、政府交易所は、部族の経済的統制やインディアンへの外国勢力の影響排除といった目的も持ったが、アメリカ毛皮会社を中心とする民間企業における利害主張により一八二二年に廃止された。これらの点については、Prucha, *American Indian Policy in the Formative Years*, pp.43-50, 66-84, 93-212;do., *Great Father*, pp.115-134.

（10）この時期のインディアン文明化政策全般については、Satz, *American Indian Policy*, chap.9; Prucha, *Great Father*, I, chap.5.

（11）Roy Harvey Pearce, *The Savages of America: A Study of Indian and the Idea of Civilization*, Baltimore, 1953, p.103; Robert F. Berkhofer, Jr., *Salvation and Savage: An Analysis of Protestant Missions and American Indian Response, 1787-1862*, NY., report. of 1965, 1976, pp.1-15. 白人のインディアン観の変遷について簡便なものとしては、Berkhofer, Jr., "White Conceptions of Indians," in Washburn ed., *History of Indian-White Relations*, pp.525-547. ジェファソンのインディアン観については、Bernard W. Sheehan, *Seeds of Extinction: Jeffersonian Philanthropy and the American Indian*,

Chapel Hill, 1973, Part 1. 我が国の研究としては、島川雅史「ジェファソンとインディアン問題」『アメリカ研究』一二、一九七八年、一六三―一八一頁。

（12） Prucha, *Great Father*, I, pp.143-144. 一八〇二年通商交際法は、Washburn ed., *The American Indian and the United States*, III, pp.2154-63. また、例えば一八〇四年にデラウェア族と結ばれた条約は、「専ら彼らの状態を向上させ、文明化を促進する目的から支出されるべき」年金の毎年の供与と家畜・農具の支給を定めていた。Kappler ed., *Indian Affairs*, II, p.70.

（13） 宣教協会の活動については、Berkhofer Jr., *Salvation and Savage*; R.Peerce Beaver, "Protestant Churches and the Indians," in Washburn ed., *History of Indian-White Relations*, pp.430-458.

（14） Records of UFMS Board of Managers, May 5, 1823 in Berkhofer Jr., *Salvation and the Savage*, pp.10-11.

（15） こうした点は、Berkhofer, Jr., *Salvation and the Savage*, chap.II-IV.

（16） ブレイナード学校については、Herman J. Viola, *Thomas L.Mckenney, Architect of America's Early Indian Policy: 1816-1830*, Chicago, 1974, pp.32-33; Arthur H. Derosier, Jr., "Cyrus Kingsbury: Missionary to the Choctaws," *Journal of Presbyterian History* 50 (Winter, 1972), pp.267-287.

（17） 文明化資金法の原文は、Prucha, ed., *Documents*, p.33.

（18） Message of Dec. 2, in Richardson comp., *Message and Papers*, II, p.585.

（19） 例えば一八一八年一月に下院インディアン問題委員会は次のように報告している。「我が国の現状においては次の二つのうちどちらかを選ばねばならない。あれら森の息子たちが教育されるか、絶滅させられるかのどちらかである。人道性は前者を祝福する……彼らの子供たちの精神が啓蒙され豊かになるにつれ、聖書が彼らの書物となり、彼らは道徳性と勤勉の習慣を身に着けて育ち、彼らより精神が向上せられていない人々に狩猟を任せて、彼らは社会の有用な構成員となるだろう。」Report of Jan. 22, 1818, *ASPIA*, II, pp.150-151.

（20） Report from the Superintendent of Indian Affairs, Nov. 26, 1830. in *The New American State Papers, Indian Affairs*（以下*NASPIA*と略）II, pp.275-277.

（21） チェロキー族文明化についてはさしあたり、William G.McLoughlin and Water H.Conser, Jr., "The Cherokees in

Translation: A Statistical Analysis of Federal Cherokee Census of 1835," *Journal of American History* 64 (Dec., 1977), pp.678-703; Mary E.Young, "Cherokee Nation: Mirror of Republic," *American Quaterly* 33 (1981), pp.503-524. その他の文献については、佐藤「チェロキー族における部族政治の組織化―一八世紀の初頭から一八二〇年代まで―」『法政史学』四九、一九九七年、九〇―九五頁。富田、前掲書、一二三―一三一頁。

(22) こうした点については、Rogin, *Fathers and Children*, pp.174-180. 富田、前掲書、七三頁。藤本博「合衆国の領土拡張とインディアン移住政策の形成」『札幌学院大学人文学部紀要』一一三―一一六頁。また、こうした土地奪取欲求が、R・ホースマンが「アングロサクソン優越主義」と呼ぶ、インディアン劣等人種論の醸成と並行して高まった点にも注意しなければならない。Horsman, *Race and Manifest Destiny*, pp.127, 131, 134, and 144.

(23) Prucha, *American Indian Policy in the Formative Years*, p.228.

(24) Prucha, *Great Father*, I, p.183-184.

(25) Message of Dec. 7, 1824 in Richardson comp., *Messages and Papers*, II, p.825: Special Message of Jan. 27, 1825 in Richardson comp., *Messages and Papers*, II, pp.849-852; J.Q.Adams's Message of Dec. 2, 1828 in Richardson comp., *Messages and Papers*, III, pp.981-982.

(26) バーバー長官は、インディアンのミシシッピ川以西への個人単位の移住、インディアンが領地政府を設立し、合衆国がこれを支えること、部族の解体などを主張した。Barbour to Cocke, Feb. 3, 1826, *ASPIA* II pp.646-649; Jackson to John Coffee, Feb.19, 1832; Jackson to John D.Terril, July 29, 1826 in John S.Bassett ed., *Correspondence of Andrew Jackson*, 7vols., Washington, 1926-35, IV, p.406 and III, pp.308-309. また、インディアン領地構想については、Annie H. Abel, "Proposals for an Indian State, 1778-1878," *American Historical Association, Annual Report for the Year 1906* (1908), pp.87-104.

(27) マッケニーは、一七八五年にメリーランド州でクェーカー教徒を両親として生まれた(一八五九年没)。彼がインディアン通商監督官となったのは、マディソン大統領との親交によるが、彼が何故インディアン問題と関わるようにいたったかは不明である。マッケニーについては、Viola, *Thomas L.Mckenney*; do., "Thomas L. Mckenney," in Robert M. Kvasnika and Herman J.Viola eds., *The Commisioners of Indian Affairs, 1824-1977*, Lincoln Neb., 1979, pp.1-7.

（28） Thomas L. Mckenney, *Memoirs, Official Personal*, N.Y., 1846, 2vols., I, p.34.
（29） Mckenney to Matthew Lyon, May 18, 1821 in Prucha, *Great Father*, I, pp.148-149.
（30） Report from the Indian Office, Nov. 20, 1826 in *NASPIA*, II, p.60.
（31） Mckenney to (Jeremiah Evarts), May 1, 1829 in Mckenney, *Memoirs* I, Appendix, pp.330-336.
（32） こうした点については、Mckenney, *Memoirs*, I, chap.IV-VIII; Annual Report for 1829 from the Bureau of Indian Affirs, Nov. 17, 1829 in *NASPIA*, II, p.203.
（33） 「インディアン協会」の綱領や設立メンバーについては、Mckenney, *Memoirs*, I, pp.224-255. また、次も参照。Prucha, "Thomas L. Mckenney and the New York Board," in Prucha, *Indian Policy in the United States, Historical Essays*, Lincoln Neb., 1981. pp.117-137.
（34） Lewis Cass, "Removal of Indian," *North American Review* 30 (Jan 1830), pp.62-121. この中でキャスは「インディアン協会」の設立目的や主張を史料をあげながら擁護している。
（35） Mckenney, *Memoirs* I, pp.255, 261-262.
（36） Prucha, *American Indian Policy in the Formative Years*, p.232.
（37） この法律の原文は、"Land Policies and the Georgia Law of Dec. 19, 1829," in Louis Filler and Allen Guttmann eds., *The Removal loft the Cherokee Nation*, Boston, 1962, pp.18-21; Satz, *American Indian Policy in the Jacksonian Era*, pp.3-4.
（38） Secretary of War Eaton to Cherokee delegation, Apr. 18, 1829 in Prucha ed., *Documents*, pp.44-47.
（39） Message of Dec. 8, 1829 in Richardson comp., *Messages and Papers* III, pp.1019-1022.
（40） Jackson to Monroe, March 4, 1817 and Jackson to Calhoun, Sept. 2, 1820 in Bassett ed., *Correspondence of Andrew Jackson*, II, pp.279-81; III, p.32.
（41） 例えばジャクソンは、一八三三年の教書でも移住により白人との接触から分離すれば、インディアンを「連邦政府の保護と善良な助言者たちの力によって……興味深いキリスト教文明社会に変化させうる」と主張している。Message of Dec. 3 1833 in Richardson comp., *Messages and Papers*, III, pp.1251-1252.
（42） エヴァーツは、一七八一年にヴァーモント州に生まれ、イェール大学卒業後、弁護士となり「アメリカ海外宣教協会」とはその設立当初から関わり（彼自身は会衆派信徒）、一八二一年より事務局長。チェロキー族の人々との親交が深かった。*Dictionary of American Biography*, III, p.215.

（43） Jeremiah Evearts, *Essays on the Present Crisis in the Condition of the American Indian First Published in the National Intelligencer under the Signature of William Penn*, Boston, 1829 in Prucha, ed., *Cherokee Removal: the "William Penn" Essays and other Writings*, Knoxville Tenn., 1981, pp. 43-199.

（44） Evarts, *Essays*, p.48 and pp.53-178. 引用は、p. 92 and p. 180.

（45） Evarts, *Essays*, pp. 184-185.

（46） Evarts, *Essays*, pp. 94-95, 51-52.

（47） Evarts, *Essays*, pp. 193-194.

（48） エヴァーツの世界観については、Prucha, *Great Father*, I, pp. 201-202.

（49） Evarts, *Essays*, p. 116.

（50） Evarts, *Essays*, pp. 191-192.

（51） 上院の委員会は、ヒュー・L・ホワイト（テネシー州民主党）、下院の委員会はジョン・ベル（同）が各々委員長を務めた。委員会報告書は、Report on Proposed Settlement of Dispute over Indian Lands, Feb. 22, 1830 in *NASPIA*, IX, 142-150; Report on Removal of Indians from Georgia, Feb. 24, 1830 in *NASPIA*, IX, pp.151-182.

（52） U. S. Congress, *Register of Debates in Congress*, 21st Cong., 1st sess.（以下 *RDC* と略）, p.383. 尚、上院の審議は、*RDC*, pp.305, 307, 309-320, 324-339, 343-357, and 380-383.

（53） フリーリンハイズンについては、*Biographical Dictionary of the United States Congress: 1774-1989*, Washington D.C., 1989, p.1027. フリーリンハイズンの発言は、*RDC*, pp.307, 309-320.

（54） スプレイグの発言は、*RDC*, pp.343-357. ロビンズの発言は、*RDC*, pp.374-377.

（55） フォーサイスの発言は、*RDC*, pp.325-332. アダムズの発言は、*RDC*, pp.359-367.

（56） バートンの修正案は、*RDC*, p.381. フリーリンハイズンとスプレイグの修正案は、*RDC*, pp.359-367.

（57） *RDC*, p.1133. 下院の審議は、*RDC*, pp.819, 988, 995-1120 and 1122-36.

（58）ランプキンの発言は、*RDC*, pp.1022-1024.

（59）ベイツら国民共和党は「アメリカ大砂漠」を発見した一八二〇年のステファ・H・ロング大佐の報告書を引用して、移住地の悪条件を主張し、移住地での文明化は政府の口実にすぎないと非難した。

（60）ヘンフィルの発言は、*RDC*, pp.1132-33.

（61）Remini, *The Legacy of Andrew Jackson*, p.66.

（62）*RDC*, p.456.

（63）強制移住法の原文は、Washburn ed., *The American Indian and the U.S.*, III, 2169-2171.

（64）Kappler, *Indian Affairs*, II, pp.310-319. 強制移住期の土地割り当てについては、Young, "Indian Removal and Land Allotment,"; do., *Redskins, Ruffleshirts and Rednecks*.

（65）*RDC*, p. 318.

（66）Address of the Committee and Council of the Cherokee Nation in General Council Convented to the People of the United States in "Cherokee Removal" by Jeremiah Evarts, ed., Prucha, Francis Pawl, Univ of Tenn., Press, Knoxville. 1981, pp.253-265: Jeremiah Evarts, "Removal of the Indians" *North American Review* 31 (Oct. 1830), pp.396-441; Evarts, "Present State of the Indian Question," and "What are the People of the United States Bound to do in regard to the Indian Question," in "Cherokee Removal" by Jeremiah Evarts, ed., Prucha, Univ of Tenn., Press, Knoxville. 1981, pp.272-289.

（67）Memorial of the American Board of Commissioners for Foreign Missions, Jan. 26, 1831 in "Cherokee Removal" by Jeremiah Evarts, ed., Prucha, Francis Pawl, Univ of Tenn., Press, Knoxville. 1981, pp.290-305.

（68）Joseph C. Burke, "The Cherokee Cases: A Study in Law, Politics and Morality," *Stanford Law Review* 21 (Feb.1969), pp.500-531; Satz, *American Indian Policy*, pp.44-50; Marvin R. Cain, "William Wirt against Andrew Jackson: Reflection on an Era," *Mid-America* 47 (Apr. 1965), pp.113-138. 尚、チェロキー族裁判についての我が国の研究としては、上田伝明『マニフェスト・デスティニとアメリカ憲法』法律文化社、一九八八年、四六−五二頁。藤田尚則「アメリカ・インディアン法研究序説（一）—公法学の視点から—」『創価法学』一九—一・二、一九八九年一二月、一七五−一八三頁。

(69) Cherokee Nation v. Georgia, 1831, in Prucha ed., *Documents*, pp.58-60.

(70) Worcester v. Georgia, 1832 in Prucha ed., *Documents*, pp.60-62.

(71) "Cherokee Cases," *North American Review* 33 (July, 1831), pp.136-153; *Niles Weekly Register* 41 (Dec. 24, 1831), pp.311-312, 305; Richard P. Longaker, "Andrew Jackson and the Judiciary," *Political Science Quarterly* 71 (Sept. 1956), p.347.

(72) Burke, "The Cherokee Cases," pp. 524-530. ジャクソンは一八三二年八月に次のように述べている。「最高裁の判決は流産に終わったのだ。彼ら（反対派）は最高裁の命令にジョージア州を従わせることができないと知っているのだ。」Jackson to John Coffee. Aug. 7, 1832, in Bassett ed., *Correspondence of Andrew Jackson*, IV, p.430.

(73) Edwin A. Miles, "After John Marshall's decision: Worcester v. Georgia and the Nullification Crisis," *Journal of Southern History* 39 (Nov. 1973), p.530.

(74) Satz, *American Indian Policy*, pp.53-55; Pessen, *Jacksonian America*, pp.300-301.

(75) エヴァーツの移住反対の立場を考える際には「アメリカ海外宣教協会」が文明五部族、特にチェロキー族の中に持った〝既得利益〟に注意しなければならない。同協会は、文明化資金の最大の受益者であり、一八二九年までに文明五部族の間に二一の学校を設立しており、他の宗派全体で七学校という数字と比べれば、いかに同協会が力を注いでいたかわかる。また、同協会のウースターやバトラーはチェロキー族指導層に大きな影響力を有していた。Annual Report for 1829 from the Bureau of Indian Affirs, Nov. 17, 1829 in *NASPIA*, I, pp.208-216. マッケニーはこうした点を同協会の移住反対の理由と見なして非難している。Mckenney, *Memoirs*, I, p.162.

(76) 文明化の達成度の認識の点でもエヴァーツとマッケニーは大きく異なった。エヴァーツは専らチェロキー族を中心としてその達成水準を評価したが、マッケニーはインディアン全体を対象に考えている。マッケニーは一八二七年のインディアン地方巡察旅行において文明化の実情を知って愕然とした。北西部インディアンは「その民族の特徴以外のものはなんら維持していない。」しかし、彼らの状態はクリーク族やほとんどのチョクトー族よりはましだ。確かにチョクトー族の一部は向上している。「しかし、私の目には、これらの人々は砂漠の中の緑の点にすぎないのだ。」Report of Mckenney, March 22, 1830 in Prucha, *Great Father*, I, p.199. また、文明化を考える上で、興味深い事実としては、バプティストの宣教師ジョーンズ父子の存在がある。彼らはチェロキー族の間で五〇年を過ごしたが、「涙の旅路」をともに体験し、他の宣教師たちとは異なって、インディアンが自らのアイデンティティと主権を保つ権利を支持し、またチェロキー内の黒人奴隷制を攻撃した。William G. McLoughlin, *Champions of the Cherokees: Evan and John B. Janes*, Princeton, N.J., 1990.

（77） Farewell Address, March 4, 1837 in Richardson comp., *Messages and Papers*, IV, p.1513.

（78） 連邦議会での法案審議に関連して一言補足しておきたい。先に検討したように、民主党が南部・西部の地域的利益を代弁したことは明らかであり、そこに党派対立の一形態を読み取ることも不可能ではない。しかし、ヘンフィル修正案や本法案の投票行動を綿密に分析すると、チェロキー族を擁護する人すべてが政治的立場でのジャクソン反対派だ、というウィルソン・ランプキンの主張が単なる感情論でないことがわかる。Wilson Lumpkin, *The Removal of the Cherokee Indian from Georgia*, 2vols., Wormsole. Ga., 1907, I, p.74. つまり、党派対立の性格が極めて強かったのであり、賛否両派の間にはインディアン政策を巡る根本的な立場の共有がみられる。だとすれば、賛否両派を分けた問題は何かという疑問が起こる。これは第二次二大政党形成やジャクソニアン・デモクラシーの性格を考える上で興味深い。さしあたっては、人間類型の点から如上の問題を考えた研究として Lawrence F. Kohl, *The Politics of Individualism: Parties and the American Character in the Jacksonian Era*, N.Y., 1989.

補章　ジェディダイア・モースのインディアン改革計画

Ⅰ　本章の視角

会衆派教会の牧師ジェディダイア・モース（Jedidiah Morse 1761-1826）は、一八二〇年にモンロー政権の要請に応えてインディアン諸部族の視察旅行を実施し、その結果をジョン・C・カルフーン陸軍長官宛の大部な報告書にまとめた（以下、『報告書』と略）。カルフーンはモースに対して、『報告書』提出の目的を「インディアン文明化のための資金の今後の活用のため」と規定し、「様々な部族の実体を宗教、道徳、政治の観点から確認する」ことと「インディアンとの交易の実情と白人商人の品性を示す事実の報告」および「既存のインディアン交易制度の改善策」の提示を強く求めた。本文九八頁、付録資料四百頁から成るこの『報告書』は、かかる政府側の要求を十分に満たすものだったといえるが、問題は、この『報告書』を執筆したモースの意図が必ずしも政府側の要求の枠内には収まらなかった点である。モースは「様々なインディアン部族を歴訪し……彼らの文明化と幸福の増進に最適の計画を編み出す」という目標を言明しているのだが、実際彼の『報告書』は建国以来の連邦インディアン政策を総括し、その問題点を辛辣に指摘するとともに、数々の大胆な改善策を提起している。この『報告書』には、モースの構想するインディアン（政策）改革計画が存分に展開されているのである[1]。

本章は、かかるモースの『報告書』の分析を中心に、彼のインディアン改革計画を検討することを主たる目的としている。モースの主張と行動を吟味することは、形成期にある合衆国インディアン政策の特質やインディアン・白人関係のありようを炙り出す作業において一つの手掛かりを与えてくれると考えるが、特に本章では、モースの発想において文明化と移住が如何なる関係のもとに関連付けられているのか、即ちモンロー政権下で本格化するインディアン移住政策とモースの提案との関係を明らかにすべく努めたい。

モースに言及した研究は少なくない。例えば、R・H・ピアスやR・ミークは建国期アメリカ知識人へのスコットランド啓蒙哲学の影響という脈絡の上でモースに言及しているし、初期インディアン政策についての優れた著作においてB・W・シーハンは、彼の言う「ジェファソン的博愛主義」の流れの中にモースを位置づける方向を提示している。またインディアン政策史研究の大家F・P・プルーカは、モースの活動を「インディアン文明化活動への政府と宣教師の合同努力」の典型と見做している。さらに、聖職者・地理学者・社会改良運動家としてのモースの多彩な活動と思想の全体像を描こうとする、J・W・フィリップスの研究も存在する。しかし、管見の限りではモースとインディアン（政策）との係わりを真正面から追求した試みは存在しない。その意味で本章は先述の視角を多少敷衍すれば、モースという一人の人物の発想と行動の吟味を通じて、形成期のインディアン移住政策を照射し直すささやかな試みといえよう[2]。

以下では、先ず視察旅行に至るまでのモースのインディアン文明化との係わりを確認した後に、『報告書』の内容を検討し、最後にモースのインディアン改革計画とインディアン移住政策との関係について考察したい。

Ⅱ　モースとインディアン文明化

モースは、一七六一年にコネティカット植民地のウッドストックで生まれ、一七八三年にイェール大学神学部を卒業して一七八九年に会衆派教会の牧師資格を得た後、三〇年間にわたりマサチュセッツ州チャールズタウンの第一会衆派教会の牧師として過ごした。しかし、彼はその間教会に引きこもって外界と接触を絶っていたわけではない。それどころか彼は、正統派カルヴィニストとして教会内の保守派を代表しつつユニテリアン主義攻撃の急先鋒として活躍する一方、ニューイングランドにおける第二次信仰覚醒運動の展開にも重要な係わりを持った。

即ち彼は、「ニューイングランド宗教冊子頒布協会」（New England Tract Society 1814）や「アメリカ聖書協会」（America Bible Society 1816）の設立を援助し、一七八七年に結成された「北アメリカのインディアンなどへの福音普及協会」（Society for Propagating the Gospel among Indian and Others in North America 以下、SPGI と略）の事務局長（会員となったのは一七九二年）や「スコットランド・キリスト教知識普及者協会」（Society in Scotland for Propagating Christian Knowledge 以下、SSPCK と略）のアメリカでの活動の責任者を務めた。また彼はアンドーヴァ神学校（一八〇八年）の設立者の一人となり、同校の卒業生を中心に一八一〇年に結成された「アメリカ海外伝道協会」（American Board of Commissioners for Foreign Missions 以下 ABC と略）の諮問委員（一八一一〜一九年）として活躍する一方、ABC の機関紙『ミッショナリ・ヘラルド』の前身として位置付けられる『パノプリスト』（*Panoplist*）の編集責任者（一八〇五〜一〇年）を務めた。同時に彼は植民地時代と独立革命の歴史書を執筆するとともに、一般向けの地理学教科書を出版し、他方でフェデラリスツ擁護の文筆活動も盛んに行った。(3)

こうした多彩な活動の中で、モースはインディアンをいかに認識し、インディアンとどのように係わったのか。彼がどの時点からインディアンに関心を抱くようになったかは判然としないが、彼のインディアン認識は、初期の著作から窺い知ることができる。モースは、一七九〇年に出版されたアメリカ版『百科全書』第一巻で「アメリカ」の項目を担当したが、そこでインディアンの解説にかなりの紙数を割いて自らのインディアン認識を披瀝している。彼は、インディアンは素朴な民であり富や贅沢によって堕落させられることもなく、自由を愛し平等を重んじる一方で、同胞中の知恵と経験ある者を誇る点を強調して、彼らが生まれながらにしてヨーロッパ人に劣るわけではないと主張する。モースによれば、現状におけるインディアンの劣等性は環境の産物として説明される。「インディアンの性格は、彼らの置かれた環境と生活様式に根ざしている。絶えず不安定な形で生活の糧を得ることを強いられ、野生の獣を狩って生活し、総じて隣人との戦争に明け暮れる人々は、歓楽の気質や高尚な精神の流出を享受するとは考えられないのだ。[4]」

モース自身も明言するように、かかる環境決定論に基づくインディアン認識は、スコットランド啓蒙思想の影響を反映したものだった。周知のようにスコットランド啓蒙思想は、建国期アメリカの知識人たちに知的基盤を提供したわけだが、スコットランド啓蒙思想家たちの環境決定論と進歩史観に基づいた人間社会の歴史理解は、とりわけ「未開人」たるインディアン理解において強烈な影響力を有した。中でも『アメリカ史』（一七七七年）を著したウィリアム・ロバートソンは大きな役割を果たした。彼は環境、特に生活様式の変化に基づいた歴史発展四段階論（狩猟・牧畜・農業・商業）により人間精神の歴史を叙述しようとしたが、アメリカ・インディアンの生活に原初的な人間社会の姿を見出して次のように述べた。「アメリカにおいては、人間が暮らす中で最も粗野な形態のもとで人間が存在している。我々は正に結合し始めたばかりの社会をそこに見るのであり、社会生活の幼年期にある人類の感情と行動を検討し得る。」無論、ジェファソンを始めとするアメリカの知識層はロバートソンのインディアン認識に無批判的に盲従したわけではない。しかし、環境決定論と進歩史観から人間社会の発展を理解し、インディアン社会を「未開」→「文明」社会の出発点として捉える姿勢を引き継いだといえる。⑤

当時の知的風土を性格づけた啓蒙思想は、押しなべて人間の普遍性や自然法に沿う人間理性の力の信奉から、人類単一起源説を生み出した。モースがインディアンの生得的劣等性を否定するのもこのためである。アメリカの知識人たちは、このようにインディアンと白人の人間としての基本的対等性と現実における（白人が知覚する）インディアンの劣等性の間の齟齬を、環境決定論と進歩史観から説明する一方、インディアンの改革可能性＝文明化の実現可能性を確信した。『報告書』において、モースは「彼ら（インディアン）は我々全人類の知的で高貴な一部であり、道徳的・知的向上の大きな力を持つ……彼らは我々と同じ性質と起源と血を持つし、我々と同じ位強大な知力を備え文明化への能力を持つ」と断言している。⑥

ここで注意すべきは、インディアン文明化の可能性の追求が、極めて観念的なインディアン像に基づいて行われたこと、またそれが本質的には現実のインディアン救済を第一義の目標とするよりも、アメリカ白人の自己弁証という性格を強く帯びた点であろう。環境決定論は、民族間の対等性を正当化するのと同時に民族間の不平等をも確証する可能性を秘めており、事実ビュフォンや、ド・パウらフランスの啓蒙思想家たちは、環境決定論の立場からアメリカ退化論を唱えた。彼らは、新大陸の土着動物の体躯の小ささと種の少なさ、ヨーロッパから持ち込まれた動物の退化の原因を新大陸の劣悪な環境に求めるとともに、インディアンもその環境のために体躯、体力、精神力、知力、家族愛など様々な点で白人に劣るとした。この理論は、ヨーロッパから新大陸へ移住した人間の退化という予想と不可避的に結びつけられたから、アメリカの知識人にとってはその理論への反駁は緊急課題となった。それ故、現状はともかく少なくとも潜在能力ではインディアンは白人と対等であり、文明化され得ることを実証することが必要となったのである。モースのインディアン認識が――政治的立場の相違を越えて――アメリカ知識人共通の了解を示す理由もここにある。(7)

ワシントンが一七九一年の教書でインディアン文明化の実験を呼びかけて以降、連邦政府はインディアン諸部族との条約や通商交際法など諸法令において文明化の資金援助を規定し、文明化の必要性の意思表示を繰り返した。文明化はインディアン担当官の任務の一環として位置付けられたし、一七九六年に設置された政府直営のインディアン交易所にもインディアン・白人間の摩擦防止という目的と同時に、文明化の媒介者としての役割が期待された。しかし、文明化作業を具体的に推進したのは、連邦政府ではなくて福音主義的プロテスタント諸派の宣教協会だった。世紀転換期の第二次信仰覚醒運動を契機に生まれた新たな宣教精神に基づいて、一八世紀末からインディアンへの宣教活動は次第に盛り上がっていった。先述のように、こうした背景の中でモースはSPGIの事務局長としてインディアン宣教に本格的に係わることになる。会衆派教会により設立されたSPGIは、当時の他の宣教団体と同様に、信仰の唯一の基準たる聖書の頒布を最大の目的とした。しかし、聖書の頒布による改宗の促進という方策は極めて安易であり、実際、SSPCKの依頼で行った、ニューヨーク諸部族への宣教の実地調査により、モースは従来の方策が効果のないことに気づかされた。キリスト教信仰への改宗＝福音の普及と文明化の優先順位については、宣教協会間でも協会内でも論争があったが、現実にはこの二つは渾然一体となって追求されたのであり、具体的には宣教師たちは学校設立による初等教育と農業・手工業教授を行うことで、(狩猟地の削減により伝統的生活形態の維持が次第に困難となる) インディアンの間で一定の評価を勝ち取ることになる。(8)

モースが、テネシー州の長老派教会牧師ギデオン・ブラックバーン (Gideon Blackburn) のチェロキー族への宣教活動と会衆派教会牧師ジョーゼフ・バジャー（Josephe Badger）のワイアンドット族への宣教活動を高く評価したことは、モースのインディアン文明化をめぐる発想の転換を示している。ブラックバーンとバジャーは、子供に関心を集中しつつ農業と手工業の教授を行い、それを通じてキリスト教信仰と英語を注入してキリスト教文明をインディアンに伝達することを目指した。『パノプリスト』誌上で二人の試みを喧伝したモースは、特にチェロキー族の文明化の目覚しい進捗ぶりを見て、児童教育を軸とした文明化の妥当性を確信するとともに、ブラックバーンらが金銭難から挫折したことから、確固たる財政基盤の重要性を痛感している。[9]

モースは、一八一〇年にABCが設立されるとその諮問委員として、当初はアジアへの伝道に意欲を見せたこの組織がインディアン伝道――特に南部インディアン――に精力を振り向けるよう促し、一八一六年にはサイラス・キングズバリ（Cyrus Kingsburry）がテネシー州ブレイナードにチェロキー族のための学校を開設することを可能とした。教会を併置したこの学校では、農業・紡織・裁縫・英語の教授が行われ、インディアン文明化のモデル校として様々な宣教協会を刺激した。[10]

ABCを始めとする宣教協会がインディアン文明化に本格的に乗り出した背景には、連邦による宣教協会への財政支援の強化が存在した。一八一二年戦争期のインディアン戦争の結果、北西部と南部の双方でインディアンの武力抵抗は峠を越し、大幅な土地奪取が実現した。この事態をうけて連邦政府は、文明化の推進によるインディアン「問題」（白人への安定的土地開放とインディアン保護を同時的に果たすという課題）の解決を真剣に期待し、一八一九年には連邦議会で年間一〇、〇〇〇ドルの文明化基金の設立が認められた。文明化基金の設立を巡っては、文明化に反対する勢力との間で対立が存在したが、それだけに連邦政府が反対を押し切って基金設立に成功したことは、実際の援助額以上に宣教協会にとっては励みとなった。つまり宣教協会の試みが連邦の権威によって正式に裏付けられたからである。教会信徒との摩擦もあったとはいえ、モースが一八一九年に説教壇を離れてインディアン文明化活動に専心した背景にはかかる状況の変化があった。南部インディアンの文明化の進捗に自信を抱いた彼は、北西部インディアンも含めた全インディアンの文明化を構想し、そのプラン作成のために、連邦政府の資金協力を受けて、一八二〇年五月、諸部族視察のためニューヘブンの自宅を旅立ったのである。(11)

Ⅲ　モースのインディアン改革計画

『報告書』においてモースは、先ず序言とカルフーン長官による委任状を掲載した後に視察旅行の概要を記述し、それに続いて「合衆国内のインディアン諸部族の名称と人口と居住地」を解説する。各州・各領地・未組織部分ごとの説明は、巻末の統計資料と併読すれば、当時のインディアンに関する情報の程度と正確さを判断する重要な史料となろう。この後で、モースはインディアン交易の現状とその改善案を詳述し、さらに「全般的所見と提案」においてインディアン改革計画を展開している。提案内容は多岐にわたるが、その趣旨は以下の四点にまとめられる。

（1）「当為としての文明化」先述のようにモースはインディアンと白人の人間としての対等性を主張し、インディアンの文明化能力を力説した。しかし重要なのは、かかる基本認識が現状におけるインディアン自体の保護には直線的に結びつかない点である。彼は述べる。「国法に従えば、連邦政府はインディアン領への司法管轄権とその土地を処分する独占的権利を有しており、その必然的結果として、全インディアンが従属的立場にある。彼らは限られた程度でしか自治の特典を持たないし、譲渡可能な財産も持たない。」モースは、インディアンの土地への権利は単なる占有にすぎず、自治権も限られたもので究極的主権は連邦政府に存すると理解するのである。(12)

しかし、それならば何故インディアンは救済される必要があるのか、モースは論を進める。「インディアンは人知の様々な分野や聖書、そこに現れる人間の唯一の救世主について無知である。彼らは弱く滅亡寸前である。我々は強く神の加護に与っており、彼らを扶養し安らがせ救うことができる……彼らは、啓蒙化された公正なキリスト教国家としての我々の品性と世評に非常な重要性を持つ要求を行っている。彼らが事実上放棄するものの見返りに、彼らには自らが保有を許される権利として、我々の名誉と正義と保護を期待する資格があるのだ……彼らは政府の『子供たち』として、親切で温情主義的な処遇、彼らとのあらゆる交際における正義、有用な技術と科学と我々の宗教の原理原則と本分の教育を受ける権利を持つ。」そして、「最終的には徐々に自由民の地位に引き上げられて合衆国市民の権利及び特典全てを享受する権利を有するのだ。」[13]

つまりモースはインディアン文明化をインディアン・白人間の権利・義務関係として捉える。文明化は、キリスト教徒としての国民と親としての連邦政府の当為と意識されるのである。モースにとってキリスト教文明の拡大＝白人による領土拡張は不可避的かつ正義であり、土地占有権を有するのみで、評価すべき文化も持たない狩猟民の滅亡も不可避の事実だった。インディアンはそのインディアン性を放棄することによってのみ救済され得るのだし、その行為を援助することがキリスト教文明の義務なのだった。

（2）［移住＝隔離］モースは、現住地での文明化の妥当性に懐疑的な南部諸州が次第に自州内からのインディアン排除＝ミシシッピ川以西への移住を求める要請に反対した。南部諸部族は「現住地で教育され、市民の身分と特典を享受し、国民大衆に融合されるのに好都合な環境と条件の下にある……これら部族に対して、連邦政府がインディアンの完全な文明化の実現を図る実験を行うことを期待する」と彼は述べている。しかし南部諸部族にとっては移住が文明化の阻害要因になるとする一方で、モースは北西部諸部族については異なる意見を述べる。

北西部ではインディアンを教育する努力を「低俗で堕落した白人たち」が妨害するのを経験が証明している。モースは、人口も少なく政治力にも乏しい北西部諸部族は、集住させて白人との接触から隔離されるべきであり、そのためにインディアンが自発的に移住し得る植民区を設立すべきだとした。「この地域（ミシガンのアッパー半島とウィスコンシン）をインディアンのために保留し、ここに住むことを選択する様々なインディアンを一つに纏めて教育し市民とし、やがては連邦の他の州や領地と対等な特典を認めるという実験を行うのです。」[14]

モースは、チェロキー族やチョクトー族の間での、宣教師と教師の存在というABCの活動を評価して、「教導家族」（Education Family）を全米二〇箇所に設置することを提唱する。教導家族とは、牧師を核とした教師、農業指導者、鍛冶屋、大工などの職人、家内工業や家事の指導者、医師の家族共同体から成り、政府から生計を保証される以外は無給とされ、文明生活とキリスト教信仰の模範を示してインディアンに同化の準備をさせることを目的とした。さらに彼は教導家族を媒介とする文明化が進めば、「次に両民族間の婚姻を一般化しよう。そうすれば政府が視野に収める目標は完全に達成されよう。彼らは文字通り我々と一つの血統となり、国民に融合されて絶滅から救われるだろう」と力説するのである。つまり彼は、隔離による文明化を推進し、最終的には民族間結婚によりインディアンの白人社会への統合を達成することを展望したのである。[15]

（3）「インディアン政策の改革」「インディアンの側に政府や宗教団体によって提供される教育の慈善的申し出を受け入れる意志が高まっている」事態は、政府の側から相応の方策を与える、とモースには理解された。彼にとって、当為としての文明化を実践するためには、従来のインディアン政策は極めて不十分かつ不完全なものであり、「インディアンに関係する作動中の既存制度全てを廃棄」して、「現在進行中の大変化に見合う制度」を構築する必要があった。彼は時代錯誤的・非効率的となった官職の廃止や財務改革も訴えているが、彼の改革案の要点は、制度改革よりもむしろ人間改革だった。彼の主張は、「インディアンに関係する公職に善良な人物を任命すること」につきるのである。即ち彼は全ての軍隊砦に教導家族が配置されることを要求する。これにより「適切な統治と支配」のための「後見的権威」が実現するからである[16]。

軍隊砦への教導家族の配置には別の目的もある。「インディアンとの健全で模範的な交際を兵士に準備させるために必要な道徳的・宗教的教育を軍隊に施す」ことである。現状の砦が「インディアンに堕落の実例を示し、我が国の守り手たちの力を酷く弱めて、嘆かわしい状態」にあるからだった。同時にモースは、「インディアン監督官と担当官と副担当官、その他の政府職員は、職務権限と影響力全てをインディアンを援助すべく用いるために、教導家族の構成員であるか教導家族と密接に関係しているか友好的である人物たるべし」と主張する。これにより、財政的節約が図られるとともに、教導家族の私的影響力を公的影響力に転化して「有用な知識をインディアンに広める夥しい回路が拓かれる」ばかりか、政府は忠実で清廉な職員を得るからだった[17]。

他方モースは、酒類規制や悪徳商人の排除の不徹底という理由から、現状の政府直営交易所制度の廃止を訴えて二つの代案を示している。第一は、政府による特許状によりインディアン交易を単一会社に独占させ、この会社の年間利益の一部を、文明化の資金に充てるという案。第二は、既成の交易免許制度を踏襲しつつ、インディアン地方を幾つかの交易区に分割の上で四〜五人の商人に地区ごとに交易村を組織させるという案である。モースはかかる交易村に教導家族を配置して文明の実例展示場とするよう要求している。またモースは、交易改革と並んでインディアンのための高等教育機関の設置も推奨する。インディアンの土地の売却代金により政府が建設するインディアン大学である。この大学の目的はインディアン教員の育成であり、運営にはABCがあたるが、いずれは海外の異教徒にも門戸を開放する、とモースは述べている[18]。

（４）［改革の支援団体］モースは以上の改革を推進するために、政府に助言を与え、「政府の目となり、未開の荒野において重要な目的を遂行して開拓者や探査者の役割を果たす」全国組織の設立を構想した。モースはこの組織を「合衆国内のインディアン諸部族の文明化と全般的向上を促進するためのアメリカ協会」(American Society for Promoting the Civilization and General Improvement of the Indian Tribes in the United States：以下、ASと略)と名づけ、『報告書』にその規約と役員就任予定者の一覧表を収録して、政府の資金援助を求めている。規約によれば、総裁には合衆国副大統領、後援者にはジェファソンやジョン・アダムズなど歴代大統領、副総裁には政府閣僚と州知事・領地総督、会員には国内全ての聖職者と国会議員、軍隊将校、インディアン担当官の就任が要請されるはずだった。事務局長にはモース自身が就き、五ドルの年会費を払えば誰でも会員になれた。前文でASの目的は、「この慈悲深い作業（文明化）に従事する資格と意志を持つ識者の叡智と才能と行動力を結集し、この作業の成就を先導する責任ある官職にある人々の支持と援助を得る」ことと宣言された。規約第二条において、インディアンの歴史や実情の調査を始め、文明化のために「行い得る全てのこと」を為すと明言されたが、実際のところモースは、政府に対する圧力団体と一般社会に対する啓蒙団体の役割を、つまり官民一体となってインディアン文明化に邁進する先導役をASに期待したといえる。[19]

『報告書』でモースはAS総会を一八二二年一二月にワシントンで開催すると呼びかけた。しかし、総会が実際に開かれたのは一八二四年二月になってからだった。ジェファソンを始め、モースが就任を望んだ役員候補者はカルフーンとジェームズ・マディソン(James Madison)を除けば悉く辞退していた。総会の出席者は殆どおらず、病床に伏せるモース自身、ABC事務局長のジェレマイア・エヴァーツを代理に立てざるを得なかった。同年中にモースは第一回年次報告書を発行し、それを国内関係各所に送付したが捗々しい反響はなく、ASは自然消滅することになる。[20]

Ⅳ　移住と文明化

モースの視察旅行に対して連邦政府は五〇〇ドルの資金援助を行うとともに、文明化資金を有効に活用するための調査を中心に様々な指示を与え、『報告書』の提出を強く求めた。一八二〇年暮れまでに草稿を書き上げたモースは、直ちにワシントンに赴いてカルフーンにその旨連絡をとった。彼は、自らの提案が公式の政策に活かされることを切望したが、草稿が下院インディアン問題委員会に提出されたのは翌年になってからだったし、結果的に同委員会は草稿の出版すら認めなかった。失意のうちにニューヘブンに戻ったモースは、一八二二年六月に自費で『報告書』を出版した。

ASの活動が麻痺状態に陥る中で、一八二四年に下院インディアン問題委員会に文明化資金の支出停止を求める法案が提出されると、モースはABCとともに支出停止阻止の運動を行った。エヴァーツがチェロキー族のデイヴィッド・ブラウンを伴って連邦による文明化援助の継続要求のために東部各都市を遊説する一方、モースはABCによる連邦議会宛の請願書を起草した。この請願書には、モースの年来の主張が繰り返されている。請願書は先ず、インディアンの公民的・道徳的・宗教的向上への無視や土地や毛皮の無慈悲な奪取、残忍な絶滅戦争や邪悪で無節操な白人による悪徳や疾病の影響を「国民的罪」として捉え、悔い改めない有罪者に「公正な神の審判」が下される日は近いと警告する。そして、「インディアン諸部族に文明とキリスト教信仰の祝福を様々な形で広めること」のみが、「神の許しと好意を得る唯一の手段、我が国民性を高め世界の目に模範として映す唯一の方法」であり、その作業においては「政府の目的と本協会の目的は一つであり、実のところコミュニティ全体に共

ンには、「徐々に文明化されるか、次々と滅びていくかの何れか」の道しかないと断定するのである。[21]

文明化の具体的手段として請願書は、教導家族の移植やインディアン大学の開設、インディアン交易の改革など『報告書』に沿った提案を繰り返す。また、移住についてもその必要性を提起しているのだが、この点では『報告書』から多少の変化が見られる。「北部と南部の好位置の魅力的な領地（一つは北部インディアンのための、もう一つは南部インディアンのための）に、現在は散在し白人居住地のただ中で減少しつつある部族や文明化される意思のある境界地方インディアンを集住させ、小規模ではあるが精鋭の軍隊砦の保護の下に教導家族を移植するのである。これらは将来、タウンや都市、さらに州や完全な文明の萌芽を形成するだろう。」南北に将来の州への昇格を展望したインディアン植民区を設立するという主張は、モース自身にとってもABCにとっても、これが最初で最後のものであり、南部植民区の提案の背景には、インディアン移住を要求する南部諸州の宥和を図ることで、文明化資金停止を食い止める意図があったと考えられる。議会で文明化資金の存続が決定された後、モースは一八二六年の死去に至るまで、北西部植民区の設立を要求し続けることになる。[22]

一九世紀のインディアン政策には、プルーカが力説するように、「政府と宣教師たちの合同努力」が――政教分離原則を蔑ろにするかのように――通奏底音として流れていたのは事実である。しかし、その合同努力の目的や意味は、両者共通のものとは限らなかったし、まして「コミュニティ全体に共通なもの」ではなかったのである。

建国以来の連邦インディアン政策は、インディアンからの土地獲得による領土拡張＝国民への安定的土地開放の促進を最大の課題とした。しかし、弱体な合衆国の国力や新生共和国としての国家的体面、そしてインディアンによる激しい武力抵抗を前にして、建国期の国家指導層は全面的征服戦争を断念せざるを得なかった。インディアン・白人間の軍事衝突を回避しつつ、如何にして秩序ある領土拡張を達成するか。この課題への答えが、前章で述べたようにワシントン政権下で確立されたインディアン条約制度だった。個々の部族を占有権に基づいて土地に権利を有する外国＝主権国家と見なし、土地割譲条約による有償購入により土地を獲得する方針である。条約制度導入には、インディアン関連事項を連邦の独占管理下に置き、州による無秩序な領土拡大を統御する意図もあった。しかし、白人の土地獲得欲求の充足とインディアンの条約上の権利保護を同時的に達成するという立場でもある。[23]

この課題を果たすために、連邦政府は分離と統合という二面作戦を採った。前者は、連邦権力により条約や通商交際法の遵守を強制して、インディアンと白人の居住地の分離の徹底を図る方策であり、後者は、インディアン文明化を推進することで、インディアンを農民化し、余剰地を獲得する一方でインディアンの白人社会への同化・統合を図る方策である。かかる二面作戦は、インディアンからの土地獲得がミシシッピ川以東地域で緩慢に進展する限りは、さしたる矛盾なく推進されるかに見えた。しかし、一章Ⅱでも触れたように一八一二年戦争の結果土地獲得が大幅に進むと隘路にぶつかる。北部でも南部でも州や領地の中に飛び地として残在するインディアン領は、当該州・領地の発展の障害物として、その排除が要求されたからである。つまりインディアンを漸進的に西へ駆逐して新たな境界線を画定するという従来の分離の方策が行き詰まったのである。一方、文明化も二つの意味で意図した成果から逸脱しつつあった。第一には文明化の進行が極めて緩慢だったこと。第二には、一部の部族――特にチェロキーなどの南部諸部族――の急速な文明化が、同化・統合という路線ではなくて、文明化による部族主権の確立・支配領域の固定永続化という路線を示し始めたことである。[24]

先述のように連邦政府は、一八一九年の文明化基金設立に現れたように、文明化による統合という方策を支持した。だからこそモースに文明化基金の有効的活用法につき調査を依頼したのだった。周知のようにミシシッピ川以西へのインディアン移住＝分離の客観的条件は一八〇三年のルイジアナ地方購入により既に整っており、実際にチェロキー族や北西部諸部族の一部は移住を行っていた。しかし、これはあくまで自発的な移住であり、伝統的な狩猟生活を西部において平行移動的に継続することが目的だったといえる。モンローは予てより農耕民族の狩猟民族に対する優越、後者が前者に土地を明け渡す義務を公言していたし、一八一七年一月の上院公有地委員会報告書は土地交換条約の締結に基づく東部インディアンのミシシッピ川以西への移住を提案していた。しかし、モンローは分離と統合をあくまで切り離して議論している。つまり東部での文明化か、西部における伝統的生活の維持かという選択をインディアンに促したのである[25]。

かかる連邦政府の姿勢が明確に変化したことを、一八二四年の大統領年次教書と翌年一月の特別教書が示している。これらにおいてモンローは、分離＝移住と統合＝文明化を整合させるのである。即ち、一八二〇年代に入って俄かにジョージアなど南部諸州が自州内からのインディアン排除要求を先鋭化させ、連邦との対決姿勢を強める事態を前にして、モンローは移住を文明化の先行要件として捉えることで、東部諸部族全体がミシシッピ川以西に移住することを提起し、移住地においてインディアンが連邦の保護下で領地を組織することを提唱したのである。ここに至って、分離の論理と統合の論理は一体化された。モンロー政権と次のJ・Q・アダムズ政権はこの一体化をあくまでインディアンの説得を通じて達成しようとしたが、やがてジャクソン政権は国家権力によりこの一体化を暴力的に強制することになる[26]。

モースにとって移住は文明化の阻害要因として意識された。従ってインディアン領地は、白人居住地内で文明化を促進するための防御装置、白人の侵害を遮断するための集住隔離・保護装置として構想された。彼はインディアン迫害を「国民的罪」と捉え、白人社会と連邦政府に道徳的改心を迫った。その意味でインディアン文明化は、同時に白人社会の良心の覚醒を促す宣教活動だったともいえる。モンローの教書やカルフーンの一八二五年一月の報告書には、モース提案の影響――特に分離＝隔離による統合の推進という発想――が少なからず認められる。しかし、白人への安定的土地開放を至上命題とする連邦政府にとって、白人の道徳的覚醒＝土地獲得要求の放棄を前提とするモースの改革案は受容不可能なものだった。ASの役員就任の辞退を伝えるジェファソンの手紙は、その点を如実に語っている。彼は政府外の組織が政府の政策に干渉する悪弊をフランスのジャコバンを引き合いに出して非難し、既にインディアン文明化に向けて政府が努力している以上、「傍流の力」は必要なしと断定し、「この車輪の中の車輪（AS）は援助よりも衝突を招きかねない」と警告したのである。[27]

V　中間総括

モースの改革計画は連邦政府に採用されず、モースを始めABCの宣教協会は現住地でのインディアン文明化を推進し、連邦政府による移住要求に抵抗した。一八三〇年インディアン強制移住法の制定をめぐっては、モースの志を引き継いだエヴァーツがABCの組織力を背景に、広範な反対運動を展開することになる。この意味では、宣教協会による文明化活動は政府による政策の障害となったのであり、政府による財政援助も悉く打ち切られた。但し注意すべきは、モースにしろエヴァーツにしろ、彼らが反対したのは実は移住そのものではなかった点である。確かに彼らは政府の主張する東部からの諸部族移住に反対した。しかし、それは現状での移住が文明化の成果を破壊すると認識されたからであって、もし移住が政府の主張通り文明化の促進手段となり得れば、移住に賛成したのである。一八二六年にエヴァーツが、アダムズ政権のジェームズ・バーバー陸軍長官（James Barbour）の提唱した、西部における移住諸部族の恒久的領地設立に賛成したことがそれを示している。結果的にエヴァーツは議会審議を傍聴する中で政府の態度の曖昧さに疑念を抱き、一八二八年を契機に強硬な移住反対論者となるのだが、彼が領地設立を前提にした移住に一旦は賛成した事実は、彼の目的がインディアンをインディアンとして保護することではなくて、インディアンの文明化＝インディアンの非インディアン化であったことを如実に物語っているといえる[28]。

言うまでもなく、この点はモースについても同様だった。Ⅱでも触れたように、彼にとってのインディアンは極めて観念的な存在だった。彼らは「人間が暮らす中で最も粗野な形態の下で」存在する「未開人」であり、文明の進歩の前に滅びる定めの文化を持つ異教徒だった。そうしたインディアンをキリスト教文明を鏡として改造することは、「我々人類の知的で高貴な一部」を滅亡から救済する唯一の手段であると同時に、キリスト教文明の先進性や至高性、正当性を例証する方策でもあった。一八二三年にモースの『報告書』を論評した『北アメリカ評論』掲載のある論説は、この点を次のように辛辣に皮肉っている。「我々は、インディアンが消え去ると嘆く。我々は現在の生き残りを保護する手段を講じるだろう。だが、我々が保護するのは一体何なのか……『保護の対象が言語でも宗教でも生活習慣でもないとすれば』つまるところ銅色人以外には何も残らないのだ……モース師は民族混交に明らかに賛成する。原住民の習慣を溶解し子孫が白人同然になるのがその利点だという。それは結構なことであるにせよ、その間にインディアンはどうなるのか。この進路の効能は、インディアンの消滅を加速することなのだ[29]。」

連邦インディアン政策に大幅な変更を迫るモースの改革計画は、政府と宣教協会のインディアン文明化の実践方法を巡る差異を明確化した。特に白人による露骨な土地奪取要求やインディアンの権利侵害への非難は、移住問題を巡る政府批判の論拠を提供した。しかし、インディアンの非インディアン化＝「インディアンの消滅」という文明化の目標は、政府と宣教協会共通のものだった。それ故に、一八三〇年代に入りインディアン移住が強行されると、ABCを含めた各種宣教団体は移住反対の主張を次第に弱め、終にはインディアンの後を追って西部へ移動した。政府の財政援助を受けつつ文明化を推進するというモースの発想は、バプティスト教会宣教師アイザック・マッコイ（Isaac McCoy）による、西部でのインディアン領地設立運動に受け継がれていくことになる。(30)

（1） Jedidiah Morse, *A Report to the Secretary of War of the United States,on Indian Affairs*, New Heaven, 1822（以下、Morse, *Report* と略）pp. 9 and 11.

（2） Roy Harvey Pearce, *The Savages of America: A Study of the Indian and the Idea of Civilization*, Baltimore, 1953, 1965; Ronald L.Meek, *Social Science and the Ignoble Savage*, New York, 1976; Bernard W. Sheehan, *Seeds of Extinction; Jeffersonian Philanthropy and the American Indian*, New York, 1973; Francis P. Prucha, *Great Father: The United States Government and the American Indian*, 2vols. Lincoln Neb. 1984, I; Joseph Wilson, "Jedidiah Morse; An Intellectual Biography," Ph. D.diss., Univ. of California, Berkley, 1978.

（3） モースの略歴は、Arlene Hirschfelder and Paulette Molin, *The Encyclopedia of Native American Religions*, New York, 1992, p.185; Carl Waldman ed., *Who was who in Native American History*, New York, 1990, p. 241.

（4） *Encyclopedia*, I, Philadelphia, 1790, pp. 541-547 in Pearce, *op. cit.*, pp. 96-98; Morse, *History of America* Philadelphia, 1795 in Meek, *op. cit.*, pp. 218-219.

（5） William Robertson, *The History of America*, London, 1777, I, pp. 282-283 in Robert Berkhofer, Jr., *The Whiteman's Indian: Image of the American Indian from Columbus to the Present*, New York, 1978, p. 48. 尚、ロバートソンのインディアン認識については、小柳公洋「ウィリアム・ロバートソンと歴史の問題」『北九州大学商経論集』第二三巻第二号、一九九八年二月、二一一―二三八頁。

（6）Morse, *Report*, p. 73.

（7）Berkhofer, *op. cit.*, pp. 42-43.

（8）Morse, *Signs of times: A Sermon preached before the Society for Propagating the Gospel......* Charlestown, 1810, pp.67-72; Wilson, "Jedidiah Morse," pp.285-287.

（9）*Panoplist* 4 (1808-09), pp. 427-428, 5 (1809-10), pp. 184-186, 11 (1815), pp. 136-138.

（10）Prucha, *American Indian Policy in the Formative Years: The Indian Trade and Intercourse Acts, 1790-1834*, Lincoln Neb., 1962, pp. 214-224.

（11）文明化資金については、Prucha, *Great father*, I, pp. 151-154. 尚、モースは諸部族視察旅行の実行をSSPCKとニューヨーク北部宣教協会からも依頼されていた。Morse, *Report*, p. 11. また、当初モースは一八二〇年春に五大湖地方からミシガン領地、ミズーリからインディアナ、オハイオ、ペンシルヴェニアを回り、秋に南部を一周する計画だった。しかし、健康上の理由から結局は五大湖地方とカナダ南部を視察するに留まった。*Panoplist* 16 (1820), pp.189-190. 従って彼の『報告書』は、インディアン担当官や軍隊将校、商人からの伝聞と政府発行の文書に依拠しつつ、当時の入手可能な情報を体系的に整理したものとなっている。但し、五大湖地方を最初の訪問地に選んだのは、教導家族の移植地点を実地に査定する目的からだった。

（12）Morse, *Report*, p. 79.

（13）Morse, *Report*, pp. 79-80. Appendix, pp. 290-293. モースはインディアンの文化を無価値なものと断定したが、言語に関する次の評価はその典型であろう。「できる限り早急に、インディアンに彼ら固有の言語を捨てさせよう。無文字であるために、当然何も伝承し得ない言語をである。そして、英語を学ばせるのだ。そうすれば直ちに、有用な知識の沃野が彼らに開かれるだろう。」Morse, *Report*, Appendix, p. 400.

（14）Morse, *Report*, pp. 82-83, Appendix, p. 544.

（15）Morse, *Report*, pp. 73-74, 78 and 90.

（16）Morse, *Report*, pp. 84-86.

（17）Morse, *Report*, pp. 86-87.

(18) Morse, *Report*, pp. 39-64, 92.

(19) Morse, *Report*, pp. 75-76, Appendix, pp. 284-290.

(20) Morse, *The First Annual Report of the American Society for Promoting the Civilization and General Improvement of the Indian Tribes in the United States*, New Heaven, 1824.

(21) Application of the Board of Commissioners for Foreign Missions for Pecuniary Aid in Civilizing the Indians, March 3, 1824 in *American State Papers, Indian Affairs*, II, pp. 446.

(22) *Ibid.*, p. 447-448.

(23) こうした点については、拙稿「一八三四年インディアン関連二法とインディアン強制移住」『札幌学院大学人文学会紀要』第五二号、一九九二年一二月、一七七―二〇五頁。また、次も参考になる。Philip Weeks, *Farewell my Nation: The American Indian and the United States*, Arlington Heights, III, 1990.

(24) チェロキー族文明化については、William G. McLoughlin, *Cherokees and Missions, 1789-1839*, New Heaven, 1984; do., *Cherokee Renascence in the New Republic*, Princeton, N.J., 1986. またインディアン文明化と移住の関係については、拙稿「ジャクソン期インディアン強制移住とインディアン―インディアン移住＝隔離・インディアン文明化・インディアン領地構想―」金井・鵜月ほか『常識のアメリカ・歴史のアメリカ―歴史の新たな胎動―』木鐸社、一九九三年、一五三―一九一頁。

(25) Arrell Morgan Gibson, *The American Indian: Prehistory to the Present*, Lexington Mass, 1980, pp. 280-301. 一八一七年一〇月にアンドルー・ジャクソン宛の手紙でモンローは次のように述べている。「狩猟状態ないしは未開状態は、文明生活の進歩やその公正な請求地に相応しい土地に比べれば、生活のために非常に広い領土を必要とするのでありますから、それを放棄して然るべきなのです。」Monroe to Jackson, Oct. 5, 1817 in John S. Bassett ed., *Correspondence of Andrew Jackson*, 6vols., Washington, 1926-1933, II, pp. 331-332; report of senate Committee on Public Lands, Jan. 9, 1817, in *American State Papers, Indian Affairs*, II, pp. 123-124.

(26) Message of Dec. 7, 1824 in James D. Richardson comp., *A Compilation of the Messages and Papers of the Presidents*, 11vols., Washington, 1897-1917, II, pp.825-826; Special Message of Jan. 27, 1 825 in Richardson comp., *Messages and Pa-*

pers, II, pp. 849-851. 分離の論理と統合の論理から一八三〇年強制移住法の成立を考察した研究としては、拙稿「一八三〇年強制移住法成立過程の一考察—白人社会内の賛否両論の検討を中心として—」『札幌学院大学人文学会紀要』第四八号、一九九〇年一二月、一二三—五三頁。

（27） Letter from the Hon. Thomas Jefferson, March 6, 1822 in Morse, *The First Annual report of the American Society......,* pp. 20-23.

（28） バーバーの提案を含めて、インディアン領地構想の内容と変遷については、拙稿「ジャクソン期インディアン領地構想についての一考察」『札幌学院大学人文学会紀要』第五三号、一九九三年七月、二七—五二頁。バーバー提案に対するエヴァーツの対応については、John A. Andrew, III, *From Revivals to Removal: Jeremiah Evarts, the Cherokee Nation, and the Search for the Soul of America*, Athens Ga., 1992, chap. 6.

（29） Art. II in *North American Review*, XVI (1823), pp. 39-40.

（30） モースのマッコイへの影響については、George A. Schultz, *An Indian Canaan: Isaac McCoy and the Vision of an Indian State*, Norman Okl., 1972, pp. 61-62. ミシシッピ川以東における分離＝移住・隔離と統合＝文明化を一体化したモースのインディアン改革計画は、東部における統合＝文明化とミシシッピ川以西への分離を並立させたジェファソン期インディアン政策とミシシッピ川以西への分離＝隔離と統合＝文明化・領地設立を一体化したジャクソン期強制移住政策を架橋する性格を持つと考えることもできよう（この移行は、実質的にはモンロー政権下で生じた）。しかし、この点についてはジェファソン期インディアン政策とジャクソン期インディアン政策双方のさらなる検討を踏まえねばならないと考える。

第二章　一八三四年インディアン関連諸法

I　通商交際法と組織化法

一八三四年六月、合衆国連邦議会はインディアンの関連の二つの法律——「インディアン諸部族との通商交際の規制ならびにフロンティアの平和維持のための法律」（以下、通商交際法と略）および「インディアン業務担当部局の組織化のための法律」（以下、組織化法と略）——を制定した。通商交際法はインディアン・白人関係の基本法となる法律であり、組織化法は合衆国政府によるインディアン業務行政機構の体系化を図るという積年の課題を果たす法律だったといえる。

また、これらの立法が、一八三〇年インディアン強制移住法に基づいて着手された東部インディアン諸部族と合衆国政府の間の移住交渉が本格化する中で実現したことは確認するまでもない。つまり一八三四年立法は、一八三〇年代インディアン強制移住と深い係わりをもつと同時に、合衆国におけるインディアン・白人関係史において非常な重要性をもつことが想定されるのである。

それにも拘らず、日本における一八三〇年代インディアン強制移住に関する従来の研究においては、一八三四年インディアン関連二法はその内容はもとより、強制移住政策との関係における立法の意図や意義について顧みられることがなかった。無論、一八三四年立法についての研究の不在は一八三〇年代インディアン強制移住に関する研究蓄積自体（換言すればインディアン史の研究蓄積自体）が必ずしも多くないことに大きく影響されているともいえる。しかし、日本の研究とは比較にならない程の蓄積をもつ合衆国における強制移住研究を見ても、一部の例外を除けば一八三四年立法は必須の研究対象とはされてこなかった。多少行論を先取りしていえば、その理由は研究者の視角と問題意識とに密接に係わっているのであって、決して研究の量とは関係していないように思われる。

そこで本章では、強制移住と一八三四年立法を巡る合衆国における研究史を若干立ち入って考察した後に、一八三四年立法の具体的内容を検討し、最後に一八三四年立法の意図と意義を強制移住との係わりにおいて明らかにする糸口を提示したい。また巻末の関連諸法を参照されたい。

Ⅱ　土地奪取説と人道主義説

二〇世紀初めに現れたアニー・H・エイベルの先駆的業績から一九三〇年代のグラント・フォアマンの詳細な著作を経て、現在までに一八三〇年代インディアン強制移住については夥しい研究が蓄積されてきた。管見を恐れずに言えば、それらの研究には鋭く対立する立場の違いを見てとることができる。一つは、強制移住を白人によるインディアンからの土地奪取の最も暴力的な発現形態の一つとして捉え、その侵略的・抑圧的性格を激しく非難する立場。もう一つは、強制移住を東部インディアン諸部族を絶滅の危機から救済するという人道主義的要求の発露として位置づけ、強制移住という行為の不可避性を強調する立場、の二つである。ここでは前者を土地奪取説、後者を人道主義説と呼んでおこう。研究者の数や研究量から見れば土地奪取説が圧倒的に優位を占め、人道主義説に与する研究者は少数といえる①。

一九六〇年代に入るまでは、合衆国における自国史研究の中で先住民インディアンの存在は無視されるか、せいぜい文明進歩を妨げる障害物、過去の遺物として位置づけられていた。ハリウッド製の西部劇で造られた無知蒙昧な野蛮人というイメージが世間一般に定着する中で、歴史研究者もインディアンを合衆国史の重要な構成要素として位置付け歴史叙述に統合する必要性を十分には認めなかった。強制移住が断行されたジャクソン期は、初の西部出身の大統領、叩上げの男アンドルー・ジャクソンの登場に象徴される民主主義開花の時代として美化されたが、この時期を扱った研究書でもインディアンは全くと言って良いほど等閑に付されたのである②。

しかし、一九六〇年代後半にはこうした状況は一変する。公民権運動やヴェトナム戦争を経験する中で、従来のアメリカのあり方への異議申し立てが社会の様々な局面で噴出した。アメリカという国家の正義、それが金科玉条としてきた自由、平等、民主主義、これらの実体が、現実社会の中で鋭く問い直された。黒人や女性、学生など多様な民族集団、社会集団と並んで、インディアンも復権運動に立ち上がり、民族自決の原理を直接行動を通じて訴え、一般社会は「過去の遺物」の再登場に強烈な衝撃を受けた。

ニューレフト史学に代表されるように、歴史研究者たちは現実社会の多極化、多元主義化に引きずられながら、従来の歴史研究の中で忘れ去られた人々、虐げられてきた人々に着目することとなった。被抑圧者の側から、もの言わぬ民衆の側から（底辺から）、従来の歴史像を再構築する必要性が叫ばれた。フロンティアの西漸は領土膨張と読み替えられ、自由と民主主義は差別と抑圧に取って代わられた。当然のことながら、こうした研究姿勢の変化は隠蔽されてきた差別の告発、過去と現在におけるアメリカの糾弾という性格を強く帯びていた。インディアン史研究においても、被抑圧者・犠牲者たるインディアンを出発点に据えた研究姿勢の重要性が認識され、残虐な征服者の行状、白人による土地奪取を目的としたインディアンの排除、インディアンの権利の無視や合衆国政府による条約侵犯の事実、虐殺事件が次々と明らかにされた。「どの国家も合衆国による裏切りの記録を凌ぐことはできないだろう」というインディアンの歴史研究者ヴァイン・デロリア・ジュニアの発言（一九六八年）が、当時の論調をよく現している。[3]

土地奪取説が一八三〇年代インディアン強制移住を解釈する有力な立場として定着した背景には、こうした状況が存在したといえる。一〇万人以上に及ぶインディアンをその意思に反して立ち退かせた無謀さと理不尽さ、それが民主主義を標榜する国家の政策として立案・強行されたことの衝撃、インディアンが受けた物理的・精神的被害の凄まじさ、土地奪取説はこれらの点を鋭く抉り、合衆国の欺瞞性を厳しく断罪した。かつては民主主義の推進者として、歴史の主人公の地位を享受したジャクソンの偶像破壊も徹底的に行われた。土地奪取説の要点をまとめて、ジャクソン期研究の泰斗エドワード・ペッセンは次のように述べている。「ジャクソン期のインディアン政策は、偽善的な言動と強欲の複合体であり、一見して矛盾に貫かれている……インディアンを移住させる上で、連邦政府は機才や狡猾、欺瞞や甘言、そして強制の暗示以上のものを示さなければならなかった。ジャクソンの行動は……有権者の偏見や強欲を十二分に共有した狂信者の行動だった。」[4]

筆者なりに土地奪取説の主張をまとめると以下の通りである。①一八三〇年代強制移住は、「強欲」＝インディアンからの土地奪取要求をその基底的要因とし、インディアンの空間的排除という建国期以来追及された欲求達成手段を国家権力によって東部インディアン全体に暴力的に適用するものだった。②一八一二年戦争以降、綿作プランテーションを急速に拡大する南部諸州が、自州内からのインディアン排除を強硬に主張し、インディアン強制移住を求める急先鋒となった。③説得という穏健な手段によりインディアンに移住を承諾させようとする連邦政府と実力行使も辞さないという南部諸州の間には、一八二〇年代に対立が深まったが、この対立を強制移住を断行することで南部の意向に沿って解決したのが「狂信者」ジャクソンである。④ジャクソンを始めとする連邦政府当局者たちは、移住をインディアン・白人双方に恩恵をもたらす手段、インディアンを絶滅から救う唯一の手段であるとする一見人道主義的な主張を行ったが、これは土地奪取要求を隠蔽する方便であって、偽善・欺瞞として全面的に否定されるべきである。⑤

これに対して、インディアン政策史研究の大家フランシス・P・プルーカを筆頭とする人道主義説の立場に立つ研究者たちは、大略次のように反論する。①強制移住を土地奪取という経済的欲求から一元的に説明することはできない。②むしろ南部諸州を中心とする白人社会内の強硬な土地奪取要求の存在故に、インディアンを白人の強欲にも連邦と州の軋轢にも影響されない土地に移すことで彼らを絶滅から救い保護しようとする人道主義的主張が存在した。③ジャクソンも含むかかる主張の担い手たちは、移住後のインディアンを射程に入れて文明化を中心とする政策を立案・実行した。④従って、強制移住を巡る白人社会内の意図は二元的であり、この点をインディアン＝被害者、白人＝加害者という図式設定により無視し、ジャクソンを「狂信者」と決めつける土地奪取説は史実を歪曲しているのである。⑥

こうした人道主義説が登場してくる背景には、一九六〇年代末以降に強制移住研究が一種踏み絵的様相を呈したという事情がある。ジャクソンの伝記研究家ロバート・V・レミニは、次のように述べている。「ジャクソンの政策遂行により寄る辺ない人々が受けた激しい被害のために、今日ではインディアン強制移住について冷静かつ客観的に語ることは至難の業である……ジャクソンの抱いた目的のいかなる解説も、無実の人々の大量殺戮を免罪する試みにされてしまうのだ。」つまり、人道主義説には一方に偏りすぎた振り子を戻す意図が認められるのである。(7)

かかる両者の主張には、それぞれ問題点が指摘できる。強制移住を排除・放置の論理から捉える土地奪取説には、犠牲者インディアンを可能な限り誇り高く描く一方で合衆国の政策を可能な限り邪悪なものと描く明暗法を採ることで、時として史実に先験的な姿勢で臨んだり一定の事実を捨象する傾向が見られる。インディアン政策の自律性を追及する姿勢に欠けるともいえる。一方、強制移住を分離・保護の論理から捉える人道主義説は、インディアン政策に流れる人道主義的発想を追及しようとするあまり、一部白人の言動を可能な限り好意的に解釈する一方で、インディアンが受けた凄まじい被害や一部白人による侵略・抑圧をも組み込んだ歴史認識を打ち出していない。ともすれば白人側の免罪に終始する危険性も指摘し得る。また、土地奪取説を採る研究にほぼ共通して見られる現象としては、強制移住が断行される過程に関心が集中し、移住後のインディアン・白人関係をも射程に収める姿勢には欠けているといえる。この最後の点が、移住後のインディアン・白人関係を主たる対象とする一八三四年立法への関心の薄さを説明する大きな理由といえよう。

一方、プルーカに代表される人道主義説を採る研究者は移住後のインディアン・白人関係に大きな関心を払うことになる。それが、強制移住における人道主義的動機を証明する条件になるからである。以上のように、土地奪取説と人道主義説は強制移住という極めて複雑な歴史事象の解明においては、それぞれ一定の有効性と難点をもちながら歩み寄っていないのが現状といえる。次に強制移住法の要点とジャクソンの発言を確認した上で、一八三四年立法の内容を検討したい[8]。

Ⅲ　一八三四年立法の内容

既に前節で確認したように、一八三〇年強制移住法は土地交換という形でインディアンの空間的排除＝土地奪取とその補償を意図する法律であった。また、条文上なんら強制権限は大統領に付与されていないものの、ジョージア州など南部諸州が実力行使の意思を露骨に示し、ジャクソン自身その動きに干渉しないことを宣言する状況下では、実質的にはまさに強制移住法の名が相応しい法律であった。土地奪取説の立場を採る研究者たちはこの点やこれらの条項の約束不履行からインディアンが大きな悲劇を経験した点を激しく攻撃している[9]。

しかし、同時に同法は移住部族とその相続人への新住地の恒久的保証（第三条）、現行条約の尊重（第七条）を宣言するとともに、移住部族を「他のいかなる部族または国からの、あるいは他のいかなる個人または集団からの干渉ないしは侵害からも保護せしめる権限」（第六条）と移住部族に「現住地において彼らに現在認めているのと同様の監督と保護を施す権限」（第七条）を大統領に与えていた。これらは、現行の法令や条約規定がそのまま移住地においても効力を持つことの意思表示にほかならなかったし、強制移住による空間的排除にも拘らず、従来のインディアン政策、つまり従来のインディアン・連邦政府関係が基本的に継続されることの確認と解釈できるのである[10]。

実際、強制移住法に具体化された土地交換に基づく空間的排除による土地奪取と移住についてはインディアンに対する政策の連続性＝「監督」と「保護」の継続という二つの方針がジャクソンによって随所で強調されたものだった。それは、一八二九年の第一次年次教書から一八三七年の告別演説におけるまでほぼ同様の主張であった[11]。

かかるジャクソンの主張は、土地奪取説の立場からは欺瞞・偽善の典型として解釈されてきた。時代の進行とともに、強制移住法のジャクソンの教書における約束は結果的には悉く反故にされたのだから、それらを欺瞞・偽善と評価することには一定の正当性がある。これに対して人道主義説を採る研究者たちは、政策の立案者・実行者の意図や行為と一般社会のそれを峻別する立場から「純粋に人道主義的な努力」に着目する。しかし問題は、例えばジャクソンの言動が今日的（ないしは研究者の）尺度に照らして偽善的か人道主義的かを直線的に判断することではないだろう。一旦は歴史の中の現在という視角から、行為者の意図を読み解く作業が必要だといえる。つまり象徴的にいえば、ジャクソンの言う「保護」や「監督」の意味内容を彼の論理に則して明らかにする作業である。一八三四年立法は、この作業にとって必要不可欠な対象だと思われる。両法の要点を確認してみよう。

通商交際法は元来、個々の条約で設定される境界線を尊重し、通商活動を中心にインディアン・白人間の接触を連邦権力により規制して両者間の摩擦・衝突を防止する目的で一七九〇年に制定されたものだが、その後土地奪取の進展とインディアン・白人関係の複雑化に対応して数次にわたって改正された。一八三四年通商交際法は、従来の通商交際法の諸条項や関係法令を集大成したものだったといえる（第二九条）。三〇条に及ぶ同法の内容は三つに整理できる。第一には、いわゆるインディアン地方（インディアン保有地）の明確化である。従来の通商交際法では、インディアン地方との境界線は条約規定により随時変化すると定義されていた。しかし、一八三四年通商交際法は、「ミシシッピ川以西にありミズーリ州およびルイジアナ州もしくはアーカンソー領地に含まれない合衆国の全ての部分と、ミシシッピ川以東にあってどの州にも含まれておらず、しかもインディアンの土地所有権が消滅せられていないような合衆国の一部」をインディアン地方と定義した（第一条[12]）。

第二には、インディアン・白人関係の規制強化である。同法は、従来より実施されていた白人交易者への許可証制度を踏襲したが、新たに許可証発行についてのインディアン監督官・担当官・副担当官の裁量権と停止権および交易場所の指定を盛り込んだ（第二条〜第五条）。さらに同法は、インディアン地方への白人の立ち入りを厳しく制限するとともに違法交易者の取り締まり（第六条〜第一〇条）を図り、インディアンによる土地の譲渡・賃貸の禁止（第一一条・第一二条）、インディアンへの反乱の教唆煽動の防止（第一三条〜第一五条）、両民族間の犯罪処罰と損害賠償および犯罪人の法廷引き渡し手順（第一六条〜第一九条、第二二条・第二三条）、インディアン地方への酒類の搬入・製造の禁止（第二一条・第二二条）、裁判所管轄区の指定（第二四条〜第二八条）について詳細な規定を行った。インディアン地方における連邦法侵犯者の裁判所管轄区はアーカンソー領地とミズーリ州とされ、インディアンの証言能力は否定されている。

第三には、先述の諸条項に効力をもたせるために、随所で大統領権限による軍隊の使用を認めていることである。特に第一九条が、「かかるインディアン（連邦法を侵犯したインディアン）の逮捕ならびにインディアン諸部族のいずれかの間の戦争の防止もしくは終結のために、合衆国軍を用いるよう命じる」権限を大統領に付与している点は重要である[13]。

一方、組織化法の内容は二つに整理できる。第一には、中央集権的な行政機構の整備を通じてインディアン局を正式に確立したことである。一八三二年の立法によって、大統領により任命され陸軍長官の指揮下で「すべてのインディアン関連事項の管理・監督」に責任をもつ局長職が確立されたのをうけて、同法は先ずインディアン監督官、担当官、副担当官という現地業務に従事する職員の設置数・勤務地・勤務年限・職務規定を定めた（第一条〜第七条・第一四条）。この結果、監督官三人、臨時監督官一人、担当官一二人、「十分な数の」副担当官が大統領により任命されることとなった。一八三七年までには移住の進展と並行して、同法の規定に基づく改廃により、監督官二人、担当官一〇人、副担当官一四人が置かれた。管轄区内のインディアン業務全般を管理する監督官は、ウィスコンシンとセントルイスに、臨時監督官はミシガンと移住インディアンの居住区となる西部領地（インディアン・テリトリ）に置かれた（表1・地図1参照）[14]。

　基本的には部族ごとに置かれた担当官と副担当官は、インディアンと連邦政府を日常レヴェルにおいてつなぐ重要な役割を担った。これら現地業務に当たる人々の最大の職務が、通商交際法や関連諸法令の遵守の監督ならびに条約条項の実行だったことはいうまでもない。つまり彼らは、インディアンとの交易の許可証を発行し、インディアン地方への不法立ち入り者や法令侵犯者を摘発し、酒類取締りを行い、インディアンへの年金その他の支出金を管理し、そしてインディアン文明化にも尽力した。さらに同法は、通訳と職工、鍛冶屋と農業指導員、教師の雇用規定を明確化した（第九条）。重要なのは、軍隊将校に担当官職の遂行を命じる権限が大統領に

表1　1837年におけるインディアン局の現地業務組織

［ミシガン臨時監督官事務所管轄区］	⑬アッパー・ミズーリ副担当官事務所
①ミシリマキノー担当官事務所	⑭カウンシル・ブラッフ副担当官事務所
②サジノー副担当官事務所	⑮グレイト・ネマホー副担当官事務所
③スー・セイント・マリー副担当官事務所	⑯オーセイジ・リバー副担当官事務所
［ウィスコンシン臨時監督官事務所管轄区］	［西部領地臨時監督官事務所管轄区］
④サック・アンド・フォックス族担当官事務所	⑰チョクトー族担当官事務所
⑤セント・ピータース担当官事務所	⑱クリーク族担当官事務所
⑥プレーリー・ド・シーン副担当官事務所	⑲チェロキー族担当官事務所
⑦グリーン・ベイ副担当官事務所	⑳オーセイジ族担当官事務所
⑧ラポイント副担当官事務所	㉑ニオウショウ副担当官事務所
⑨クロー・ウィング・リバー副担当官事務所	
	［その他］
［セントルイス臨時監督官事務所管轄区］	㉒チカソー族担当官事務所
⑩リーヴェンワース砦担当官事務所	㉓オハイオ副担当官事務所
⑪カウンシル・ブラッフ担当官事務所	㉔ニューヨーク副担当官事務所
⑫アッパー・ミズーリ担当官事務所	

Francis P. Prucha, *The Great Father*. I, p.300 より作成。

地図1　担当官と副担当官の事務所所在地（1837年）と
インディアン地方境界線（1837年），移住諸部族への割り当て地（1840年代）

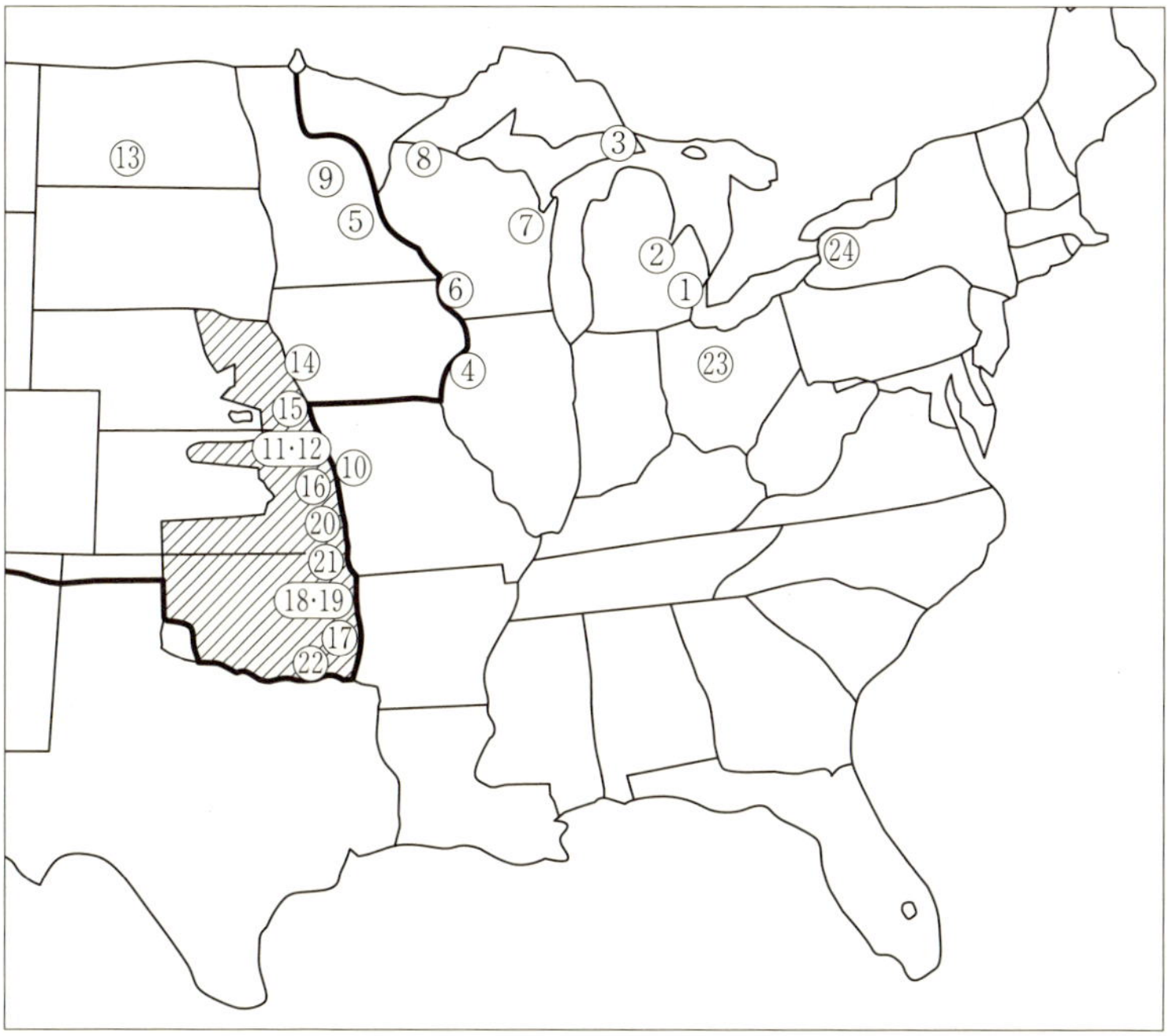

数字は表1に対応。細い実線は現在の州境界線。太い実線はインディアン地方の境界線。斜線の部分が移住諸部族の割り当て地。Prucha, *Atlas of American Indian Affairs* (Lincoln, Neb., 1990), p.57. および Arrell M.Gibson, *The American Indian: Prehistory to the Present* (Lexington Mass., 1980), p.313 から作成。

付与（第四条）されたことである。

第二には、条約規定によるインディアンへの年金支払いに関する変更である。同法は年金支払いが個人単位ではなくて、族長ないしは部族を代表する貴人または集団に対して一括して包括的に、なされると規定（第一一条）するとともに、インディアンの希望による年金の現物支給ならびに商品配達への連邦当局者（監督官・担当官・副担当官・大統領が命じる軍隊将校）の立会いを規定した。以上が一八三四年立法の内容であるが、次に両法の意図と意義について考察をすすめよう。[15]

一八三四年立法に具体化されたインディアン・連邦政府関係の構図はいかなるものだったのか。端的にいえば、先ず通商交際法は、移住により白人居住地から分離されたインディアン諸部族を連邦政府の独占的管理下に置き、インディアン・白人関係の規制強化を通じて移住地でのインディアン隔離体制を現出せしめることを目的とした。さらに組織化法は、通商交際法によって実現される隔離体制の下で、効率的な社会統制をインディアンに加えるべくインディアン業務の中央集権的行政機構を整備することを目的としたといえる。結論としていえば、一八三四年立法の意図という点から見るとき、強制移住は排除・放置でも分離・保護でもなくて隔離・統合の論理に支えられていたといえるのである。確かに一八三四年立法は、移住に伴うインディアン諸部族の空間的配置の大幅な変化に対応すべくつくられた立法だったが、それらはおおむね従来の法令の集大成であって、内容的には決して目新しいものではなかった。問題は、インディアンの大量移住という事態を受けて、なぜ従来の法令の集大成が必要だったのかである。換言すれば、隔離・統合の論理を内包したと思われる一八三四年立法がなぜ出現したのかである。この問題を考えるためには、建国期以来のインディアン政策の性格の検討が不可欠である。その点を繰り返しになるが簡単に見ておこう。

インディアン政策の最大の目的が、インディアンからの土地獲得により領土膨張と白人定住地の拡大を促進することにあった――土地奪取説の論拠――のは確認するまでもない。しかし、弱体な合衆国の国力や新生共和国としての国家的体面、そしてインディアンによる激しい抵抗といった事実を前にしてインディアン・白人間の軍事的衝突を回避しつつ、いかにして秩序ある領土拡張を達成するか。この課題への答えが、ワシントン政権で確立されたインディアン条約制度だった。個々の部族を占有権に基づいて土地に権利を有する外国＝主権国家と見なし、条約による有償購入で土地割譲を実現する方針である。合衆国憲法に論拠をおいた条約制度を導入した背景には、州による無秩序な領土拡大による両民族間の衝突回避を実現すべく、インディアン関連事項を連邦政府の専権事項にする意図があった。しかし、条約制度の導入は極めて困難な課題を連邦政府に課すことにもなった。領土拡張に基づく白人への安定的土地開放とインディアンの条約上の権利の保証という相矛盾する課題である。

一九世紀の、いわゆるインディアン「問題」とはまさにこの課題を指したのであり、一七九〇年の第一次通商交際法は、議会立法によってこの問題を解決しようとするものだったといえる。つまりインディアン・白人関係を通商を中心に連邦権力によって規制し、両民族間の居住地を分離する試みである。しかし、インディアンと白人の居住地の地理的境界線を定めることで、両者の調和ある関係を維持することは至難の業だった。白人の領土拡張欲求は条約規定や通商交際法を往々にして無視し、州当局もフロンティアの開拓民の利益を優先したからである。こうした中で、分離と同時にインディアン問題解決の手段として提示されたのがインディアン文明化の試みである。これが、教育を通じてインディアンに農業、手工業、キリスト教信仰、英語、私有財産観念など白人文化の諸要素を植え付けることで、狩猟採集経済に基づく共同所有制のインディアン社会を私有財産制に基づく農業社会に変革する試みだったことはいうまでもない。つまり、究極的にはインディアンの部族制と部族文化を破壊し、白人社会に同化吸収すること――インディアンの非インディアン化――でインディアン問題を解決する試みである。一七九一年の年次教書でワシントンが文明化の実験を呼びかけて以降、一八〇二年の通商交際法に文明化のための年一五、〇〇〇ドルの支出が盛り込まれ、さらに一八一九年には議会で年一〇、〇〇〇ドルの文明化基金が設立された⑯。

福音主義的プロテスタント諸教会の伝道協会と手を携えた文明化の試みは、一八二〇年代までは分離の試みと並行するインディアン問題解決の有効な手段として、連邦政府中枢のみならず多方面からの支持を得た。しかし、現実には文明化は部族により不均等に進行するとともに、全体的にはその進度は極めて緩慢だった。このため土地奪取説に立つ研究が指摘するように、一八一二年戦争後に急速に綿作プランテーションを拡大し始めたジョージアなど南部諸州が、自州内のインディアン所有地の解消――文明化ではなく移住＝排除による分離の即時徹底化――を強硬に求めるにいたったのである。

この時点で、連邦政府当局内のインディアン問題解決の方針に戦略的変化が生じる。一八二四年のモンロー大統領の年次教書がその一つの画期といえよう。彼は白人の抑圧によるインディアン絶滅の危険性を訴えた上で、次のように主張した。文明化こそがインディアンの生存にとっては不可欠の要件だが、それは時間を要する試みであり、現住地では十分に達成され得ない。従って、彼らに西部への移住を促し説得しなければならない。さらにモンローは翌年の特別教書において、「インディアンを差し迫った滅亡の危機から救い、彼らの幸福と福祉を促進する」、インディアンの政府と文明化のための「熟考された計画」、インディアンも白人も満足させる寛大な政策を議会に要請した。つまり、ここには分離＝移住と文明化を整合させるとともに、移住後のインディアン・白人関係の構図を早急に描く必要が示唆されているのである。そして、かかるモンローの主張は前節で紹介したジャクソンの主張と本質的に重なるのである。[17]

大局的に見れば、一八二九年にミシガン領地総督ルイス・キャスとセントルイスのインディアン監督官ウィリアム・クラークにより、J・Q・アダムズ政権の陸軍長官ピーター・B・ポーターに提出された報告書と一八三二年に西部移住地の調査を議会から委嘱されたストークス調査団の報告書が、モンローおよびジャクソンの主張に沿う形で先述の要求に答えを準備したといえる。キャスとクラークの詳細な報告書は、従来の諸法令をインディアン移住という来たるべき事態に備えて一本化した五六条から成る「インディアン諸部族との通商交際の規制ならびにインディアン関連事項の全般的管理を定めるための法律」と二五条から成る「インディアン業務担当部局規則」を含んだ。またストークス調査団の報告書は、移住地でのインディアン間およびインディアン・白人間の対立を防止する諸策を提案した。内容的に見ても、これらが一八三四年立法の下敷きになるのである[18]。

以上のように建国期以来のインディアン政策――インディアン問題の解決――の脈絡から考えると、一八三〇年強制移住法は移住と文明化を整合させる権限を大統領に付与したといえるのであり、一八三四年立法はその方針を移住地でのインディアン隔離体制とインディアン統制機構の整備により実現するための法律だったと考えることができよう。実際、移住による混乱が沈静化する一八三〇年代末から連邦政府は、移住地において福音主義的プロテスタント諸教会の伝道協会と協力しつつ、積極的に文明化を推進していく。その意味においては、第一次年次教書や告別演説におけるジャクソンの約束は、土地奪取説に立つ研究者の非難とは異なって、ある程度は果たされたといえる。しかし、だからといって人道主義説に立つ研究者のように、強制移住による文明化を人道主義の発露として評価する訳にはいかない。最後に、この問題について検討しておきたい[19]。

移住による文明化のための隔離体制と統制機構の整備、一八三四年立法の意図をこのように整理する時、「移住者とその相続人への新住地の恒久的保証」という約束――ジャクソンが随所で繰り返した約束――がどのように果たされるのか、という疑問が生じる。その一つの答えが用意された。それが、一八三四年に通商交際法案ならびに組織化法案とともに、下院インディアン問題委員会によって議会に上程された「西部領地の樹立およびそこでの移住諸部族とその他のインディアンの安全と保護のための法案」だった。これは、移住諸部族に連合政府を組織させて将来的には州として連邦への加入を認めるという内容であった。下院インディアン問題委員会がこれら三つの法案を一揃えのものと考えていたのは、通商交際法の第三〇条の条文で明らかであろう。実際、先に挙げたモンローの「熟考された計画」とはインディアン領地樹立構想を指したし、ジャクソンも再三にわたってインディアン領地の樹立を促している。一八三四年領地法案が廃案になった後も、一九世紀後半にいたるまで領地構想は数次にわたって出現する。結果的にこの構想は、白人社会内の領土拡張欲求や党派対立、インディアンへの差別意識によって、また当のインディアン自身による強硬な反発によって実現することはなかった[20]。

しかし、強制移住政策が建国期以来のインディアン政策と連続性を保ちつつ、移住による文明化、隔離による文明化促進のための統制、インディアン領地樹立による統合という発想を内包したことは、インディアン・白人関係の歴史的性格を考える上では極めて重要といえよう。土地奪取という経済次元にインディアン・白人関係を矮小化して解釈することはできないのである。同時に、人道主義的姿勢を確認することで思考を停止することもできない。領地法案が実現しなかったことは、結局は一八三四年立法がインディアン・白人関係の基本法となり、文明化組織化法で整えられたインディアン統制機構が運転され続けることを意味したからである。別言すれば、文明化の論理が剥き出しの形でインディアンに押し付けられることを意味したともいえる。文明化は、白人社会のインディアン社会に対する文化的・道徳的優越を前提にした試みであり、政治・経済・社会・文化などすべての局面においてインディアンのインディアン性を否定する独善的かつ強圧的試みだったし、白人による強烈な後見人意識に支えられてもいた。文明化の遅れは、ひたすらインディアンの部族制や部族文化の「未開性」、インディアン個人の怠惰のせいにされた。一八三四年立法は、文明化を実現する舞台の設置を軍隊に大幅に依存し、また組織化法の年金規定に見られる経済統制により達成しようとした。通商交際法における犯罪処罰規定や裁判規定は明らかに抑圧的であり、しばしば担当官や軍隊将校は部族の内政に干渉した。連邦政府は、いわばインディアン問題をインディアン自らが文明化により解決することを迫ったのである。[21]

条約締結による擬似的対等関係にありながら、移住インディアンは連邦議会の制定法によって生活の全側面を拘束された。インディアン・白人関係において、インディアンが選択権を行使することはほとんど不可能となる。諸部族は、政治的独立と経済的独立の道を閉ざされ、合衆国の従属民としての地位を強制されていく。一八三四年立法は、そうしたインディアン従属民化に道を開いた点に、インディアン・白人関係史上の意義を確認し得るのである。

（1）Annie H. Abel, "The History of Events Resulting in Indian Consolidation West of the Mississippi," *Annual Report of the American Historical Association for the Year 1906*, I, pp.233-450; Grant Foreman, *Indian Removal: TheEmigration of the Five Civilized Tribes of Indians*, Norman, Okl., 1932.

（2）例えば、高校教科書においてこの現象は最も明確に確認できる。この点については、フランシス・フィッツジェラルド著、中村輝子訳『改訂版アメリカ―書きかえられた教科書の歴史―』朝日新聞社、一九八一年。

（3）Vine Deloria, Jr., *Caster Died for Your Sins: An Indian Manifesto*, New York, 1969, p.28. 他にも二つだけ例を挙げれば、Dee Brown, *Bury My Heart at Wounded Knee: An Indian History of the American West*, New York, 1970: Richard Drinnon, *Facing West: The Metaphysics of Indian Hating and Empire-Building*, Minneapolis, 1980.

（4）Edward Pessen, *Jacksonian America: Society, Personality, and Politics*, rev. ed., Homewood Ill., 1978, p.296.

（5）Reginald Horsman, *Race and Manifest Destiny: The Origins of American Racial Angrlo-Saxonism*, Cambridge Mass., 1981; Michael P. Rogin, *Fathers and Chirdren: Andrew Jacson and the Subjugation of the American Indian*, New York, 1975; Ronald N. Satz, *American Indian Policy in the Jacksonian Era*, Lincoln Neb., 1975; Mary E. Young, *Red-skins, Ruffleshirts, and Rednecks: Indian Allotment in Alabama and Mississippi*, Norman Okl., 1961.

（6） Francis P. Prucha, *American Indian Policy in the Formative Years: The Indian Trade and Intercourse Acts, 1790-1834*, Cambridge Mass., 1962; do., *Indian Policy in the United States: Historical Essays*, Lincoln Neb., 1981; do., *Great Father: The United States Government and the American Indians*, 2vols, Lincorn Neb., 1984; George A. Schults, *An Indian Canaan: Isaac McCoy and the Vision of an Indian State*, Norman Okl., 1972; Herman J. Viola, *Thomas L.McKenney: Architect of Americas Early Indian Policy, 1816-1830*, Chicago, 1974.

（7） Robert V. Remini, *The Legacy of Andrew Jackson: Essays on Democracy, Indian Removal and Slavery*, Baton Rouge La., 1988, p. 45.

（8） 人道主義説への批判としては、Wilcomb E.Washburn, "Indian Removal Policy: Administrative, Historical, and Moral Criteria for Judging Its Success or Failure," *Ethonohistory* 12 Summer, 1965, pp. 274-278. 土地奪取説への批判としては、Francis P. Prucha, "Federal Indian Policy in the United States History," in Pruca, *Documents of United States Indian Policy*, 1990, pp.20-35.

（9） 一八三〇年インディアン強制移住法の成立過程については、拙稿「一八三〇年インディアン強制移住法成立過程の一考察―白人社会内の賛否両論の検討を中心として―」『札幌学院紀要』四八号、一九九〇年一二月、一二三―五三頁。強制移住法の翻訳は、上記論文の五一―五三頁。

（10） 例えば、ジャクソンは次のように述べている。「私は、これまで進めてきたインディアンに対する公正かつ人道主義的な政策を採り続けるのでご安心ください。この精神に則って、私は彼らにミシシッピ川以東の土地を明け渡して、白人の金目当ての影響から解放され、諸州の地方権力に苛まれない地方へ移住するよう促してきたのです。そうした環境の下で、連邦政府は彼らの利益に温情的な責務を果たしうるのだし、おそらく彼ら人種を永続化させうるのです。」Jackson to James Gadsden, Oct. 12, 1829 in John S. Bassett ed., *Correspondence of Andrew Jackson*, 7vols, Washington, 1926-1935, III, p. 81. こうした姿勢は、移住条約の内容にも投影されている。例えばチョクトー族とのダンシング・ラビット・クリーク条約（一八三〇年九月）を見よ。Charles J. Kappler, *Indian Affairs: Laws and Treaties*, 5vols, Washington, 1904, II, p. 310-319.

（11） Message of Dec. 2, 1829 in James D. Richardson comp., *A Compilation of the Messages and Papers of Presidents*, 11vols., Washington, 1897-1917, II, p.1021; Farewell Address, March 4, 1837 in Richardson comp., *Ibid*, II, pp. 1512-1513.

（12） インディアン地方の定義の変遷については、Vine Deloria, Jr. and Clifford M. Lytle, *American Indian, American Justice*, Austin, Texas, 1983, Chap. 3.

（13） ジャクソンと陸軍長官ルイス・キャスの提案に基づいて、一八三〇年代半ばからインディアン・テリトリには合衆国軍が駐屯する砦が築かれはじめ、一八四〇年代初めにはインディアン・テリトリの境界線沿いに連鎖状に連なった。砦は、年金の引き渡し場所としても交易所としても機能し、インディアン・白人関係に重要な位置を占めた。この点については、Prucha, *Sword of the Republic: The United States Army on the Frontier, 1783-1846*, New York, 1969, pp. 339-360.

（14） インディアン業務は、陸軍省設置（一七九四年）とともに同省の専管事項となり、陸軍長官と数人の事務官が中央で業務を監視する一方で、領地総督が兼務するインディアン監督官職と担当官職が現地業務のために設けられた。一八一二年戦争後にインディアン業務が多岐化・繁雑化する中で、一八二四年にカルフーン長官の下で陸軍省内にインディアン局が設置され、インディアン交易監督官だったトマス・L・マッケニーが初代の責任者となった。しかし、この組織は議会の承認を得ずに発足したもので十分な予算もなく、当初は陸軍省の一室で責任者と事務官二人、給仕により運営された。現地業務の職制や職務規程や会計制度の整備といった課題は、一八三二年のインディアン局長職の正式認可と組織化法により漸く解決に向かった。こうした点については、Felix S. Cohen, *Handbook of Federal Indian Law*, Washington, 1942, Chap.2.

（15） 年金支払い対象者の変更は、族長や部族内の指導者の権威を年金により裏づけ、彼らを通じて円滑に合衆国の統制を行う意図を持ったが、第一一条が述べるように教育、即ち文明化の資金へと年金を誘導する目的を持った。

（16） インディアン文明化については、Robert F. Berkhofer, Jr., *Salvation and the Savages: An Analysis of Protestant Missions and American Indian Response, 1787-1862*, New York, 1976; Prucha, *Great Father*, I, chap.5. また、建国期から強制移住に至るインディアン政策について理論的に優れた研究としては、Bernard W. Sheehan, *Seeds of Extinction; Jeffersonian Philanthropy and the American Indian*, New York, 1973; Philip Weeks, *Farewell My Nation: The American Indian and the United States*, Arlington Heights, III.,1990.

（17） Message of Dec. 7, 1824 in Richadson comp., *Messages and Papers*, II, p. 825-826; Special Message of Jan. 27, 1825 in Ibid., pp. 849-852.

（18） Report of Cass and Clark, Feb. 4. 1829 in *New American State Papers: Indian Affairs*, pp.78-197; Report of Commissioners, Feb. 10, 1834 in Prucha, *Great Father*, I, pp.297-298.

（19） 移住地でのインディアン文明化については、Prucha, "American Indian Policy in the 1840s: Visions of Reform," in Prucha, *Documents of United States Indian Policy*, pp.153-179.

（20） インディアン領地構想については、Annie H. Abel, "Proposals for an Indian State, 1778-1878," *American Historical Association, Annual Report for the Year 1906* (1908), pp.87-104; Shults, *An Indian Canaan*; Jacskon to John D.Terill, July 29, 1826 in Bassett ed., *Correspondense of Andrew Jackson*, IV, p.406.

（21） サッツが明らかにしたように、（Satz, *American Indian Policy in the Jacksonian Era*, chap.7）、移住後のインディアン行政の非効率性には着目する必要があろう。例えば、担当官と副担当官の職務が実質的に同一だったにも拘らず俸給に差があったり、担当官が監督官職を兼務する場合が多く見られたことが現地職員の政治活動（猟官）を活発化させたことや議会の一貫した緊縮財政が職員の削減を不可避としたこと、通信・運送手段の未発達などである。

第三章　ジャクソン期インディアン領地構想

Ⅰ　研究の前提条件

一八三〇年強制移住法に基づいて、ジャクソン政権はチョクトー族と結んだダンシング・ラビット・クリーク条約を皮切りに、一八三六年までに七〇近い移住条約を東部諸部族と締結し、五万人ものインディアンの移住を強制した。移住交渉はジャクソン政権以降も引き継がれ、最終的には四〇年代末までに一〇万人にも及ぶ東部インディアンが移住を強いられてミシシッピ川以東の土地はほぼ完全に白人に開放されることになった。この意味で、同法はまさにインディアンの空間的排除による土地奪取＝白人への土地開放のための法律であったといえる。

しかし、一八三〇年強制移住法に基づくインディアン移住を空間的排除による土地奪取という視角のみから解釈することには繰り返し指摘したように大きな問題がある。東部からのインディアン移住を要求する白人社会の論理は多面的であり、土地奪取を唯一の目的とするインディアン排除、放置のみが指向された訳ではないからであった。ここまで本書では、インディアン強制移住政策をインディアンの空間的排除という視角と同時に、インディアン・白人関係の再構成という視角からも読み解く必要性を認識し、排除の論理と共に統合の論理がインディアン強制移住政策の中に相互補完的に息づくことを論じてきた。具体的には、この政策の骨格が単に一八三〇年強制移住法や幾多の移住条約だけでなく、一八三四年に成立した通商交際法と組織化法によっても形成された点、同じ一八三四年に議会に上程されたが通過しなかった「西部領地の設立ならびに同地域への居住民およびその他のインディアンの安全と保護のための法案」（以下、領地法案と略）で示されたインディアン領地構想を内包した点に着目する必要性に留意しつつ検討を進めてきた。その結果、一八三〇年代インディアン強制移住政策は単に白人社会内の土地奪取要求を満たすという側面だけでなく、建国期以来のインディアン「問題」（土地奪取と並行してインディアンを如何に処遇しアメリカ社会と如何なる関係の下に置くかという問題）の解決手段としての側面を持つ、との認識に至った(1)。

この認識に従えば、連邦政府は移住インディアン諸部族に関与し続けたのであり、ジャクソンを始めとする政府当局者たちは、移住地において諸部族が恒久的土地所有権を付与され自治を保証される一方、文明化の助力を惜しまないという約束を繰り返した。こうした約束の履行手段として提示されたのが領地構想であった。

しかし、移住インディアン諸部族に単一の領地政府を組織させ、連邦議会への代表を認めてやがては州として連邦に加入させるという領地構想、強制移住政策がこれを内包していたことの意義についてはこれまで真剣な検討が加えられてきたとはいえない。筆者も如上の視角から領地構想の意味については追求してきたが、その内容や系譜、インディアン側も含めた賛否両論の綿密な分析は必ずしも十分に行うには至っていない。領地構想は一八三四年のものが最初でも最後でもなく、形を変えつつも一九世紀後半に至るまで執拗にその実現が追求された。従って領地構想の内容とそれへの賛否両論のうちには、政策決定者たちや白人改革家たち、そしてインディアンにとってのあるべきインディアン・白人関係像を探る手掛かりが隠されているのであり、強制移住政策の本質を探る上でも、この領地構想の入念な考察は不可欠の作業であろう。そこで本章では、その作業の出発点として一八三四年領地法案を中心に一連の領地構想の内容と賛否の議論について検討を進めることにしたい。[2] 巻末の関連法案を参照されたい。

Ⅱ　モンロー政権とJ・Q・アダムズ政権における領地構想

インディアン諸部族に単一政府を組織させ、連邦議会への代表を送ることを認め、やがては州として連邦に加入させるという提案の淵源は連合会議時代にまで遡ることができる。一七八五年のチェロキー族とのホープウェル条約（第一二条）や一七七八年のデラウェア族との条約（第六条）は連邦議会に代表を送る権利を当該部族に認めていた。しかし領地構想が真剣に検討されるのは、一八二〇年代に入って東部からのインディアン移住が国家的問題となってからであった。補章で述べたように一八二二年に組合派教会のジェディダイア・モースが、カルフーン陸軍長官に提出したインディアン文明化の施策に関する報告書で展開した案がその現れである。モースは述べる。「この地域（ウィスコンシンとミシガンのアッパー半島）をインディアンのために保留し、ここに居住することを選択する様々なインディアンを一つにまとめて教育して市民とし、やがては連邦の他の領地や州と対等な特典を認めるという実験を行うのです。」モースの提案は彼が提唱する教導家族（白人宣教師を中心とした文明化のための小コミュニティ）にインディアンを組織して集合化していくというものだったが、領地設立という彼の着想は東部からのインディアン移住問題に苦悩するモンロー政権に影響を及ぼした。[3]

モンロー大統領は一八二四年一二月の年次教書において、それまでの東部での文明化の進展という主張を変更して西部への移住の必要性を説き、移住地は諸地区に分割されて「それぞれが……政府を樹立する」という見込みを示した。この時点では領地構想は明瞭には提示されていないが、翌年のカルフーン陸軍長官の報告書はこれより一歩踏み込んで、「単一政府が各部族の独立性を損なうことなく、簡素ではあるが啓発的な統治制度と我々の原理原則に則った法律の下で、幾つもの部族を徐々に連合させる」方式を提起し、暗にではあるが州への昇格の可能性を示唆している。モンローはカルフーンのこの報告書をうけて、一八二五年一月の特別教書において「インディアンの政府と文明化のための十分練られた計画」と西部で「インディアンの財産を侵害から保護し、向上と文明化の整然たるプログラムによって、一般的にある段階から次の段階への移行を特徴づける退廃を防止する内部統治制度」の策定を議会に求め、「各部族を友好の絆で結びつけ、相互の秩序を保ち、財産への侵害を阻止し、規則正しい教授によって文明生活の技術を教えて彼らを文明人にするという目的全てを果たすに十分な力を持った単一政府」という青写真を示した[4]。

この提案に沿って、一八二五年二月に上院でインディアン問題委員会のトマス・H・ベントン（Thomas H. Benton: ミズーリ州選出）委員長がカルフーンが起草した西部でのインディアンによる正規の領地設立法案を上程した。この法案は、西部インディアンからの土地購入と東部インディアンへの移住勧告を行う権限を大統領に与えるとともに、移住諸部族が恒久的平和と侵害からの保護、文明化と適切な単一政府の樹立の援助を保証されることを、「国家の名誉」にかけて誓うよう大統領に命じ、諸条項実施のため一二五、〇〇〇ドルが充当されるとしていた。しかし、この法案は上院は通過したものの下院で廃案となった[5]。

しかし、領地構想は次のJ・Q・アダムズ政権にも引き継がれた。一八二五年一二月の下院決議がインディアン問題委員会に対してミシシッピ川以西でのインディアンの単一領地政府樹立の得失と実現可能性の調査を要求し、翌年二月に領地法案が上程された。法案作成にあたりインディアン問題委員会のジョン・コック（John Cocke）委員長はジェームズ・バーバー（James Barbour）陸軍長官に助言を求め、それに応えてバーバーは移住こそがインディアン保護の唯一の方策だと断定を下しつつ法案の輪郭を描いている。彼は、インディアンが独占的に使用するミシシッピ川以西の地方にインディアンのための領地政府を樹立して合衆国がこれを維持することを提案した。彼は、「インディアン自身が納得するような法令を制定するとともに彼らの覇気を高めるための（当座は大統領により選抜されるが、最終的にはインディアン自身により選挙される）インディアン議員からなる立法部」という考えを示している。同時に彼が部族単位ではなくて個人の移住を唱え、部族制の廃案と私有財産制の導入も強調している点には注目したい。バーバーの提案はモンロー政権下での領地構想に比すれば機構面での具体性を備えたが、全体的には理想主義的で現実離れしたものだったといえる。バーバーの提案に沿った法案は、アダムズ政権の賛同は得たものの議会を通過することはなかった。その後、一八二七年七月にチェロキー族が憲法を制定して独立主権国家の設立を宣言し、ジョージアを中心に南部諸州とインディアンの関係が一触即発の危機的段階に入ると領地構想は暫く議会内の動きから姿を消す（但し、一八二七年一二月に下院が移住地でのインディアン領地設立要求の決議を行っている）。移住の是非を巡る論戦の中で、連邦政府にとっては移住そのものの達成が最優先課題となり、移住後のインディアンの処遇について具体的な議論は影を潜めるのである。[6]

しかし、いわば水面下では領地構想は生き続けた。その好例が、既に述べた（第一章Ⅱ）インディアン局責任者トマス・L・マッケニーの主張である。彼は文明化によるインディアンの白人社会への統合という信念を抱いたが、白人による抑圧や白人文化の悪影響のために現住地での文明化に絶望して移住賛成の急先鋒となった。インディアン移住反対の中心勢力であるアメリカ海外伝道協会のジェレマイア・エヴァーツに宛てた一八二九年五月の手紙において、マッケニーは移住後の計画を具体的に提案している。移住インディアンは土地所有権を与えられ、土地は全家族により分割・分配されるとした上で、彼は次のように述べる。「彼らの保護と向上のために、少なくとも政府の枠組みが直ちに与えられるべきだ。この政府の運営には彼ら自身が参画すべきだ。彼らと連邦との関係は、わが国の領地と連邦の関係と同一であるべきだ。さらに、市民生活や政治や宗教におけるアメリカ市民の特典全てを享受する程に彼らを向上させるための包括的計画が望まれるのだ。」つまりマッケニーは、移住をインディアン文明化の先行要件と捉え、移住地に領地を設立して連邦政府の保護・監督の下で文明化を漸進的に推進することによって究極的統合を展望したといえる。彼は同様の主張――「形式は簡素でも効率的な単一政府」の設置――を同年一月にピーター・B・ポーター陸軍長官（Peter B. Porter）宛ての書簡でも行っている。こうしたマッケニーの領地構想は彼のインディアン局責任者としての任期中は実を結ぶことはなかったが、その流れはジャクソン政権下で確実に大きな流れとなっていった。[7]

Ⅲ　ジャクソン政権初期における領地構想の形成

その第一次年次教書からも分かるように、ジャクソンは東部からのインディアン移住の不可避性を唱える一方で、移住こそがインディアン救済の唯一の手段であり、移住諸部族が移住地において連邦政府の監督と保護の下で自治と土地所有権を認められるという主張を繰り返した。その際、前節でふれたマッケニーと同じく彼もまた移住を文明化の先行要件として捉え、連邦政府の移住インディアンに対する継続的関与の意志を公言している。彼は述べる。ミシシッピ川以西で、インディアンは「フロンティアの平和と部族間の平和を保つのに必要である合衆国の統制に従う以外は、彼ら自身の選択による政府を享受し」、その地域は「インディアン諸部族が占有する限り彼らに保証される。」そこでは文明化が推進され、「彼ら民族を永続化させ、わが政府の人道性と正義を証明するであろう興味深い共和国を樹立するべく」努力が払われるだろう。かかるジャクソンの主張は、強制移住法の諸条項に反映されている。即ち同法は、移住部族とその相続人への新住地の恒久的保証（第三条）を謳う一方で、移住部族を「他のいかなる部族または国からの、あるいは他のいかなる個人または集団からの干渉ないしは侵害からも保護せしめる権限」（第六条）と「現住地において彼らに現在認めているのと同様の監督と保護を施す権限」（第七条）を大統領に付与し、現行条約の効力の継続性（第七条）を確認している。しかし、こうした基本理念の提示にも拘らず、具体的に移住諸部族の土地がどのように保証され、連邦政府の「監督」と「保護」の下で諸部族がどのように組織化されるのかについては強制移住法は具体的には何ら言及していなかった⑧。

しかし、ジャクソンがインディアン移住地の恒久性を確信し、それを保証する手段として領地構想を早い時期から抱いていたのは間違いない。一八一七年三月、南部軍管区司令官だった彼はモンロー大統領に宛てた書簡の中で、インディアンはミシシッピ川以西でのみ平和と幸福を見出し得ると主張し、そこで連邦政府は「彼らの土地の境界線を定めて、農具を与え、彼らを保護し、彼らの利益のために定められる公正な法令を遵守させるであありましょう」と述べた。さらに彼はインディアンの子供たちが十分な教育を受けた後に「アラバマやミシシッピのように合衆国の一員」となるという見込みをこめて、西部での南部諸部族の統合を求めている。モンローはジャクソンの提案を「極めて注目に値するもの」と評価している。モースの提案とともにジャクソンの提案もモンロー政権での領地構想に大きな影響を及ぼしたと考えられる。ジャクソンは一八二六年七月にも全く同じ構想をチカソー族との条約交渉にあたる人物に伝えている⑨。

従って、ジョン・イートン陸軍長官が一八二九年の年次報告書で西部でのインディアン領地樹立を促したのは、こうしたジャクソンの意を承けてのことだった。イートンは合衆国が領地に「中央政府」を設立する法令を定め、そこでインディアンが独自の「自治体規則」を制定することを主張し、同時に大統領が任命する「総督」に軍事力と部族の宣戦布告への拒否権を与えるよう進言した。イートンは、領地政府の樹立こそが部族間の抗争を防止して移住民を保護する最良の手段だとした。彼はジャクソンに次のように述べている。「合衆国がミシシッピ川以西で、インディアンの保護と政府についてのかかるシステムを作動させること以上に優れた計画は考え得ないのです。[10]」

イートンの提案はジャクソン政権下での初の領地構想だったが、これをより具体化していく上で大きな役割を果たすのがバプティスト教会宣教師のアイザック・マッコイ（Isaac Mckoy）である。一七八四年にペンシルヴェニア州で生まれた彼は幼少時にケンタッキーに移住し、一八一七年にバプティスト教会のインディアンに対する宣教師となった。彼は当初は現住地における文明化に賛成していたが、一八二〇年代半ばにインディアンは白人と居住地を分離しその影響から遠ざけない限り救済されえないと確信し、西部へのインディアン移住を訴えるに至った。マッケニーやジャクソンと同じく移住を文明化の先行要件として捉えた彼は、移住地でのインディアンの地位や境遇に深い関心を寄せ、単一集団としてのインディアンという構想に基づいてインディアン領地設立による文明化の強力な推進と部族制・部族文化の破壊、インディアンの究極的な同化を主張した。彼は一八三一年に測量監督官として陸軍省に雇用され、イートンが提唱する領地の首都選定のためミズーリ以西の土地の測量を命じられた。[11]

マッコイの領地構想は、イートンの後任であるルイス・キャス陸軍長官に彼が一八三二年二月に提出した報告書に明らかである。彼は「正規のインディアン領地政府」の樹立こそがインディアンの「将来の繁栄」にとっては不可欠だとして、「今後お互いを支えあい、相互平和の誓約を引き出し、現状に見合った法令、つまり領地盟約と政府の基本を導き出す法令を起草するのに必要な関係の性格を彼らに説明するために」全インディアン（移住民と原住諸部族）を単一の評議会に集結させるよう促した。全部族を単一の「政治的統一体」にまとめ、大統領が任命する監督官がそれを統治し、やがては合衆国の一部として統合するというのが彼の将来計画であった。彼によれば、部族ごとに担当官を置く現行制度は「部族のばらばらで勝手な利益」を増進するのみであるが、単一の評議会は各部族の利益を束ね協調と平和をもたらすものだった。彼は学校や教会の建設による文明化の推進が、文明化の進度に差がある様々なインディアンの交流によって加速されると考えた。「知識が勝りより快適な暮らしを送る人々はより恵まれない同胞よりも優位に立つが、後者は前者の才能や企てによって恩恵を受けるだろう。」マッコイはジャクソンの移住政策を「わが国の先住民に関して文明的権力が考案した中でも最も賢明かつ人道主義的な政策」だと評価したが、それは「わが国によって着手される計画（領地政府樹立計画）が着実に遂行されるなら」という条件付きだった。マッコイにとっては、領地政府樹立こそが移住政策が「賢明かつ人道主義的」であることの証明だったといえる。[12]

アイザック・マッコイ

　前述のように強制移住法は移住部族の組織化については何ら明確な規定を行っておらず、実際に移住地では境界線をめぐる移住諸部族間や移住諸部族・先住諸部族間の争いが危惧された。こうした中で、一八三二年初めに強制移住法の起草者であるテネシー州選出下院議員ジョン・ベル（John Bell）が二つの法案を提出した。一つは陸軍省に対して文明化と通商規制の提案を含めた「移住インディアンの政府のための計画」の提出を求めるものだった。ベルは、連邦議会がインディアンのためにかかる政府を認可するまでは「平和維持に必要な……暫定統治機構」をつくるよう大統領に勧告した。二番目の法案は、インディアン地方内の境界線を確定する調査団を派遣することを求めるものだった。マッコイはベル法案を支持するロビー活動のために同年三月ワシントンに到着した。彼の一八三二年のキャス宛報告書が下院で読み上げられ、公文書として印刷に付された。マッコイは自費で報告書を七〇〇部印刷し、政府当局者や全国の関係者に送付した。一八三二年七月、下院議員がインディアン地方を訪れて「インディアンの向上と統治と安全のための計画」を陸軍省に提出する調査団の設立を求める法案が可決された。キャス長官は、前ノースカロライナ州知事で民主党員のモントフォート・ストークス（Montfort Stokes）と熱心なジャクソン支持者で移住支持のオランダ改革派教会のジョン・F・シャーマホーン（John F. Shermerhorn）、コネティカットの著名な実業家ヘンリ・I・エルズワーズ（Henry I. Ellsworth）の三人を調査団に指名した。[13]

キャスはストークス調査団に対して詳細な指示を与え、ジャクソンも調査団の報告書に大きな期待を寄せた。一八三三年の年次教書で彼は次のように述べている。「これらインディアン（移住インディアン）の状況と展望の調査および彼らの通商と政府のためのプラン立案の報告書を受け取れば、この興味深い問題に関する未解決の課題全てを落着させるための十分な情報手段が連邦政府の手に入ると私は確信するのです。」一方インディアン局長エルバート・ヘリング（Elbert Herring）はインディアンの「粗野な民事統制」と首長への権力集中を懸念し、融合への強力な内的原理原則を欠いている多様な個別のインディアン集団を束ねるための「接着剤」となる「法典」の採択をキャスに促した。彼は、その法典がインディアンの要求に見合い、なおかつ「社会契約の最初の夜明け」

に相応しく簡素なものであることを主張した。またマッコイもストークス調査団に対してインディアン領地の政府樹立を勧告するよう促し、その領地をアボリジニアと命名するよう示唆した。彼はキャス宛報告書における自らの構想をより具体的に説明し、「インディアン改革の最後の実験」となるだろう領地政府樹立についての「貴方がたの構想物の礎石」は「連邦議会にインディアン領地政府の代議員を送ることだろう」と述べた⑭。

一八三四年二月、ストークス調査団はキャスに長文の報告書を提出した。その報告書は、インディアンと白人の接触や通商のより厳格な規制、インディアン地方とアーカンソー・ミズーリ間の五マイル幅の中立地の設定など様々な改革を求めた後で、インディアン領地政府の樹立を推奨した。提案された領地政府は総督と総務長官、部族の間に居住する担当官や保安官、検事と裁判官により行政部・司法部が構成され、全て大統領の任命によるとされた。総督はリーヴェンワース砦に居住し、全部族間の問題を統括し同砦で毎年開かれる各部族の代表による評議会を主催するとされた。この「赤人評議会」は連邦政府が建設する大型円形劇場で開かれ、代議員は連邦政府から俸給を得る予定だった。評議会で「分散している部族同士が困難を解決し、和平を結んで友好を再確認し、各部族への有益な規則を確認する。また評議会では技術の向上ぶりが披瀝され、未開部族が文明の果実を目にし味わう。ここではまた連邦政府が、その赤い子供たちに勧告や忠告を与える。遠からず諸部族は、連邦政府の願いと矛盾しない、彼ら自身の共和国の連合規約を制定することだろう⑮。」

キャスはこの報告書を連邦議会に送り、下院インディアン問題委員会は大筋でストークス調査団の報告書に従いつつ一八三四年五月にインディアン政策の体系化を図る三つの法案を上程することとなった⑯。

Ⅳ　一八三四年領地法案

（1）　領地法案の内容

ヴァーモント州選出のホレース・エヴェレット議員（Horace Everett）を委員長とする下院インディアン問題委員会は、前述（第二章Ⅲ）したように一八三四年五月二〇日に相互補完的な三つの法案を提出した。通商交際法案と組織化法案はさしたる議論もなく通過したが、領地法案は激しい反対にあった。本章では、先ず領地法案の内容を下院本会議（六月二五日）におけるエヴェレットの趣旨説明を含めて検討した後に賛否両論の考察に移りたい[17]。

一五条から成るこの領地法案は、移住地においてインディアンに領地政府を組織させるという基本線ではモンロー政権以来の提案、特にストークス調査団の報告書の提案に大筋で一致していたが、幾つかの点で決定的重要性を持つ革新を含んでいた。第一には、領地の恒久的境界線を明示し（第一条）、インディアンへの付与地の恒久的保証＝公有地譲渡証書ないしは土地譲与証書の発行を求めている点（第二条）である。領地は、東をアーカンソー領地とミズーリ州に、北をプラット川に、西と南をメキシコ領に囲まれた地域により構成された。通商交際法の第一条は、従来は条約規定により随時変化してきたインディアン地方《カントリー》（インディアン保有地）の概念を明確化し、「ミシシッピ川以西にありミズーリ州およびアーカンソー領地に含まれない合衆国の全ての部分と、ミシシッピ川以東にあってどの州にも含まれておらず、しかもインディアンの土地所有権が消滅せられていないような合衆国の一部」として規定した。従って、領地法案の第一条と第二条の規定は新たに通商交際法に規定されたイン

地図2　1834年法案で提案されたインディアン領地予定地

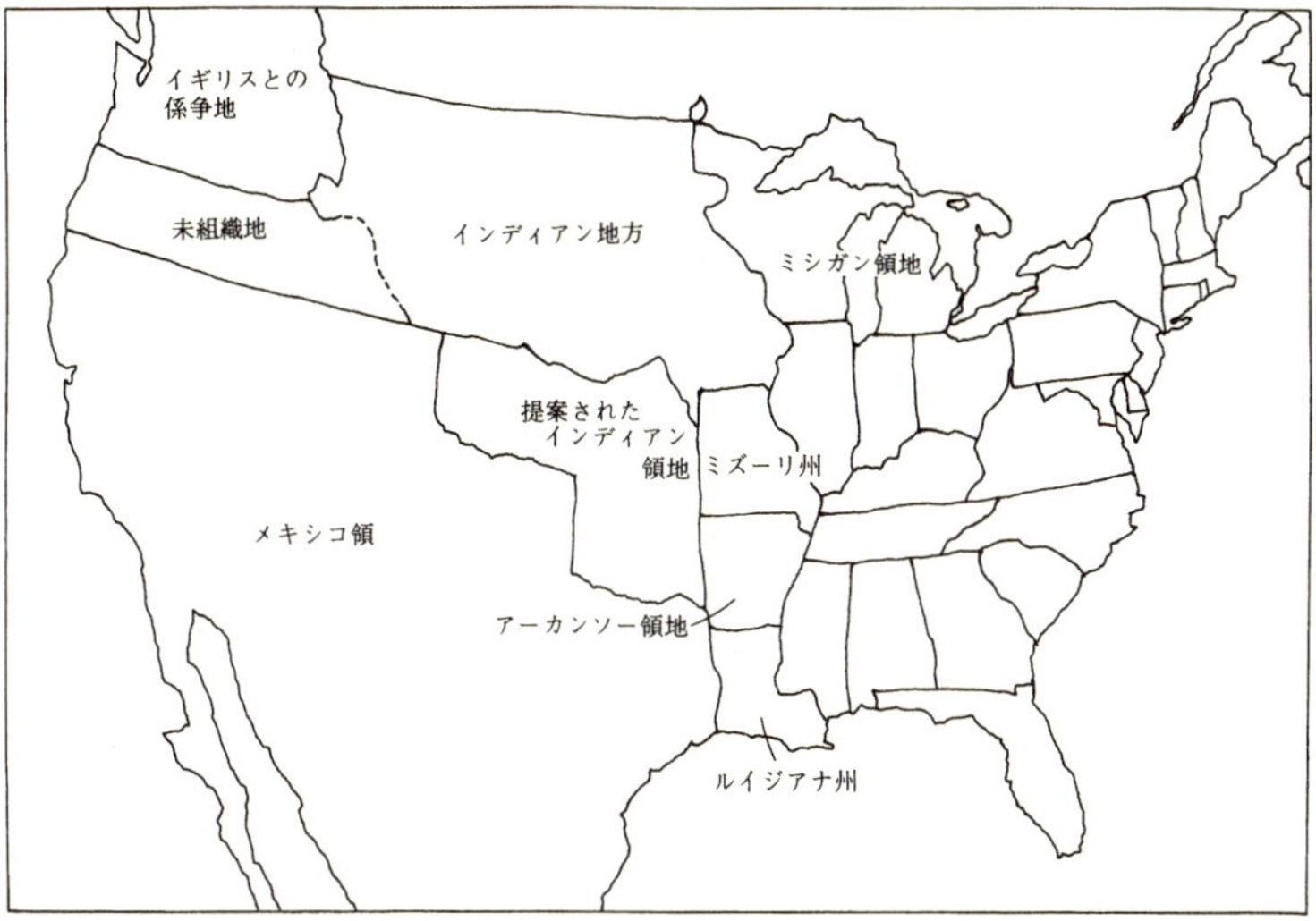

典拠：拙稿「ジャクソン期インディアン領地構想についての一考察」札幌学院大学人文学会紀要第53号より。

ディアン地方の南域にインディアンの恒久的居住地《テリトリ》を設定したのである（地図2参照）。

エヴェレットは領地設立の目的を「移住インディアンに対する合衆国の義務を履行」し、「インディアンに効果的かつ完全な保護を与える」ことと主張している。一八四〇年代半ば以降の合衆国の猛烈な領土拡張と西漸運動を念頭に置きつつ、この現在の合衆国大陸部分のほぼ中央に位置する恒久的領地の姿を見る時、二つの疑問が生じる。一つは、この領地予定地が合衆国の領土膨張の限界が当時どこに見込まれていたかという疑問、いま一つは領地設立が白人への土地開放の否定にほかならない以上、エヴェレットのいう「義務」と「保護」がいかなる意図を持ちつつ統一的に関連づけられて意識されたのかという疑問である。前者については実証する材料が不足しているのでひとまず留保するが、後者については法案第三条以降が具体的に領地の内容について明示しているので、この疑問に一定の判断を下すことができるだろう⑱。

第三条は、「領地に居住する諸部族それぞれは、彼ら自身の内政の整備のために、彼らにとって適切と思われる政府を設立し維持することができる」として、各部族の自治権を認めている。これは強制移住法や移住諸条約、ジャクソンの教書などで繰り返された連邦政府の約束を果たすものといえる。しかし、法案は総評議会での諸部族の連合＝領地組織化も同時に提唱する。この総評議会は以下のような手順で発足する。まず、第四条で規定された大統領任命の領地総督が就任後直ちに移住諸部族の首長と先住諸部族の首長を「適切な地点に集め、個々の部族当局の協力を必要とするような本法律の諸条項の実効力をもたせるために、それら条項に彼らが同意するための意思表示を行う」こととする。この連合規約は、各首長の同意と部族による批准がなければ当該部族を拘束しないし、チョクトー、クリーク、チェロキーの三部族が加わらなければ連合は発足しない（第六条）。つまり部族自治を認める一方で、その連合は大統領任命の総督の主導権により形成されるとしたのである。この点エヴェレットは次のように述べる。「もし連合が形成されるのなら、誰かがそれに向けて第一歩を踏み出さねばならない。連邦政府以外に誰がこれを行い得るのか。行う義務を負うのか。インディアン自身にそれを望むのは無意味なことだ。彼らは事業を行う方法については不慣れであるし、実際何も分からないのだ。」こう述べてから彼はインディアンの自由意思を強調する。「この制度（連合）は彼らに押しつけてはならない。彼らに提案され提供されるだけなのだ……誰がこれを専制や抑圧の計画と理解できようか⑲。」

総評議会の内容については、第七条が規定している。総評議会の開催場所と開催時間は総督により毎年決定され、総評議会の決定する規則は全て総督の承認なしには効力を持たない。総督には総評議会の召集権と解散権が与えられる。各部族による総評議会の代議員選出は、代議員数は人口比例により、選出方法は選挙か選抜によるが、それらも総督が決定する。「様々な部族の間の通商に係わる必要な全ての規則を作成し、平和を維持し、敵対行為を終結させ、境界線に関する諍いの疑義を解決し、所与の部族の地区内で犯罪を遂行した全てのインディアンと別の部族の地区に逃亡した全てのインディアンを逮捕し処罰し、全般的には本法律の実効力をもたせるのに必要な手段を採ること」が総評議会の義務である。総評議会の代議員は合衆国から生活費を受け取る。また、総評議会の規則の実効力をもたせるために合衆国軍隊が用いられる。以上のように法案は総督に強大な権力を与えており、その点は後述のように議会審議でも激しい非難を浴びるのだが、エヴェレットは次のように主張する。「連邦政府はインディアンに対して、そうした義務（移住地での保護義務）を遂行する目的で連合を形成するよう提案したのだし、合衆国は自らの権利や安全保障と相容れない法令を拒否する以外には干渉しないと約束した。これは議会制度に不慣れな人々の政府の開始として意図されたものである。」彼は、不測の事態を招来させる法令を阻止することが総督への権力集中の意図であるとし、「我々は彼らのために政府をつくっている訳ではない。ただ単に彼らに政府をつくることを認めているだけだ。我々は、その政府のあるべき姿ではなくて、あってはならない姿を述べているだけだ」と力説した。[20]

法案第九条は首長たちから成る裁判制度を規定しているが、これは従来の領地構想には見られなかった点である。但し、この裁判所は総督によって召集され、犯罪者は合衆国軍隊砦に拘禁され、死刑判決については大統領に執行延期の命令権が与えられている。法案第一〇条は、領地内の秩序維持のために総督に部族ないしは合衆国軍隊への協力要請権限を与えている。エヴェレットはこれらの条項について、インディアンが立法に不慣れな一方で、「激情的民族で幼少時から報復に馴染んでいる」点や首都ワシントンと領地の地理的距離（約二〇日間）を根拠としてあげている。[21]

法案第一一条は、「諸部族を鼓舞し、文明生活の諸技術についての彼らの向上を促し、彼らが最終的には自由な政府による祝福を保証されて、アメリカ国民が現在享受する特典を完全に共有することを認められるという合衆国の希望の説得的証拠を彼らに与えるために」、総評議会は連邦議会に代表一名を選出すること、ならびに「その代表は、合衆国の各領地の代表が有するのと同じ権限と特典と報酬を与えられる」ことを規定した。連邦議会へ代表を送る権利については、先述のように既に様々な条約で規定されており、移住に際しても例えば一八三〇年のダンシング・ラビット・クリーク条約でチョクトー族にその権利が認められていた。しかし、従来の領地法案にそれが明示されることはなかったし、条約による規定はあくまで個別部族を対象とするものだった。エヴェレットはこの点を強調した上で、この条約の目的について述べる。「インディアンに対する連邦政府の現下の政策は彼らを文明化することであり、全ての栄誉ある首長たちにこの偉大な国の立法府に議席を占める見込みを与えるという本法案の成立以上に文明化という目的に対する力強い手助けはない……どうして文明化の努力はかくも小さな成功しか生んでこなかったのか。それは、インディアンに我々の同伴者となるような提案がなされなかったからなのだ。」さらに彼は法案の目的が「インディアンに恩恵を施すこと」であることを再強調し、「移住インディアンに土地所有権と自治権と他部族の侵害からの保護を認めることは条約により義務づけられている。連邦議会は諸条約の実効化に向けてあらゆる権限を有する」ことを再確認して、次のように趣旨説明を締めくくった。「本法案は、インディアンの中でも最も知的な人々に示され、彼らは全面的にこれを是認したのだ。」[22]

(2) 法案への賛否両論

以上のような法案には、議会審議で激しい反論や非難が浴びせられた。反対論は、オハイオ州選出のサミュエル・F・ヴィントン（Samuel F. Vinton）、マサチュセッツ州選出議員で前大統領のJ・Q・アダムズ、ニューヨーク州選出のミラード・フィルモア（Millard Fillmore）、ヴァジニア州選出のウィリアム・S・アーチャー（William S. Archer）から発せられた。前三者は反ジャクソン派だったが、アーチャーは民主党員であり一八三〇年強制移住法案の審議では賛成票を投じていた。一方、ジョージア州選出の民主党員ジョージ・R・ギルマー（George R. Gilmer）と同じくジョージア州選出の民主党員ジェームズ・M・ウェイン（James M.Wayne）が賛成の議論に立った。

最も包括的な反論を行ったのはJ・Q・アダムズだった。彼は「合衆国は憲法上、インディアンの国制や政府形態を形作るのに如何なる権利を持つのか。専らインディアンによって居住される領地を樹立できるのか」と法案に違憲性の疑いが存在するのを指摘する一方、インディアン領地の設立が連邦内の均衡を崩し、ひいては東部の発言力を弱めることに懸念を表明した。続けて彼は「三〇分の審議によって、下院はインディアン諸部族と我が国との関係を完全に変更するつもりなのか」と述べた後、法案諸条項を逐一批判した。特に彼は、総評議会の設立やインディアン首長による裁判所設置について「全てが総督の自由裁量に委ねられている」点を非難し、合衆国により扶養される代議員から成る総評議会は「茶番劇」であり、インディアンに「自治の空疎な影」を与えるだけだとした。さらに彼は法案第一四条を採り上げ、そこに法案の真の性格が現れているとした。「本法案によってインディアンは、徹頭徹尾大統領に従う総督の自由裁量の下に置かれる。それは、我が国とインディアン領地の双方において完全な革命を引き起こす（アダムズは、この総督をローマ帝国の属州総督に準えた）。それは、インディアン諸部族に対する立法府の全権限を行政府に委譲してしまうことなのだ」と行政府の立法府に対する専横の危険性を指摘して、彼は発言を終えた[23]。

ヴィントンも、任命した総督を通じて大統領に過大な権限が与えられている点を非難した。彼は、法案は西部に「絶対的軍事専制を樹立する」として諸条項を悉く批判した。一方フィルモアは、法案の立法としての妥当性に懸念を表明した。法案の内容はむしろ条約締結権限の行使に近いにも拘らず、「上院の批准を要求していない」として下院のみで可決することは不可能と断じた。アーチャーは、移住に際して「我々は国家の名誉と信用を回復するために、彼らを西部の大河の向こう岸へ送り……彼らが真の国家的独立を享受することを誓った」とした上で、法案はインディアンの政府を樹立するのではなくて「インディアン専用の居住地として設定された神聖な場所に合衆国の政府をうち立て強制するものだ」、それは「銃剣による政府」だと非難した。彼は「エヴェレット氏の気持ちが人道主義的で寛大なのは承知した」としながらも、「アメリカ国民が平等な連合体としてインディアン諸部族を自分たちの仲間に加えるのに同意すると信じる人があろうか」と述べ、いったん「インディアン議員」を連邦議会に招きいれれば「もっと肌の色が濃い民族」に対しても同様の特典付与を求める法案が登場する危険性があると警告した㉔。

こうした反対論に対して、ギルマーとウェインの二人が賛成論を展開した。ギルマーは「これまでの政策の下で我が国の先住民は急速に絶滅への道を辿ってきた。慈悲心あるキリスト教徒や連邦政府の人道主義的政策の努力は悉く失敗してきた」とした上で、法案の目的はインディアンに恒久的土地所有権と自治権、「新たな関係と希望」を与えて「不幸な民族の絶滅への下方進行を押し留める」ことだとした。「これまでインディアンは自らが堕落した存在だと感じてきた。決して白人と対等たりえないのを当然としてきた」が、いまや「少なくとも二つの部族（チェロキーとチョクトー）は物理的力の支配から知性の支配の下に入った。彼らは未開段階を脱したのだ。法案はインディアンの進歩における別の大きな一歩を提案しているのだ。」ギルマーはこのように法案の意図を擁護する一方で、「多くの部族は公務を管理するには無知で不適」であり、総督への権限集中は必要であるし、総評議会の法令実施には「軍隊の使用が不可欠」だと主張するとともに、かつては同様の法案を支持した事実を挙げてアダムズを非難した。一方ウェインは、「法案の目的と精神は……過去に連邦議会で採択されてきたインディアンの幸福のための慈善的計画と連続するもの」とした上で、領地設立があくまでインディアンの自発性や自由意思に基づく点を強調した。彼は「領地の設立予定地は合衆国領土であり、その領土の一部をインディアンのために処分する立法を行うことが何故憲法に反するのか」として違憲性の主張を退ける一方、「連邦の解体なしには黒人奴隷を集合させて領地ないしは州にまとめることはできない」とアーチャーの論議を一笑に付した㉕。

法案は一二月の二三議会第二会期でも採り上げられたが、本格的な討論はなされず廃案となった。一八三四年領地法案の下院審議はどのように解釈できるのだろうか。法案はジャクソン政権の全面的支持を受けたから、そこに党派対立の要素を認めることはできる。アダムズやヴィントン、フィルモアの反対、ギルマーとウェインの賛成はそれを示しているとも考えられる。しかし法案提出の責任者であるエヴェレットが政治的には反ジャクソン派だったことや民主党員で強制移住法には賛成したアーチャーが領地法案に反対した事実は党派対立という要因のみからの一元的解釈の妥当性を否定する。後の領地法案審議に深く影を落とす領土拡張要求は、この時点では未だ明確には認められないが、反対論の要点を法案の違憲性の疑義、党派対立、白人の優越意識（民族差別意識）として整理することはできよう。一方、法案賛成論の要点は、移住部族への恒久的土地所有権と自治権の付与と並行した領地設立が、合衆国のインディアンへの義務と約束を履行し彼らを保護する最適の手段だということである。但し、インディアンの同意や自由意思の強調にも拘らず、その主張にはインディアンの文化的・道徳的劣等性の認識とインディアンへの強烈な保護意識、後見人意識が認められる。領地設立によって加速される文明化こそがインディアン救済の最善の手段であり、連邦加入を射程に入れた領地設立によるインディアンの合衆国社会への統合こそがインディアン「問題」の最良の解決策として意識されているのである。その意味では、法案の趣旨はマッケニーやマッコイ、そしてジャクソンの主張と重なるのであり、少なくとも主唱者にとって領地設立はインディアン救済とともに白人の正義と名誉を保証する証しとして意識されていたといえよう。そのことは、一八三四年法案の失敗にも拘らず領地構想が執拗に追求され続けたことが示している。

Ⅴ　一八三四年法案以降の領地構想

インディアン領地構想はジャクソン政権と次のヴァン・ビューレン（Martin Van-Buren）政権においても追求された。それはまさに一連の動きとして表現できるものであった。ジャクソンは一八三五年一二月の年次教書において定住政策の叡智を自賛するとともに、「連邦政府と合衆国人民と移住インディアンの間の新たな環境の下に登場する関係の規定ならびに三者の並存が求める交際の原理原則をインディアンの間に彼らの同意に基づいて確立するためには、総括的立法が必要だ」として領地構想の復活を求めた。これに応えて、一八三六年初めには民主党のインディアナ州選出の上院議員ジョン・ティプトン（John Tipton）と一八三四年法案の提案者ホレース・エヴェレットが、それぞれ一八三四年法案に酷似した法案を二四議会第一会期に上下両院に上程した。ティプトンもエヴェレットも、領地政府の設立こそが連邦政府の誓約を果たし、インディアンを保護する最良の手段だと主張した。これらの法案が議会通過に失敗すると、インディアン局長ケアリ・A・ハリス（Carey A. Harris）は一八三六年の年次報告書で、政府当局者の手に「監督権」を持たせた単一のインディアン領地の組織化が連邦政府と移住インディアンを密接に結びつけるために必要だと述べて領地構想に賛成の意向を明らかにした。陸軍長官ベンジャミン・F・バトラー（Benjamin F. Butler）も領地設立を支持した。彼は「我々はインディアンの境遇と要求に適した後見のための包括的システムを制度化しなくてはならない」とジャクソンに述べ、現状の担当官制度をアメリカ人にとっては「無分別」でインディアンにとっては「不公正」で不十分な保護形式だと非難した。彼は特に領地政府から連邦議会に代議員を送るという提案に賛成した。「合衆国下院の議場に日常的に先住民代表が存在することは、どんな立法よりも世界とインディアンに対して、インディアンの存続と幸福に向けての我々の努力と誠実さを確証するだろう。」他方バトラーは、移住インディアンは新住地で「侵害や干渉から保護される」という条約上の「神聖な」誓約を履行し、白人入植者へのインディアンの「野蛮な熱情」による攻撃を防止するためにインディアン地方の「適切な」地点に軍隊砦を築くよう勧告した。[26]

ジャクソンはハリスとバトラーの考えを支持し、一八三六年一二月の年次教書において「インディアン地方に移住した様々な諸部族の保護と監督と向上のための熟考された包括的システム」の立法化を議会に要求すると同時に、軍隊砦の設置数増加を提起した。砦は「インディアンを内紛から保護するとともにフロンティアを侵害から守る」という二重の目的を持つと彼は主張した。これを承けてティプトンとエヴェレットは、一八三六年暮れから翌年にかけての二四議会第二会期に領地法案を再上程したが通過しなかった。[27]

一八三七年一二月の年次報告書でインディアン局長ハリスは、「インディアン地方における単一政府の早期樹立を繰り返し推奨したい」として再度領地設立を促した。一方、アイザック・マッコイも領地構想を粘り強く追及し続けた。彼はインディアン担当官出身のティプトンと旧知の間柄であり、領地法案の再上程をティプトンに強く求めた。一八三八年四月の二五議会第二会期にティプトンは一八三四年・三六年法案と類似した法案を上程した。上院の審議は、インディアンへの誓約を尊重し連邦の監督下での領地政府樹立がインディアンの保護の第一歩だとするティプトンやジョージア州選出民主党の前ジョージア州知事ウィルソン・ランプキン（Wilson Lumpkin）、ミズーリ州選出民主党のルイス・F・リン（Lewis F. Linn）テネシー州選出民主党員でかつて強制移住法案を上程したヒュー・L・ホワイト（Hugh L. White）と奴隷制拡大や黒人人種差別を公言する勢力の間で激しく行われた。アラバマ州選出の民主党クレメント・C・クレイ（Clement C. Clay）は、チョクトー族やクリーク族などの大部族は領地政府に反対していると主張する一方で、領地設立が南部奴隷制と北部の均衡を破壊することに懸念を表明した。ミシガン州選出民主党のジョン・ノーベル（John Norvell）は、インディアン代議員を連邦議会に送ることを認める条項に反対して、領地政府からの代議員ではなくてワシントンに白人代理人を置くという修正案を、アラバマ州選出の民主党ウィリアム・R・キング（William R. King）はロッキー山脈以東、ミズーリ川以北、ミズーリ州以北と以西の地域をインディアン領地とする修正案をそれぞれ提出した。結局これら修正案は退けられて五月三日に原案が三九対六で上院を通過、下院に送られた。下院ではH・エヴェレットやニューヨーク州選出のオグデン・ホフマン（Ogden Hoffman）、マサチュセッツ州選出のキャレブ・クッシング（Careb Cushing）が法案を擁護したが、南部から移住した大部族の反対や新任のインディアン局長トマス・H・クロフォード（Thomas H. Crawford）の法案不支持も影響して通過しなかった。[28]

領地法案に対するインディアンの反対については次の四章で検討するとして、ここではクロフォードの反対論に触れておこう。彼はインディアン文明化の熱心な唱道者だったが、部族により文明化の段階が異なり共通の利益を持たない以上、領地構想は無益であると主張した。彼によれば、連合政府は小部族を「飲み込み」、大部族の温情にすがらせるだけなのだった。彼は、インディアンに公有地譲渡証書を付与し既存の担当官制度を改革することを提唱した。しかし、彼の領地法案反対にはより根本的な理由があった。彼によれば、「共同所有制と文明は共存し得ない」のであり、私有財産制こそが「文明世界を特徴づける活力や勤勉や進取の気象を生み出す」のだった。「個別に所有される財産が、それらを所有する人々に変化を好ませることを、世界の歴史が証明しているのだ。」新たな関心がインディアンの気持ちを、「物事を着実に保つように促すだろう。」私有財産が「船の脚荷」となろう。彼はこのように主張して、インディアンが土地共同所有制を放棄しない限りは領地設立は時期尚早だとした。[29]

クロフォードのかかる主張は、領地設立をインディアン文明化の手段とする従来のインディアン改革思想とは一線を画するものとも理解できる。彼は従来の文明化の試みがあまりに性急に結果を求めすぎた点を非難し、インディアン地方における地元学校と労働学校の設置、女子教育を重視した。彼の思想には、登場しつつある産業社会の徳目――自活・勤勉・節約・自制――を実生活の中でインディアンに注入するという発想が認められる。彼はインディアンに一定の自治を与えることには反対しなかったが、集合体としてのインディアンの文明化よりもインディアン個人を部族制と部族文化から切り離して白人社会に統合することに賛成した。その意味でクロフォードは、領地政府の設立が一種の障害物となる危険性を懸念したといえる。ジョエル・R・ポインセット陸軍長官（Joel R. Poinsett）はクロフォードの意見に同調し、「政府の知識を殆ど持たずに生活してきた人々」の間に政府の原理原則を導入することには慎重さが必要だ」としてヴァン・ビューレン大統領に領地構想の再考を促した。彼は部族首長と担当官と軍隊将校による毎年の集会を提案するとともに、軍隊砦の増設を要求した。ヴァン・ビューレン大統領はこの要求を容れ、一八三八年一二月の教書で、領地法案の再考は明言しなかったものの、陸軍長官の提案を検討するよう議会に呼びかけた。[30]

政権内部のこうした動きにも拘らず、ティプトンは一八三九年二月の二五議会第三会期に従来と同内容の領地法案を上程したが、前回同様に上院通過の後に下院で廃案となった。このティプトン法案をもって、モンロー政権以来連綿と展開され、一八三四年を皮切りに四度にわたって議会に上程され続けた領地設立提案は終焉を迎える。これでインディアン諸部族に領地政府を形成させるという提案が消滅した訳ではないが、これ以降の提案は合衆国の領土拡張要求の高揚の中で三〇年代のそれとは異質な側面を備えていくのである。この点を最後に確認しておこう[31]。

移住にあくまで抵抗していたチェロキー族ロス派の強制移住によって、一八三〇年代末に東部からのインディアン移住は峠を越えた。しかし移住の完了＝一〇万人に及ぶインディアンの集住と土地所有という事態は連邦政府に新たな対応を迫った。チェロキー国の内紛に象徴される移住部族内・部族間の紛争を防止して移住地に秩序を維持することや近隣の州・領地の白人住民の要求に対処することである。流血を伴うチェロキー国の内紛を前にしてクロフォードは、一八三九年一一月の年次報告書において内紛は領地政府の設立が「恩恵よりも災禍を招く」ことの証しだとして、連邦議会の立法により部族内・部族間の関係を強力に統制することを求めた。ポインセット陸軍長官もインディアン間の犯罪処罰のためにインディアン地方に裁判所を設置することを求め、再度領地設立に反対した。一方インディアン居住地における混乱を懸念したアーカンソー領地とミズーリ州の住民は、これ以上のインディアン移住民の流入に反対する請願書を連邦議会に次々に送った。また、ウィスコンシン・アイオワ両地方の住民は自領域内のインディアンの移住を強硬に主張した[32]。

こうしてヴァン・ビューレン政権は旧北西部とアイオワのインディアンを既存のミズーリ・アーカンソー以西のインディアン居住地以外の場所に移住させる必要に迫られたが、一八四〇年の年次報告書でクロフォードは現在のアイオワ・ミネソタ境界線以北に合衆国が恒久的なインディアン地方を創設することを提唱した。一八四一年にホイッグ党のタイラー政権のジョン・ベル陸軍長官は、この提案を容れて旧北西部とアイオワの五万のインディアンを北部インディアン地方の創設により移住させることを展望した。同年中頃にクロフォードは次のように述べている。「インディアン人口がこれ以上南部で増えるのを防止し、中間地帯を占有する白人密集人口により南部インディアン地方と北部インディアン地方を分離するのが国家政策の要点である。」インディアン局は北部インディアン地方設立のために、ウィスコンシン領地総督ジェイムズ・D・ドッティ（James D. Dotty）に設立予定地に居住するスー族と土地割譲条約を締結することを命じた。ドッティが締結した条約は現在のアイオワ北西部とミネソタ、両ダコタにあたる地域をスー族に譲渡させるとともに、現在のアイオワ・ミネソタ境界線以北で北緯四六度線以南の地域をインディアン専用の領地に統合し、大統領任命の総督の監督下に置くという条項を含んでいた。タイラー大統領は上院に条約の批准を促したが、与党が提出した法案への拒否権発動問題に端を発した政争の影響もあって、ホイッグ・民主両党の反対にあい批准は得られなかった。北部インディアン地方という構想が挫折する一方でアーカンソー・ミズーリ以西のインディアン居住地区での混乱と不満の高まる中、一八四二年にジョン・C・スペンサー陸軍長官は移住インディアン諸部族のために「領地政府に類するもの」を与えて秩序を回復し、文明化の前進を図ることをタイラーに促したが採用はされなかった[33]。

周知のように一八四五年のテキサス併合から翌年のアメリカ・メキシコ戦争を経る四八年までの期間に合衆国は急激な領土拡張を実現し、国内は「明白な運命」の叫びに覆われることになる。こうした中でホイッグ党ニューヨーク州選出下院議員チャールズ・S・ベントン（Charles S. Benton）が、一八四六年六月に移住諸部族への誓約を果たすべくインディアン地方の恒久的境界線の設定を要求し、下院インディアン問題委員会もこれに呼応してインディアン地方の不可侵性を再確認するよう政府に求めた。また一八四八年にはホイッグ党ペンシルヴェニア州選出下院議員アブラハム・マッキルヴェイン（Abraham Mcilvaine）が道徳的観点に立って一八三〇年代の提案に沿った領地法案を上程した。しかし、政権も議会もこれらの動きをほぼ完全に無視した。これらの試みは、インディアン移住地が白人の領土獲得欲求の餌食になるのがもはや時間の問題であることを逆説的に示していたといえる。領地法案が廃案になった六年後の一八四八年、カンザス＝ネブラスカ法によりアーカンソー・ミズーリ以西のインディアン移住地の三分の二は消滅することになる[34]。

VI　中間総括

一八三〇年インディアン強制移住法に対する強力な反対運動を展開したジェレマイア・エヴァーツは、西部に恒久的なインディアン居住地を保証するというジャクソンの約束が従来の大統領や議会の約束同様に守り得ないものだと断定して次のように述べた。「二〇年後には、合衆国に属していようがいまいがテキサスにはアングロ・アメリカ人の子孫が入植しているだろう。ミズーリ州には人口が満ち溢れていよう。新たなインディアン地方を何本もの太い道路が貫通し、いろいろな方向に隊商が往き来するだろう。移住インディアンたちは国を解体され、共通の連帯の絆は何ら持たなくなるだろう……すぐに再び移住が必要になろう。もし移住民たちが生活に困り放浪者に転じるとしたら、慈悲深い扱いで彼らが救済されることなど無いのは明らかであるし、直ちにロッキー山脈の向こうへ駆逐してしまえと公言されるだろう[35]。」

歴史はエヴァーツの危惧が概ね正しかったことを証明した、といえる。一八三〇年インディアン強制移住法に基づくインディアン移住は、東部からのインディアンの空間的排除による土地奪取欲求を基底的要因としたのであり、やがて四〇年代に土地奪取の要求が更に高まると新たな排除が求められることになった。しかしジャクソン期インディアン強制移住政策を専ら土地奪取欲求という視角からのみ解釈しようとすると、その多面性や本質を見逃すことになりはすまいか。強制移住法に含まれた連邦政府の移住インディアンへの関与の継続意思の確認はその視角からでは意味を捉え難いし、一八三四年の通商交際法と組織化法の立法意図を組み込んだ強制移住政策の構図を描くことを妨げるように思われる。重要なのは一八三四年インディアン関連二法が、ジャクソンを始めとする政策決定者にとっては領地構想と一揃えのものとして追求されたという事実であろう。つまり移住、文明化・領地設立は三位一体の形で提示されたのである。

無論、移住が文明化の先行要件として主張されたことを露骨な土地奪取欲求を糊塗する偽善的論法として一蹴することも可能だし、領地構想をインディアンに移住を承諾させるための欺瞞に満ちた誘い水として片付けることもできよう。しかし強制移住政策をその論理に則して検討すると、そこには建国以来の政策との連続性に基づきつつインディアン・白人関係を再編成しインディアン「問題」に決着をつけるという大目標が秘められていることが分かる。「狩猟民」インディアンが「農耕民」である白人に、「未開人」の異教徒が「文明人」のキリスト教徒に不要な土地を明け渡すことはインディアンの義務だと認識されたのであり、同時にそうした文化的・道徳的劣等者を文明化することで絶滅から救済することは白人の義務だと意識された。土地を奪うのと並行してインディアンを如何に処遇するか、この問題への答えを強制移住政策は提示したのである。その意味で、いみじくもマッコイが述べたように強制移住政策は「賢明で人道主義的」な政策として意識されたのだし、そのためにはエヴェレットが一八三四年の議会審議で述べたように領地設立という「偉大で堂々とした目標」を実現してインディアンを「同伴者」とすることが必要だったといえる。(36)

重要なのは、こうした発想を支えた白人側のインディアン認識である。先述のようにジャクソンは移住督促に際して、移住地の恒久的保証と自治という主張を繰り返した。しかし、彼の（そしてマッケニーやマッコイを始めとする政策形成に影響を与えた多くの人々の）認識においては、インディアンは白人の保護なしには直ちに白人の生活様式や政治制度を受容できない存在だった。まさに一八三二年の最高裁判決でマーシャル首席判事が述べたように、インディアンは「生徒の段階」にあるのだった。ジャクソンは第一回の年次教書の草稿に次のような一節を挿入していた。「教育と知性が先ずもって導入されるまでは、いかなる人々も自分自身で社会契約を結んで実行する自由はないし能力もない。」従って完全な自治は直ぐには「実現不可能」だ。彼は結果的にはこの条りを削除したが、この一節は彼の心情を十分に反映した言い回しだと考えられる。領地法案に盛られた――ヴィントンの表現を借りれば――総督を通じての大統領の「軍事専制」は、こうしたインディアン認識から生まれた強烈な後見意識の産物だった。強制移住政策においては、領地設立は文明化を通じてのインディアン統合の手段、後見人が必要とする統合への被後見人たるインディアン自身による肯定的応答を一律強制的に引き出す手段だったのであり、集合体としてのインディアンの非インディアン化によるインディアン「問題」の解決手段だったといえる。[37]

無論、領地法案を巡る賛否両論を見れば、インディアン領地設立への眼差しや思惑にはかなりの振幅があることが分かる。反対論は領土拡張要求や民族差別意識、党派対立や違憲性の疑義など多岐にわたるし、賛成論にも条約や立法による誓約履行の義務や西部フロンティアの安全保障の主張（例えばテキサス併合問題との関係）、インディアン移住地の秩序維持など多様性が認められる。また、領土拡張の議論が一八三〇年代末以降に高まると、領地構想はそれまでの強制移住政策の「礎石」としての積極的意味合いから次第に領土拡張の存在に対する防御的意味合いを強め、ついには北部インディアン地方設立に見られるように新たな強制移住政策の「礎石」へと変質していった。領地構想を内包する強制移住政策の主唱者にとって、アーカンソー・ミズーリ以西のインディアン移住地は恒久的なものとして思考されたが、一八三〇年代末にそれは新たな領地拡張の障害物となった。そこに大きな誤算が存在したのは事実であろう。しかし、領地構想には別の決定的誤算が存在してもいた。それは、インディアン自身による強硬な反対である。

さらに領地法案の不成立は、一八三四年通商交際法と組織化法がインディアン・白人関係の基本法となることを意味した。確かに両法はインディアンの移住地への隔離立法であり、インディアン・白人間の接触を連邦権力により規制する内容を備えていた。しかし裏返せば、それは連邦の統制＝「保護」と「監督」が剥き出しの形でインディアンに押し付けられることを、即ち諸部族の政治的独立と自治への露骨な侵害＝条約侵犯が、法的にはその国民ではないインディアンに対して議会立法に基づいて行われることを意味した。しかも通商交際法によるインディアン地方への白人の侵入防止規定も組織化法による行政機構も、白人による領土拡張欲求の前には殆ど無力に等しかった。結果的にジャクソン期強制移住政策は、インディアンの統合ではなくて、インディアンの従属民化を通じて、インディアンの政治・経済・社会全面にわたる排除＝隔離を推進した。つまり、文明化に基づくインディアンの非インディアン化を救済策として提示し、その実現の責任を根本的にはインディアン自身に委ねることでインディアン「問題」の解決を図ったといえるのである。

（1）　こうした点については、拙稿「一八三〇年インディアン強制移住法成立過程の一考察―白人社会内の賛否両論の検討を中心として―」『札幌学院大学人文学会紀要』第四八号、一九九〇年一二月、一二三―五三頁、同「一八三四年インディアン関連二法とインディアン強制移住」『札幌学院大学人文学会紀要』第五二号、一九九二年一二月、一七七―二〇五頁、同「ジャクソン期インディアン強制移住政策とインディアン」金井・鵜月ほか『常識のアメリカ・歴史のアメリカ―歴史の新たな胎動―』木鐸社、一九九三年、一五一―一九一頁。

（2）領地構想を扱った研究としては、Annie H. Abel, "Proposals for an Indian State, 1778-1878," *Annual Report of the American Historical Association for the Year 1907*, I, 1908. pp.87-104; Francis P. Prucha, *Great Father: The United States Government and the American Indian*, 2vols, I, Lincoln Neb., 1984; Ronald N. Satz, *American Indian Policy in the Jacksonian Era*, Lincoln Neb., 1962; George A. Schultz, *An Indian Canaan: Isaac McCoy and the Vision of an Indian State*, Norman Okl., 1972.

（3）Charles J.Kappler ed., *Indian Affairs: Laws and Treaties*, 5vols, Washington, 1904, II, pp.3-5 and 8-11; Jedidiah Morse, *A Report to the Secretary of War of the United States on Indian Affirs*, New Heaven, 1822, p.314.

（4）Message of Dec. 7, 1824 in James D.Richardson comp., *A Compilation of the Messages and Papers of the Presidents*, 11vols., Washington, 1897-1917, II, pp.825-826; Calhoun, Report of Jan, 24, 1825, in *American State Papers: Indian Affairs*, II, pp.849-851.

（5）Prucha, *Great Father: The United States Government and the American Indians*, 2vols. I, pp.187-188.

（6）Barbour to Coke, Feb. 3, 1826 in *American State Papers: Indian Affairs*. II, pp.646-649. 議会の動きについては、Abel, "Proposals for an Indian State," p.92.

（7）Mckenny to (Jeremiah Evarts), May 1, 1829 in *Mckenny, Memoirs, Official and Personal*, 2vols, New York, 1846, I, Appendix, pp.330-336. マッケニーはポーターに次のように述べた。「これは私の決然たる意見であり、謹んで述べさせていただきたい。以下の如く十分に練られた計画以外にインディアンを保護し得る計画はないのです。インディアンは単一政府の下に置かれ、その政府は合衆国とは植民地関係にある……勿論、その植民地においては諸部族の現在の区分は、全体を統括する中央政府と家族への土地分割により取って代わられます……この植民地事業の第一歩として形式は簡素でも効率的な政府が既に移住しているインディアンにも拡大されるべきです。」Mckenny to Porter, Jan. 31, 1829 in Prucha, *Great Father*, I, p.304-305. 尚マッケニーについては、Herman J.Viola, *Thomas Mckenny: Architect of America's Early Indian Policy, 1816-1830*, Chicago. 1974.

(8) Message of Dec. 8. 1829 in Richardson comp., *Messages and Papers*, II, p.1021. 強制移住法の翻訳は、本書参考資料参照。

(9) Jackson to Monroe, March 4. 1817, Monroe to Jackson, Oct. 5, 1817, Jackson to Terrill, July 29, 1826 in John S. Basseett ed., *Correspondence of Andrew Jackson*, 7vols., Washington, 1926-35, II, pp.279-280, 331, III, pp.308-309.

(10) Morse, *Secretary of War, Annual Report* (1829), p.31 in Satz, *American Indian Policy*, p.128.

(11) Schultz, *An Indian Canaan*; William Miles, "Enamoured with Colonization: Isaac McCoy"s Plea of Indian Reform," *Kansas Historical Quarterly* 38 (Autumn, 1972), pp.268-286; Isaac McCoy, *Historical of Baptist Missions*, New York, 1840, pp.414, 423-424.

(12) Report made by Isaac McCoy, March 16, 1832, pp.1-12. in *New American State Papers: Indian Affairs*, II, pp.292-303.

(13) McCoy, *Baptist Indian Missions*, pp.430-439; HR483, HR484, in U.S. Congress, *House and Senate, Bills and Resolutions*, 22d Cong. 1st sess; Satz, *American State Papers: Indian Affairs*, II, pp.292-303.

(14) Message of Dec. 3, 1833 in Richardson comp., *Messages and Papers*, II, p.1251-1252.; Commissioner of Indian Affairs, *Annual Report*（以下、CIA*Report* と略）(1832), p.163; McCoy to Commissioners, West, Oct. 15, 1832 in Satz, *American Indian Policy*, p.138.

(15) Report of commission, Feb. 10, 1834 in Prucha, *Great Father*, I, pp.304-305.

(16) 一八三四年インディアン関連三法案の作成にあたっては、ストークス調査団の報告書に加えて、一八二九年に当時ミシガン領地総督だったキャスとセントルイスのインディアン監督官だったウィリアム・クラークがアダムズ政権の陸軍長官ポーターに提出した報告書が下敷きとなった。Report of Cass and Clark, Feb. 4, 1829 in *NASP*, I A, II, pp.78-197.

(17) 通商交際法と組織化法の翻訳は、本書参考資料参照。

(18) 領地法案は、HR 490 in Bills and Resolutions; U.S. Congress, Register of Debates in Congress（以下、*RDC* と略）23rd Cong., 1st sess., p.4764. 強制移住までのアメリカの西部拡大の見通しについては、Arrell M.Gibson, "The Great Plains as A Colonization Zone for Eastern Indians," in Frederick C. Luebke ed., *Ethnicity on the Great Plains*, Lincoln

Neb., 1980, pp.19-37.

(19) *RDC*, p.4765.

(20) *RDC*, p.4766.

(21) *RDC*, p.4767.

(22) *RDC*, pp.4767-4768.

(23) *RDC*, pp.4768-4772.

(24) *RDC*, pp.4764, 4775-4777, 4779.

(25) *RDC*, pp.4772-4774, 4777-4779.

(26) Message of Dec. 7, 1835 in Richardson comp., *Messages and Papers*, II, p.1392.; S 159, HR 365 in *Bills and Resolutions*, 24th Cong. 1st sess.; CIA *Report* (1836), pp.393-394; Morse, *Secretary of War, Annual Report* (1836), pp.123-125. in Satz, *American Indian Policy,* pp.213-214;

(27) Message of Dec. 5, 1836 in Richardson comp., *Messages and Papers,* II, p.1475; S 15 HR 901 in *Bills and Resolutions*, 24th Cong. 2d sess.

(28) CIA *Report* (1837), p.526; Schultz, *An Indian Canaan* pp.188-190; Niles Weekly, *Register* 53 (Sept. 30, 1837), pp.67-68; S75 in *Bills and Resolutions*, 25th Cong. 2d sess.; *Congressional Globe*, 25th Cong. 2d sess., pp.444, 451-452, 454-455.

(28) CIA *Report* (1837), p.526; Schultz, *An Indian Cannan* pp.188-190; Niles Weekly, *Register* 53 (Sept. 30, 1837), pp.67-68; S 75 in *Bills and Resolutions*, 25th Cong. 2d sess.; *Congressional Globe*, 25th Cong. 2d sess., pp.315, 335-340, 345-348, 352; HR 495 in *Bills and Resolutions*, 25th Cong. 2d sess.; *Congressional Globe*, 25th Cong. 2d sess., pp.147, 352, 405; CIA *Report* (1838), pp.451-452. 454-456.

(29) CIA *Report* (1838), pp.444, 451-452, 454-456.

(30) クロフォードの経歴については、Robert M. Kvasnicks and Herman J.Viola eds., *The Commissioners of Indian Affairs, 1824-1977*, Lincoln Neb., 1979. クロフォードの文明化思想については、拙稿「ジャクソン期インディアン強制移住政策とインディアン」第三節。Morse, *Secretary of War, Annual Report* (1838), pp.99, 112-113 in Satz, *American In-*

dian Policy, p.221; Message of Dec. 3 in Richardson comp., *Messages and Papers*, III, p.1715.

(31)　S 23 in *Bills and Resolutions*, 25th Cong. 3rd sess.; Niles Weekly, *Register* 55 (Dec. 15, 1838), p.247.

(32)　CIA *Report* (1839), pp.417-418, 425-426; Satz, *American Indian Policy*, pp.322-324.

(33)　CIA *Report* (1840), pp.232-234; Bell to Tyler, Aug. 31, 1841 in Richardson comp. *Messages and Papers*, III, pp.1912; *Secretary of War, Annual Report* (1842), pp.190-191 in Satz, *American Indian policy*, p.228.

(34)　Abel, "Propossals for an Indian State," pp.99; Prucha, *Great Father*, I, pp.308-309; Satz, *American Indian Policy*, pp.228.

(35)　Jeremiah Evarts, *Essays on the Present Crisis in Condition of the American Indians*, 1829 in Prucha ed., *Cherokee Removal: The "William penn" Essays and Other Writings by Jeremiah Evarts*, Knoxville Tenn., 1981, p.191. エヴァーツについては、John A.Andrew III, *From Revivals to Romoval: Jeremiah Evarts, the Cherokee Nation, and the Search for the Soul of America*, Athens Ga. 1992.

(36)　こうした点については、拙稿「ジャクソン期インディアン強制移住政策とインディアン」第六節。

(37)　Cherokee v. Georgia, 1831, in Prucha ed., *Documents of United States Indian Policy*, Second Ed., Lincoln Neb., 1990, pp.58-60; Draft of the First Annual Message, Dec. 8 in Bassett ed., *Correspondence of Andrew Jackson*, IV, pp.103-104.

第四章　共生の試みと挫折―インディアンの共和国と強制移住

Ⅰ　研究の前提条件

一八三〇年六月にアメリカ合衆国の連邦議会において、ミシシッピ川以東に居住するインディアン諸部族と土地交換に基づいて移住交渉を行う権限を大統領に与えるインディアン強制移住法が成立した。当時、合衆国南部の八つの州と領地（ノースカロライナ州、サウスカロライナ州、ジョージア州、フロリダ領地、アラバマ州、ミシシッピ州、ルイジアナ州、テネシー州）には七万をこえるインディアンが居住していた。同法の成立によりミシシッピ川以東に居住するインディアン諸部族の大半は一八四〇年代半ばまでにインディアン・テリトリ（現在のオクラハマ州にあたる地域）へ移住を強いられ、その結果、上記南部諸州の人口構成は白人約二〇〇万、黒人奴隷約一二〇万、インディアン七万余（三〇年）から白人約二五〇万、黒人奴隷約一六八万、インディアン約九〇〇〇（四〇年）へと変化し、黒人奴隷制に基づく「綿花王国」が成立することになる。一九世紀前半期の南部における「綿花王国」の発展が、一七世紀初頭の白人植民地建設開始から二百年余にわたって連綿と継続されてきたインディアンの空間的排除による土地獲得と黒人奴隷制拡大に基づく白人社会の繁栄の帰結だったことは指摘するまでもない。しかし、従来は白人による黒人・インディアン双方の排除・抑圧・搾取という並列的考察が一般的だったために、合衆国南部社会という空間において人と人との結びつきがいかなるかたちで絡み合い変容したのかについては十分に明らかにされてこなかった。本章ではこの観点から、インディアン・白人関係とインディアン・黒人関係の展開を総合的に把握することに力点をおくことにする。

インディアン・白人関係については、土地奪取という側面と同時に連邦政府によるインディアン文明化政策とインディアンのそれへの呼応という現象を中心に検討する。インディアン・白人関係は単に物理的排除という図式のみでは捉えきれないものであり、白人との接触・交渉によるインディアン側の文化変容、白人側の自国・自文化認識の確立を伴ったといえる。インディアン・黒人関係については、インディアンによる黒人奴隷制の内容を検討するが、おうおうにしてみられる「抑圧された抑圧者」といった表面的把握をこえて、インディアンの文化変容という脈絡のなかでインディアン奴隷制（インディアンによる他部族民の奴隷化・白人への売却）から黒人奴隷制にいたる過程と政治機構の変化を明らかにする。以上の考察をふまえて一八三〇年代におけるインディアンの空間的排除の意味を考えたい。

南部諸部族、とくに文明化五部族――チェロキー、チカソー、チョクトー、クリーク、セミノール――は黒人奴隷制の導入そのものについては共通性が認められるが、黒人奴隷制の規模や性格、白人文明の受容度合についてはかなりの差異が存在し、強制移住に際しての経験にも偏差がある。だが一八世紀後半から一九世紀前半のインディアン・白人関係の本質は南部最大の部族であるチェロキー族と白人の関係の中にうかがうことができると考えられる。そこで本章ではチェロキー族を中心に、地域と共生の問題を考えてみよう。

II　チェロキー族と白人

(1)　チェロキー族の文化変容

インディアン史研究において南東部文化領域に区分されるチェロキー族の起源について定説はない。しかし、言語的にはイロコイ語族の一員とされ、おそらく北方から南下し白人と接触する五〇〇年ほど前には狩猟に加えてトウモロコシ栽培を中心とする農耕を発展させ、アパラチア山脈南部一帯に定住したと考えられている。チェロキー族の創世伝承によれば、世界は空の丸天井に吊り下がった島であり、自分たちはその島の中心を占有する「もっとも重要な人々」とされた。当時、チェロキー族は現在のジョージア州北部、ノースカロライナ州南西部、アラバマ州北西部、テネシー州東部の広大な空間で集落生活を営んでいた。他のインディアンとの接触によるトウモロコシ栽培の導入が狩猟採集社会から農耕社会への転換を準備したとすれば、ヨーロッパ人との接触はより大きな衝撃、物理的のみならず文化的な影響＝伝統との決別を強いる変化をチェロキー社会にもたらした。だが、大西洋沿岸地域のインディアン諸部族と内陸部に居住するチェロキー族の間には、白人による影響にかなりの時差が認められるのである。

チェロキー族の白人との接触は一五三〇年のスペイン人探検家ヘルナンド・デ・ソトとの遭遇が初めてのものだったが、金銀財宝の獲得をめざすソトの一行はチェロキー社会に興味を示さず、道案内や運搬人として少数のチェロキーを捕獲しただけだった。その後、一五六〇年代に南東部を訪れたファン・パードウらのスペイン人探検家もある程度のインディアン虐待を別にすればチェロキー社会に破壊的な影響を及ぼさなかった。しかしその一方で、白人が持ちこんだ天然痘を始めとする伝染病は多大の被害をもたらした。人口学研究の成果によれば伝染病によるチェロキー族の人口喪失は一五〇〇年から一六五〇年の一五〇年間に一万人近くに達したと考えられている（一八世紀初めのチェロキー族総人口は二万二、〇〇〇）[1]。しかし、ニューイングランドやヴァジニアのイギリス領植民地沿岸部の諸部族の多くが白人による伝染病と土地侵害、戦争により短期間に壊滅的打撃を受けたのに比べれば、チェロキー族は一七世紀末の白人との本格的な接触開始まで伝統的文化を保持したといえる。

一七世紀末、ヴァジニア、カロライナ両植民地のイギリス人商人が鹿皮を求めてチェロキー領内に流入したことで、白人との交渉は本格化した。当初、白人商人は冬季の狩猟季節の終了を待って来訪し、鉄製農具などの工業製品と鹿皮を交換するにすぎなかった。しかし、一八世紀に入って白人商人がチェロキー領内に定住して交易が本格化すると、チェロキー社会に大きな影響を与えはじめる。

第一には、多くの白人商人がチェロキー女性と結婚したことにより、母系制をとるチェロキーの社会組織が部分的に変容したことである。こうした家族では妻方居住の慣行は捨てられ、混血の子供が父親の遺産を相続するようになったため、部族民間に富の不平等が生じはじめた。また、こうした子供たちは英語使用、教育、信仰、習慣などの点で新たな人間類型となった。ただしチェロキーは元来、民族偏見をもたなかったから、チェロキー女性の子供は血統にかかわりなくチェロキーと認められ、母親から氏族（チェロキー族には七つの氏族集団が存在）との絆を引き継いだ。

第二には、鹿皮交易の拡大が鉄製農具や銃弾薬への依存度を高め、伝統的用具が使われなくなるにつれ、白人との交易が必要不可欠のものとなったことである[2]。こうした状況下、白人商人による交易品価格のつり上げは鹿の乱獲を必然化し、一七〇八年に五万枚だった鹿皮売り渡し量は三五年には百万枚へと急増した。こうして自然界の均衡の尊重に依拠したチェロキーの生活はしだいに崩壊していった。

（2）インディアン奴隷制

白人商人が鹿皮に加えて、他部族から獲得したインディアン戦時捕虜を交易の対象としはじめると、チェロキー社会の変容は加速された。古来よりインディアン諸部族の間では他部族との戦争で得た捕虜を奴隷化する慣行が存在し、チェロキー族もその例外ではなかった。ただし、チェロキーにとり戦争は他部族の悪行への報復・懲罰であり、捕虜は目的ではなく戦争の副産物にすぎなかったから、捕虜のほとんどは女性たちによる拷問で死亡し、わずかに残った捕虜は人口補填の目的から養子として氏族に取り込まれるか、人質交換用に家族に所有されるだけだった。[3]

ところが戦時捕虜が白人商人によりアメリカ南部植民地のタバコ・プランテーションや西インド諸島の砂糖プランテーションに奴隷として売却されるようになると、鹿皮同様に捕虜は対価を求める商品に変質した。利欲心の高揚につれて奴隷制はしだいに変容した。ただし、この段階ではチェロキー族の農業に奴隷労働が導入されることはなかった。

植民地時代のインディアンによる奴隷狩りについては、その中心が一七世紀後半から一八世紀前半にかけての南東部地方だったこと、奴隷狩りが部族間抗争のかたちでインディアン自身によって行われたこと以外、実数を含む詳細は不明である。ただ、インディアンによる奴隷狩りが植民地の労働力の稀少を補う一方、諸部族の疲弊を通じて白人による土地奪取を促進したことは確認しておかねばならない。

鹿皮交易と奴隷狩りの重要性の高まりとともに、チェロキー社会内では狩猟民層＝戦士層の政治的・経済的影響力が強まった。さらに一八世紀に入ってヨーロッパ人植民勢力間の抗争が激化してインディアン諸部族との同盟＝軍事力の争奪が重視されるようになると、チェロキー社会内の戦士層の発言力は一層増した。

一八世紀初めの段階でチェロキー社会はそれぞれが二〇〇から六〇〇の人口を有する五〇余の集落がゆるやかに連合していた。伝統的に各集落には、戦士集団を統括する赤いクラン（赤い首長を選任）と、農耕・祭礼を含む平時業務を司る白いクラン（白い首長を選任）がおかれ、各集落の協議会は二重権力構造をとったが、文民集団である白いクランのほうが威信を備えていた。[4] しかし、白人との交渉・戦争の激化が赤いクランの優位をもたらした。鹿皮交易と奴隷狩りによる利益に加え、戦士層には白人から武器・弾薬・織物をはじめとする多様な贈与がなされた。白人側は、迅速な戦争協力のためには徹底審議を重視して専制的権力をもたない協議会よりも有力な戦士集団を部族を代表する首長層と認定するほうが得策だったからである。かくてチェロキー社会には前述の混血と純血の間の富の不平等に加え、戦士層と非戦士層の間でも不平等が生じた。

戦士層への権力集中と混血層への富の偏在という事態は、チェロキー族の伝統とは乖離するものだったが、大多数の部族民にとっては、白人との摩擦の激化という環境変化の中で土地と人民を守るためにとりうる唯一の選択肢だったと思われる。しかし、この選択によってもチェロキー族には白人の進出をくいとめることは困難だった。チェロキー族はフレンチ・インディアン戦争（一七五六〜六三年）とアメリカ独立戦争（一七七五〜八三年）において、イギリス側に立って、フランス・チョクトー族・イロコイ族連合軍、さらにはアメリカ植民地軍と戦ったが、結果的には敗北し集落の荒廃と大きな経済的・精神的打撃をこうむった。一七一二年から八三年までに、チェロキー族は合計七万二〇〇平方マイルの広大な土地をサウスカロナイナ、ジョージアを中心とする白人勢力に割譲したが、これは一七一二年から一八三五年の期間にチェロキー族が白人に割譲した全土地の約六割にのぼる。つまりアメリカ合衆国が成立した当時、すでにチェロキー族は先祖伝来の土地の四割を護るにすぎなくなっていたのである。

(3) アメリカ合衆国のインディアン文明化政策

建国間もない弱体な合衆国にとって、インディアン諸部族との武力衝突を回避しつつ、西部への秩序ある領土拡大をはかることは最重要の課題だった。この課題の達成のために合衆国は、インディアン諸部族を土地に対する占有権を有する主権国家と認定し、土地割譲を内容とする条約を締結する制度と通商交際法をはじめとする一連の議会立法によってインディアン・白人間の空間的分離をはかる方策をとった。インディアンに対して諸州や白人辺境住民はしばしば不実かつ暴力的な対応で臨み、それがインディアン・白人間の武力衝突を誘発したから、インディアン政策の策定・実行を連邦の専権事項とする必要があった。また、自由と平等の大義を掲げて誕生した共和国としての国家的体面や常備軍ももたず財政難にあえぐという逼迫した内情もあった。

一七七八年に制定された北西部領地条令は合衆国の領土拡張方式を定めているが、その第三条はインディアンへの対応を次のように規定している。

　インディアンに対してはつねに最高の信義が守られねばならない。彼らの土地および財産は彼らの同意なく収奪されてはならない……彼らの財産・権利・自由は、連合会議が承認した正しい合法的な戦争の場合を除いては侵害されてはならない。

一九世紀末までに合衆国はインディアンの土地をほぼ奪いつくし、人口も世紀初めの三分の一に減少させたのだから、北西部領地条令の約束はことごとく反故にされたといえる。しかし、インディアン・白人関係が単に土地と生命の問題のみを軸に展開したわけではないことを見逃してはならない。

先述のように建国期の連邦指導層は、トマス・ジェファソンに典型的にうかがえるように黒人の生得的劣等性を強調した。その一方で「インディアンは心身ともにヨーロッパ人と対等だ」という彼の発言が示すように、インディアンは未開段階に停滞してはいるが文化的向上の能力を備える存在として捉え、インディアンの白人に対する生得的劣等性を否定した。当時のアメリカ知識層はスコットランド啓蒙思想から強い刺激を受けており、環境決定論と進歩史観に基づく人間社会の理解を共有したのである。文明発展の階段の最上位には東部白人社会が、最下位にはインディアン社会が位置するが、インディアンがその階段をのぼる努力をしさえすれば彼らの改革は可能と考えられたのである。「われわれはみな、アメリカ人になるのだ」というジェファソンの主張がその点を示している。

ワシントン大統領は、一七九一年の第三回年次教書において北西部領地条令第三条の精神に則った「公正な」政策、「インディアンの幸福を増進する」政策の必要性を力説し、公平な交易の拡大、インディアンの権利や条約侵犯者への罰則規定とならんで、理にかなったかたちでの土地獲得の実践、文明の恩恵を施す実験の推進を議会に呼びかけた。この発言は、土地を取り上げるのと並行してインディアンにいかなる未来を約束するか、インディアンと合衆国の関係をいかなる姿に仕立てるかの雛形を示していた。[5]

一七六九年、ワシントンはチェロキー族に対して狩猟と戦争の放棄=農民化を呼びかけて次のように述べた。

あなた方の土地は肥沃で広大である。適切に経営すれば、家畜を飼育して自家用だけでなく白人に売却もできる。鋤を用いればあなた方はトウモロコシを大幅に増産できる。パンをつくる小麦はもちろん、いろいろな穀物も栽培できる。亜麻や綿花を栽培して、白人に売却したり女性が自家用の布を織ることもできるのである。

インディアン文明化は戦争によらない安上がりな土地獲得を意味したから、これを連邦指導層の功利主義の現れと捉えることも詭弁と考えることもできる。しかし、文明化は時間と労力を要する作業であり、白人社会の大部分はその妥当性を疑った。その意味で文明化の呼びかけは、文化受容を通じての共生の条件提示と考えることもできる。インディアンからの土地獲得＝白人への土地開放とインディアン文明化＝インディアンの非インディアン化による救済が表裏一体のものとして提示されたのである。

同時に、前述のような文明発展段階論に照らせば、インディアン文明化は白人文明の正当性の自己弁証とも解せる。ビュフォンやド・パウらフランスの啓蒙思想家の唱えるアメリカ退化論（新大陸の劣悪な環境が動植物やインディアン、さらには白人移住者の退化を誘発するという論）への反駁という点でも、インディアンの文明化は必須の作業であった。したがって、伝統的生活に固執して文明化を拒否し、白人への土地割譲を拒むインディアンは共生を拒む存在であり、新大陸の劣等性の肯定に加担する存在と理解された。ジェファソンが述べるように、文明化を拒むインディアンは「駆逐」や「撲滅」の対象となるのであり、北西部領地条令のいう「正義の戦争」の目標となるのであった。

ワシントンが文明化を呼びかけて以降、連邦は友好的な部族の文明化のために臨時担当官を派遣して金銭、農具、家畜を贈る方針をとり、一八〇二年の通商交際法第一三条により年間一五、〇〇〇ドルの支出が規定された。文明化の実際の推進勢力となったのは福音主義プロテスタント諸派の宣教団体であり、連邦議会は宣教団体の活動を援助するため、一八一九年にインディアン文明化資金法を制定、年間一〇、〇〇〇ドルの支出を決定している。[6]

R・バークフォアが主張するように、連邦の支援を受けた宣教団体により「キリスト教文明」を鏡としつつ、

「文明の恩恵とキリスト教信仰の祝福」をいまだ手にしないインディアン＝道徳的劣等者の改造が独善的かつ高圧的に推進された。(7) 宣教師たちにとって、文明化は当為つまりインディアンを絶滅から救う唯一の手段と認識され、農民化による余剰地の開放と文明化は矛盾なく統一的に把握された。キリスト教信仰の拡大はもとより、宣教団体は学校設立をとおして英語教育や手工業教育を行い、土地所有制度や政治機構の転換も含めた社会改造を助けた。

だが、辺境の白人開拓民やその利害を代弁する諸州の政治家の多くにとっては、連邦指導層や宣教師が唱道する文明化をとおしての共生の道は現実味のないものであった。ジェファソンにしても、フランスからのルイジアナ地方購入の可能性がうまれると、文明化による東部での共生という構想の修正を試みている。彼は、一八〇二年にジョージア州との間で、ジョージア州が西部領土の請求権を放棄するかわりに、連邦政府が同州内のインディアン土地所有権を平和かつ理にかなったかたちで消滅させるという契約を結び、チェロキー族にミシシッピ川以西への移住を提案している。

この際ジェファソンは、辺境白人による侵害から逃れてゆるやかに文明化を推進できることを移住の利点としている。しかし、この時点では連邦指導層の多くや宣教団体にとって、移住＝空間的排除は文明化＝東部における共生の阻害要因と捉えており、移住が文明化の先行要件として位置づけられるのは一八二〇年代半ばのこととなる。しかし、ワシントンが文明化を呼びかけてから半世紀もたたない間に、当初は文明化の従順な優等生とみられたチェロキー族は独自の脈絡で文明化を理解し、白人が期待するのとは別のかたちで東部での共生の道を模索する。

Ⅲ　チェロキー共和国

(1) 文明化の選択

アメリカ独立革命が終結したのち、チェロキー族は経済的混乱状態に陥った。乱獲と土地割譲による狩猟地の減少が相乗して鹿猟が減退する一方、合衆国による禁令と南部プランテーションのインディアン奴隷需要の減少によりインディアン奴隷狩りも無意味となったからである。一方、辺境の白人地元民と州民兵は実力行使によるチェロキー領への侵害を繰り返し、その侵害を追認するかたちでホープウェル条約（一七八五年）、ホルストン条約（一七九一年）、テリコ条約（一七九八年）が合衆国との間で相次いで締結され、総計一万二、〇〇〇平方マイルの土地が割譲された。合衆国への武力抵抗が困難となり、従来の生活手段の陰りが濃くなるなかで、チェロキー族はワシントン大統領の示す文明化の呼びかけに応じることになる。

ワシントンは、オハイオ川以南のインディアン諸部族の監督官にサウスカロライナ州名門のベンジャミン・ホーキンズ（Benjamin Hawkins）を任命した。[8] ホーキンズはチェロキー族が文明化の意志を強くもつことを確認するとともに、領内に黒人奴隷を使役する模範農場を開設している。ホーキンズ、さらに彼のあとを受けて一八〇一年から二三年までチェロキー族担当官を務めたリターン・J・メグズ（Return J. Meigs）の支援を受けて、チェロキー族は急速に文明化を推進した。[9] メグズは男性に鋤、女性に紡織機を贈って農民化をはかるとともに、文明化を必然化すべく土地割譲を熱心に働きかけた。彼の在任中の土地割譲は一三件、総計二五、六六四平方マイルに及んだ。

イライアス・ブードノウ

土地割譲の進展と並行してまず一八世紀末にモラヴィア教会が、一八一七年から長老派教会と会衆派教会を主力とするアメリカ海外伝道協会が、続いてバプティスト教会とメソジスト教会がチェロキー族のキリスト教化・文明化に乗りだした。一八三五年時点で教会参加者は一、三二〇人で全人口の約九%を占めたが、これは周辺の白人入植者と同程度の割合だった。宣教師たちは青少年層に働きかけを集中し、寄宿学校を多数設置した。キリスト教教育はむろん、英語の読み書きや算数、地理などの基礎教養のほか、男子には農耕、女子には家事を教授した。寄宿学校は宣教師たちの期待に完璧にかなう成果をあげたとはいえないが、多くが東部の学校に留学した混血子弟を中心に、いわば文明化エリートの育成に大いに貢献した。

一八二六年、チェロキー族の指導者の一人であるイライアス・ブードノウ（Elias Boudinot 一八〇二―三九）は文明化の物質面での進捗を次のように力説する。[10] 彼はコネティカット州の宣教学校に留学し、白人女性を妻とした人物である。

一八一〇年には牛一九、五〇〇頭、馬六、一〇〇頭、豚一九、六〇〇匹、羊一、〇三七匹、織機四六七台、糸車一、六〇〇台、荷車三〇台、犂五〇〇台、製材所三ヵ所、製粉所一三ヵ所だった。現在では、牛二二、〇〇〇頭、馬七、三〇〇頭、豚四六、〇〇〇匹、羊二、五〇〇匹、織機七六二台、糸車二、四八八台、荷車一七二台、

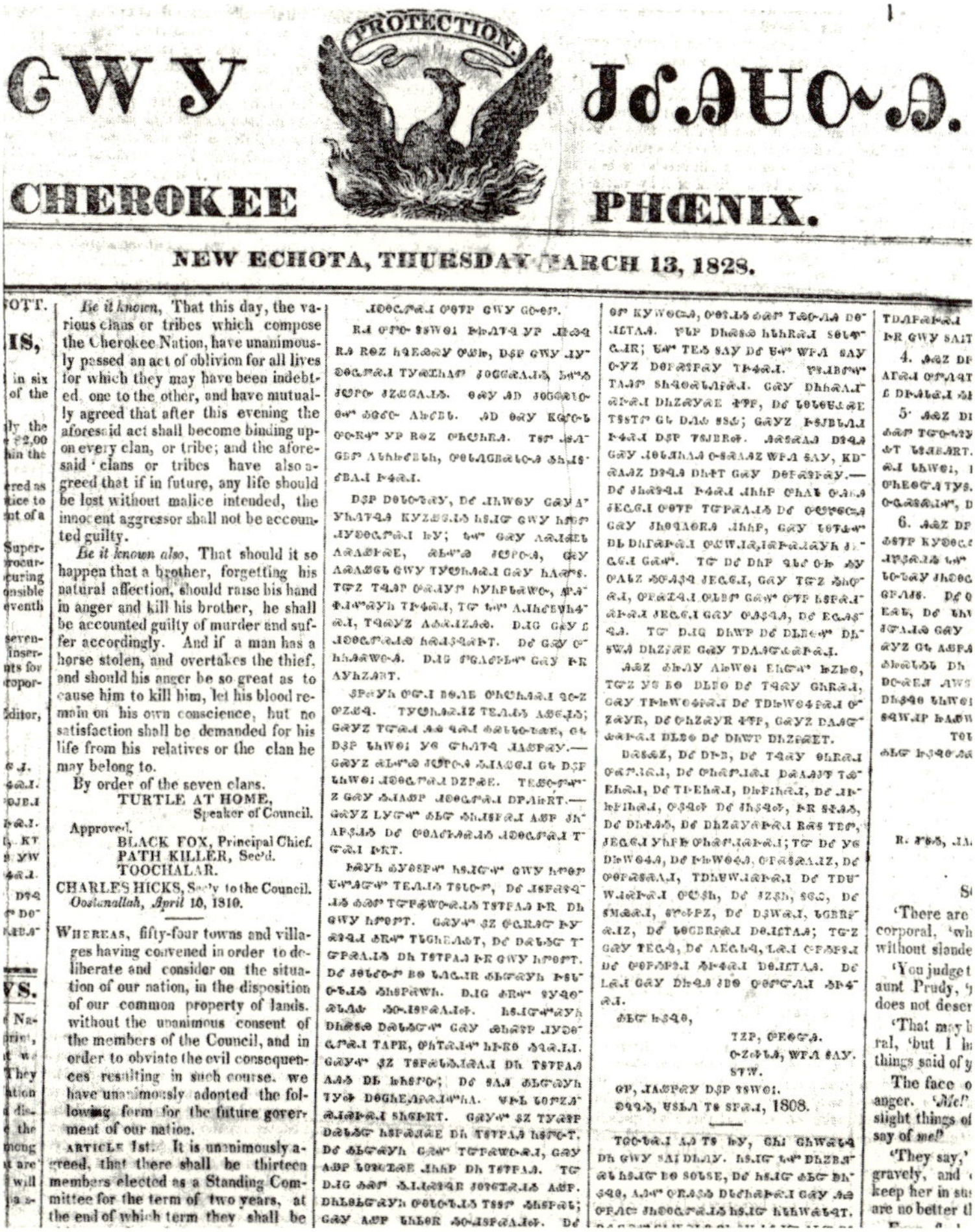

PROTECTION.

ᏣᎳᎩ ᏧᎴᎯᏌᏅᎯ.

CHEROKEE PHŒNIX.

NEW ECHOTA, THURSDAY MARCH 13, 1828.

Be it known, That this day, the various clans or tribes which compose the Cherokee Nation, have unanimously passed an act of oblivion for all lives for which they may have been indebted, one to the other, and have mutually agreed that after this evening the aforesaid act shall become binding upon every clan, or tribe; and the aforesaid clans or tribes have also agreed that if in future, any life should be lost without malice intended, the innocent aggressor shall not be accounted guilty.

Be it known also, That should it so happen that a brother, forgetting his natural affection, should raise his hand in anger and kill his brother, he shall be accounted guilty of murder and suffer accordingly. And if a man has a horse stolen, and overtakes the thief, and should his anger be so great as to cause him to kill him, let his blood remain on his own conscience, but no satisfaction shall be demanded for his life from his relatives or the clan he may belong to.

By order of the seven clans.
TURTLE AT HOME,
Speaker of Council.

Approved.
BLACK FOX, Principal Chief.
PATH KILLER, Sec'd.
TOOCHALAR.

CHARLES HICKS, Sec'y to the Council.
Oostanallah, April 10, 1810.

WHEREAS, fifty-four towns and villages having convened in order to deliberate and consider on the situation of our nation, in the disposition of our common property of lands, without the unanimous consent of the members of the Council, and in order to obviate the evil consequences resulting in such course, we have unanimously adopted the following form for the future government of our nation.

ARTICLE 1st. It is unanimously agreed, that there shall be thirteen members elected as a Standing Committee for the term of two years, at the end of which term they shall be

チェロキー・フェニックス

犂二、九四三台、製材所一〇ヵ所、製粉所三一ヵ所、鍛冶屋六二軒、綿繰機八台、学校一八棟、船着き場一八ヵ所、多数の公道が存在する。昨冬にある地区では、一〇〇〇巻を上回る良書が出版され、宗教・政治に関する一一の定期刊行物が出版され購読された。

文明化の進展は物質面だけでなく文化面でもみられ、白人風の服装や習慣はもとより、二一年にセコイヤによりチェロキー文字が開発され、二八年にはこのチェロキー文字と英語を併記した新聞『チェロキー・フェニックス』が発刊されるにいたった。この新聞の編集にはブードノウがあたることになる。[11]

一八二五年三月、チェロキー族指導層はJ・Q・アダムズ大統領に次のように述べた。

先祖伝来の土地で平和かつ平静に自らの権利の享受を許され続けるならば、チェロキーとアメリカ人の間の違いなど感知できなくなる日が訪れましょう。文明化と生存の続行のために、先住民の生活習慣が消え去るのを喜んで見守る所存です。そうした事態が起こるのが早ければ早いほど、障害物たる偏見がなくなるのも早まることでしょう。

多くの白人を驚嘆させたチェロキー族の文明化は、領土の減少という客観条件を受けて選択された道であった。それは生活の手立てを見出すことを意味すると同時に、前述の合衆国指導層の示す共生提案への応答だった。しかし、それはけっして受身の行為にとどまるものではなかった。

(2) 政治機構の変容

伝統的に分権的であり集権的権力を欠いていたチェロキーの政治構造は、一八世紀後半に白人との交渉を通じて変容した。それぞれが協議会を有する集落のゆるやかな連合体という政治形態は白人との交易や交渉には不都合であり、先述のように白人側が一部の赤いクラン系の首長をチェロキーの代表とみなすようになると、チェロキーも各集落の代表の集合体である全国協議会を暫定的に設け、大首長を選出した。一八世紀末に合衆国への武力抵抗を放棄して文明化の道が選択されると、戦士層の発言力は低下し、白いクラン系の首長が重みを増した。しかし、合衆国との外交関係や白人との交易の促進、文明化の進行といった状況は、話し合いと合意を重視する伝統的な政治方式を時代に不適合なものとし、中央集権的な政治機構の設立が必然化されてゆく。

一八〇八年、全国協議会で制定された初の成文法は、「馬泥棒やほかの財産窃盗」の取り締まりにあたる軽騎兵隊と呼ばれる警察力の設立を定めたものだった。翌〇九年には全国協議会が閉会中に緊急課題を処理する全国委員会（全国協議会が任命する一三人の委員により構成）が設けられ、一七年には常設化された。二〇年には全国を八地区に分割し、各地区が全国協議会に四人の代議員を選出すること、全国協議会と全国委員会（両者をあわせて総議会と称された）で大首長と副大首長を選出することが決定され、さらに二二年には地区裁判所の上級機関として最高裁判所がおかれた。こうした過程で、伝統的な集落の協議会は権限や処理事項を地域的なものに制限され、一〇年に復讐行為が禁止されたことが象徴するように、集落で大きな権限を有していた氏族の役割も低下した。

政治の中央集権化と法律・司法制度の整備の進行は、一八二七年に合衆国憲法に体裁をならった成文憲法が制定され、共和国の主権が宣言されると頂点に達した。[12] 憲法はチェロキー国の地理的境界線を規定して、土地の国有を宣言するとともに、三二人からなる全国協議会と一二人からなる全国委員会の二院制と部族民による両院議員の直接選挙を定めた。全国委員会は大首長、副大首長、財務官からなる政府を選任し、従来より整備されていた司法制度が追認された。

憲法のもとで総議会が制定した法律の四割が財産権に関するものだったことは、共和国の誕生を先導した人々の社会性を表している。なぜならチェロキー共和国の建国の父たちは、先述のブードノウを含めた文明化エリートでもあったからである。そして、その財産と威信は黒人奴隷制によってもたらされたものであった[13]。

(3) チェロキー族の黒人奴隷制

表1はチェロキー族の人口と黒人奴隷数の推移を示したものである。四分の一世紀ほどの間にチェロキー総人口が一二、三九五人から一六、五四二人へと一・三倍に増加する一方、黒人奴隷数は、五八三人から一、五九二人へと二・七倍に急増し、奴隷の数が一〇〇人をこえる農園も出現したのである。

元来、チェロキーは民族偏見をもたなかったと考えられている。彼らにとり白人が獰猛な別の部族だったように、黒人は気候により黒い肌の色をもつにすぎない存在と解釈されただけであった。チェロキーの間に逃げ込んだ黒人は養子として部族に取り込まれたし異民族間結婚も行われ、黒人はチェロキーと対等な存在として遇された。逃亡黒人奴隷は英語を操れたから、チェロキー語さえ修得すれば通訳として白人との交渉に役立った。また、逃亡奴隷は白人の手工業技術の貴重な伝達者でもあった。

しかし、一八世紀末に文明化を通じて白人流のプランテーション農業を模倣しはじめると黒人への姿勢も次第に変化した。ワシントンやジェファソンをはじめ大統領や政府閣僚、担当官、州知事、商人、宣教師の大半は黒人奴隷主だったし、前述のようにホーキンズが黒人奴隷を使役する模範農場を開設したように黒人奴隷制の導入

表1　チェロキー族の総人口と黒人奴隷人口

	1809年	1826年	1828年	1835年
総人口	12,395人	13,963人	14,972人	16,542人
黒人奴隷	583	1,277	1,038	1,592

McLoughlin & Conser (1977), p.681より作成。

は肯定された。土地割譲の進展により狩猟が困難になるのに伴って、従来は女性の役割であった農耕の分野に男性が進出し、農業は自活の手段であると同時に一部の部族民にとっては利潤を求める手段へと変化した。農業に活路を見出す人々は、集落の共同農耕を捨てて個人単位で農業経営を開始したのである。

インディアン奴隷が対価を求める商品に変質したように、黒人はインディアンにとっても労働を強制して利潤をあげる動産へと次第に姿を変えた。一七八五年のホープウェル条約第二条がチェロキー領内に逃げ込んだ黒人奴隷の返還を規定したことが示すように、世紀末から一九世紀初めにかけて、チェロキー族は購入・捕獲などを通じて積極的に黒人奴隷の獲得に乗り出す。

表2　奴隷所有数別の世帯数と奴隷数（1835年）

奴隷所有規模	所有世帯数	比率	奴隷数	比率
1～3人	102	48.80%	190	11.90%
4～16	86	41.2	660	41.5
19～110	21	10	742	46.6
計	209	100	1592	100

R. Halliburton, Jr.(1977), pp.181-190;　富田虎男（1977），p.129より作成。

一八三五年時点で確認される奴隷所有世帯総数は二〇九で、これは総世帯数二、七七六の七・五%にすぎない。つまり総世帯の九割以上は奴隷を所有していない。さらに奴隷所有世帯の所有規模をみると、奴隷数が一～三人の所有層が所有世帯総数の四八・八%、奴隷数が四～一六人の所有層が所有世帯総数の四一・二%、奴隷数が一九～一一〇人の所有層が所有世帯総数の一〇%となる。各層の所有奴隷総数をみると、一～三人層が一九〇人（一一・九%）四～一六人層が六六〇人（四一・五%）一九～一一〇人層が七四二人（四六・六%）となる（表2）。

奴隷所有数と農場規模には強い相関関係があるから、奴隷所有数は商業的農業への指向度を示すと考えられる。実際、三五年時点で非奴隷所有世帯の平均耕作面積が一一エーカー（一エーカーは約四〇アール）、トウモロコシ生産高が一四一ブッシェル（一ブッシェルは約三五リットル）だったのに対し、奴隷所有世帯の平均耕作面積は七五エーカー、トウモロコ

表3　奴隷を19人以上所有する経済エリート21世帯（1835年）

世帯氏名	所有奴隷数	英語読み書き能力者	2分の1チェロキー人数	4分の1チェロキー人数	純血人数
［テネシー州］					
ジョーゼフ・ヴァン	110	5	－	15	－
エイズリ・エルドリッジ	21	2	7	－	1
ジェイムズ・ブラウン	28	4	3	1	－
ジェイムズ・ペティット	27	2	－	5	－
デイヴィッド・マクネア	21	1	8	－	－
ジョン・ロス	19	5	6	－	1
ルイス・ロス	41	－	－	7	－
［アラバマ州］					
アレグザンダ・ガンター	22	2	1	－	－
エドワド・ガンター	30	－	－	3	－
サミュエル・ガンター	22	1	3	－	－
ジョン・ガンター	30	3	2	1	3
エリザベス・パック	29	2	7	2	－
ジョージ・ローアリー	20	1	2	－	－
［ジョージア州］					
ジョージ・ウォーターズ	100	3	－	3	－
ジェイムズ・ダニエル	37	6	1	10	－
T. J. チャールトン	30	2	－	3	－
ダニエル・デイヴィス	23	8	1	9	－
ルイズ・ブラックバーン	21	2	1	10	－
ジョン・マーティン	69	7	－	8	－
ルーシー・マーティン	20	4	－	6	－
ジョン・リッジ	21	4	6	－	1
合計	741				

McLoughlin & Conser (1977), p.696より作成。

シ生産高は一、〇四〇ブッシェルにのぼった。奴隷労働による余剰生産から奴隷主は様々な資本投下を行い、国内の製粉所の七五%、船着き場の四二%を所有している。

チェロキー族の黒人奴隷制の最大の特徴は、奴隷所有世帯のうち一七七世帯（所有世帯の八五%）をチェロキーと白人の混血を含む世帯が占めた点だろう。一八三五年時点でなんらかの白人血統を有する人口はチェロキー国総人口の一七%にすぎないのにである。所有奴隷が一九人以上の二一世帯が国内奴隷総数の半分近い七四一人を所有している(表3)。白人の親ないし祖父母との接触が文明化への優位な立場を準備したことは疑いない。父親の財産と英語能力は周辺地方の白人との交易の展開にも有利に作用した。三五年時点で英語の読み書き能力をもつ者を含まないのは二世帯のみである。

チェロキー族は土地の私有制を否定して共有制をとったが、現実には土地の独占的使用権がだれにでも認められており、土地に加えた改良は私有物として遺贈・売却の対象となった。また地代は無料で使用に制限はなかったから、資力さえあれば経済的機会を存分に利用できた。このことは資力を蓄えた一握りの親族がチェロキー国の大半を掌握した可能性を類推させる。因みに表3には入っていないが奴隷一八人以下の世帯までを勘案してみると、テネシー州のヴァン家が三軒で一三七人、ロス家の二軒で六〇人、ジョージア州のリッジ家が二軒で三六人、マーティン家が二軒で八九人、の奴隷を所有している。この九軒だけで三二二人となり国内奴隷総数の二〇%を所有するのである。

これらの奴隷主は南部白人の大奴隷主に比すれば経営規模では劣っていたが、大半の部族民が食べるのに精一杯の生活を送る中では際立つ存在だった。ガラス窓のある二階建家屋の周囲に馬小屋や牛・豚・鶏の家畜小屋、肉燻製小屋や製粉所や奴隷小屋を備え、トウモロコシ・小麦・ジャガイモ・綿花・タバコ・藍などを栽培する農園で監督官を通じて奴隷を使役し、周辺に設けた船着き場から低南部の白人社会に穀物・果物・家畜を輸出する、程度の差こそあれ、これがチェロキー大奴隷主の典型的な農園経営の姿だったといえる。

奴隷主たる混血血統の文明化エリートたちは、同時にチェロキー共和国の政治指導層でもあった。彼らは英語力や白人文化への理解により世紀初めの段階から合衆国との交渉で頭角を表し、社会変革の事業の先頭に立った。一八三一年にある白人宣教師は次のように述べている。

現在の大首長ジョン・ロス氏は八分の一チェロキー、副大首長のジョージ・ローアリー（Georg Lowrey）少佐は二分の一チェロキーである……全国委員会は議長を含めて純血は二名、七人が二分の一チェロキー、二人が半分以上、五人が半分に達しないチェロキーである。全国協議会では一六人が純血、七人が二分の一チェロキー、一人が四分の一チェロキーだと思われる。

こうした奴隷主たる混血の政治指導層が、不動産と改良物の保護はもとより、動産たる奴隷の保全に権力機構を活用したことは当然のことだったともいえる。

チェロキー国における黒人奴隷取締法は、奴隷との商行為を禁じた一八一九年の立法を嚆矢とし、その後奴隷の酒類の購入・販売禁止（二〇年）、奴隷とインディアン・白人の通婚と結婚目的の奴隷解放の禁止、奴隷の行動を監視する自警隊の組織化、逃亡奴隷および自由黒人の入国禁止（二四年）へと一連の立法が続く。そして、二七年憲法は第三条第四項および第七項において女性とともに黒人の議員資格、選挙権、官職就任権を明確に否定したのである。また、『チェロキー・フェニックス』には奴隷競売の知らせがしばしば掲載されているし、奴隷主間では奴隷の「賃貸し」が広範に行われた。そして、一八二六年にブードノウの叔父でエリートの一人ジョン・リッジ（John Ridge）は次のように述べるのである。「チェロキーとアフリカ人の混交の事例などめったにないのです。」奴隷取締法に関しては、その整備がチェロキー国における奴隷制の成立を示すとともに南部諸州における奴隷取締法の整備と軌を一にすることは注意する必要があろう。[14] 人種の位階制の整備が南部においてインディアン・白人双方の社会で同時進行したのであり、動産奴隷制と人種偏見の制度化が両社会において完成しつつあった、一部の研究者はこのように主張するのである。

だが見逃せないのは、チェロキーの奴隷取締法が白人による取締法とは対照的な性格を備えた点である。もっとも顕著なのは奴隷の反抗や反乱に関する規定が欠如していること、刑罰の多くが奴隷から物品を購入した人物や奴隷に酒類の購入・販売を認めた主人や奴隷と結婚したインディアン・白人に規定されていることの二点であろう。そうした相違の原因には、チェロキーの奴隷制が完全には変化していないことがあげられる。所有奴隷一～三人という零細所有層では奴隷と主人の関係は家族的なものだったと考えられるし、商業的農業を展開する大農園においても奴隷に対する主人の絶対責任という従来の考え方は根底的には変わらなかったのである。

また、奴隷主たちは現実には社会・宗教・教育の諸側面でかなりの自由を黒人奴隷に認めていた。奴隷主の多くは奴隷のアフリカ送還を唱えるアメリカ植民協会を支持し、奴隷たちが協会の支部組織であるアフリカ慈善協会を宣教師の支援で結成するのを認めた。また、アメリカ海外伝道協会の開いた諸教会の日曜学校には奴隷の参加も認められた。奴隷主たちは奴隷が教育を受けることに反対せず、監視者もつけずに何マイルもの道程を奴隷たちだけで教会や学校に通わせたという記録がある。一八三二年、ジョージア州軍が奴隷への教育を禁じる自州の奴隷取締法を盾にある伝道学校に踏み込むと、教室には黒人の子ども二人が座っていたという。

「また奴隷になる定めなら、私は白人の奴隷ではなくて絶対にチェロキーの奴隷になりたい。」オクラホマ移住後にある奴隷が述べたこの言葉は、チェロキーの黒人奴隷制が南部白人社会のそれとは異なる性質をもっていたことを示している。

以上のように、文明化の一環として発展した黒人奴隷制は矛盾した側面をあわせもったといえる。奴隷は動産、富の一形態であり大奴隷主たちは奴隷制に基づく蓄財と白人との交渉能力によって一般部族民に影響力を及ぼし、それを背景に中央集権的政府と警察力を整備して財産権を擁護した。そうした文明化エリートたちの行いは、伝統的チェロキー文化とは基本的に対立するものだった。伝統的チェロキー文化においては蓄財や必要以上の生産は嘲弄されたし、伝統的チェロキー政府は非定形で部族民の行動規則は個人・家族の範疇に属し、徹底的な話し合いによる合意形成が重視された。また、人間という集団は認識しても人種意識はもちあわせていなかったのである。

文明化＝白人との共生という道は、伝統的文化と鋭く衝突もしたが、文明化エリート層による部族の生き残りを賭けた選択でもあった。それゆえ、文明化による共生というチェロキー族エリート層の選択は、それが主体的な文化変容を意味した以上、部族内においても南部白人社会との間においても軋轢を生み出してゆくのである。

Ⅳ　共生構想の挫折と強制移住

（1）南部白人社会の拡大

一九世紀に入ると南部白人社会は急速な発展を開始する。これがイギリス産業革命による綿花需要の急増に応える綿作の急成長に支えられたことはいうまでもない。独立後に開始された綿花栽培はホイットニーの綿繰機の発明（一七九三年）によって内陸地方へ拡大する道が開かれ、合衆国の綿花生産高は三、一三五ベール（一ベールは二二七キログラム）（一七九〇年）から七三一、四五二ベール（一八三〇年）、一、三四六、二三二ベール（四〇年）へと急増し、合衆国の経済成長を支えた。こうした綿作の急成長は黒人奴隷制の拡大と同義であり、表４からわかるように、サウスカロライナ、ジョージアからテネシー、アラバマ、ミシシッピ、ルイジアナへと波状的な成長がみられた。

本章の脈絡からいえば、黒人奴隷制の拡大については次の三点を指摘する必要がある。綿作奴隷制農園は粗放・略奪農法に基づいたため、土地の消耗を解決する手段として不断に肥沃な新しい土地を必要としたこと。奴隷制農園主・土地投機業者・自営農民を中心とする南部白人社会は、領土拡大のためにインディアン諸部族からの土地獲得を強く求め、それが具体的にはミシシッピ川以西への彼らの空間的排除要求のかたちをとったこと、そして、こうした南部の要求が、文明化によるインディアンとの共生という連邦指導層の提案やチェロキー族を始めとする一部のインディアンの願望と鋭く対立したこと、これである。

表4　南部8州における白人人口と黒人奴隷の増加

州・領地名		1810年	1820年	1830年	1840年
ノースカロナイナ州	白人数	376,410	419,200	472,843	484,870
	増加率		111%	113%	103%
	奴隷数	168,824	204,917	245,601	245,817
	増加率		121%	120%	100.10%
サウスカロナイナ州	白人数	214,196	237,440	257,863	259,084
	増加率		111%	109%	100.50%
	奴隷数	196,365	258,475	315,401	327,038
	増加率		132%	122%	104%
テネシー州	白人数	215,875	339,979	535,746	640,627
	増加率		157%	158%	120%
	奴隷数	44,535	80,107	141,603	183,059
	増加率		180%	177%	129%
ジョージア州	白人数	145,414	189,570	296,806	407,695
	増加率		130%	157%	137%
	奴隷数	105,218	149,656	217,531	280,944
	増加率		142%	145%	129%
アラバマ州	白人数	6,422	85,451	190,406	355,185
	増加率		1331%	223%	176%
	奴隷数	2,565	41,879	117,549	253,532
	増加率		1633%	281%	216%
ミシシッピ州	白人数	16,602	42,176	70,443	179,074
	増加率		254%	167%	254%
	奴隷数	14,523	32,814	65,659	195,211
	増加率		226%	200%	297%
ルイジアナ州	白人数	34,311	73,867	89,441	158,457
	増加率		215%	121%	177%
	奴隷数	34,660	69,064	109,588	168,452
	増加率		199%	159%	154%
フロリダ州	白人数	–	–	18,385	27,943
	増加率	–	–	–	152%
	奴隷数	–	–	15,501	25,717
	増加率	–	–	–	166%

典拠：Donald B.Dodd & Wynelle S.Dodd eds., *Historical Statistics of the South, 1790-1970*, pp.2, 14, 18, 26, 34, 38, 46, 50; 藤本博「合衆国の領土拡張とインディアン移住政策の形成」114，128頁より作成。

先述のように、連邦指導層はインディアンからの土地奪取＝白人への土地開放とインディアンの文明化＝インディアンの非インディアン化を表裏一体のものとして秩序正しく進めることで共生を実現せんとした。しかし、一九世紀に入り南北辺境地域の白人社会が露骨な土地奪取欲求を強める一方、ショーニー族のテカムセ（Tecumseh）がインディアンの大同団結による武力抵抗を呼びかけて北西部で蜂起すると、連邦指導層は現地主導のかたちでの土地奪取戦争を

アンドルー・ジャクソン

黙認した。これが北西部領地条令のいう「正義の戦争」とみなされたからである。

一八一二年戦争と連動したテカムセの蜂起が一三年に失敗したのち、抗争の舞台は南部へ移った。クリーク戦争である。ジョージア州からアラバマ州の広大な領土を占有するクリーク族は周辺諸州による圧力や連邦政府の文明化要求、フロリダ方面からのスペインの圧迫などを受ける中で、部族内部で武力抵抗を訴える伝統固執派（レッド・スティックス）と文明化を受け入れる和平派（ホワイト・スティックス）が対立していたが、テカムセの呼びかけに応えた伝統固執派が一八一三年に和平派に対してミムズ砦虐殺事件を起こした。これを口実にテネシー、ジョージア両州とミシシッピ準州が武力介入したのである。

クリーク戦争で注目すべきは、白人陣営にクリーク族和平派に加えてチェロキー族、チョクトー族も加わったことにより、この戦争が土地をめぐる民族間戦争というよりも文明化＝白人との共生の是非を問う戦争の様相を呈したことである。講和を取り決めたジャクソン砦条約（一八一四年）により、二、三〇〇万エーカーという広大な土地割譲が実現したことは、関係諸州に黒人奴隷制拡大の条件を整備したが、同時にインディアン諸部族の一部が合衆国への協力と文明化により白人との共生の道を選択したことを明示したともいえる。

クリーク戦争でテネシー民兵軍を率い、講和条約で広大な土地割譲を実現したのがアンドルー・ジャクソン（Andrew Jackson 一七六七—一八四五）であった。このあとジャクソンは、一八一五年にイギリス軍をニューオーリンズの戦いで打ち破って国民的英雄となり、その人気を足場に就任した南部軍管区司令官として第一次セミノール戦争（一八一七〜一八年）を引き起こし、多数のクリーク族伝統固執派を含むセミノール族をフロリダ半島奥地に掃討、フロリダ併合（一八一九年）に道を開いた。

この第一次セミノール戦争について注目すべきは、セミノール族とともに多数の逃亡黒人奴隷がセミノール族に協調して抵抗したため、この戦争が合衆国にとってフロリダの領土拡張のみならず黒人奴隷制の秩序維持という性格をもった点である。クリーク戦争以前、フロリダ地方には四、八八三人のセミノール族が自治的な集落を多数形成して生活していた。これは黒人逃亡奴隷も含んだ数字で、奴隷たちはセミノールとは別個に集落を形成して自らの首長を選出、保護の代償に一定の貢納をセミノールに行った。セミノール族と黒人の関係は、南部白人の奴隷制ともチェロキー族の黒人奴隷制とも大きく異なり、支配・従属関係というよりも一種の共生関係とみることができる。[15]一八三〇年インディアン強制移住法の制定後もセミノール族と逃亡奴隷は第二次セミノール戦争（一八三五〜四二年）で必死の抵抗を続けたが、結果的にはオクラホマへの移住を強いられた。合衆国側の戦死者一、五〇〇人、戦費二、〇〇〇万ドルという数字は、インディアン・黒人連合の抵抗の強さを示すとともに、インディアンと黒人の「楽園」の存在を否定する白人側の決意を象徴していた。

(2) インディアン政策の転回

一八一二年戦争とそれに付随したクリーク戦争により大幅な領土拡張が進んだことで、連邦インディアン政策は隘路に差しかかった。連邦権力により条約や通商交際法の遵守を強制してインディアン・白人間の居住地の分離を図り、インディアン文明化を推進することでインディアン農民化を推進し、余剰地を獲得しつつインディアンの白人社会への同化・統合をめざす、という二面作戦が説得力を低下させたのである。北部でも南部でも州や領地の中に飛び地として存続するインディアン領は、当該州・領地の発展の障害物として、その排除が強く要求されるにいたる。

文明化も次の二点で意図された成果から逸脱しつつあった。第一には文明化の進行が緩慢であるうえ、テクムシやクリーク族の伝統固執派にみられるように抵抗の動機を喚起したこと。第二にはチェロキー族にみられるように、急速な文明化が土地割譲に並行した同化・統合という路線ではなく、主体的文化融合に支えられた部族主権の確立、支配領域の固定永続化という傾向を示しはじめたこと、この二つである。南部諸州のインディアン排除要求＝共生拒否の姿勢は、ジェファソン大統領による先述のジョージアとの契約を根拠に、一八二〇年代に入って強化されてゆく。

連邦インディアン政策の転回はモンロー政権で生じた。元来モンローは農耕民族の狩猟民族に対する優越性を唱え、後者が前者に土地を明け渡す義務を公言し、一八一七年には上院公有地委員会が土地交換条約の締結による東部インディアンのミシシッピ川以西への移住を提案していたが、モンローは大統領としてはワシントン以来の二面作戦を護る姿勢をみせていた。しかし、ジョージア州を筆頭とする南部諸州の突き上げにより、一八二四年の年次教書と翌年の特別教書において、分離＝移住と統合＝文明化を整合させる道を提示する。つまりモンローは移住を文明化の先行要件として捉えることで、東部諸部族全体がミシシッピ川以西に移住すること、移住地においてインディアンが連邦保護下で領地を組織することを提案した。ここにいたって、分離の論理と統合の論理は一体化されたのである。モンロー政権と次のJ・Q・アダムズ政権は、この一体化の実現をあくまでインディアンの自発性に委ねたが、やがてジャクソン政権は国家権力によりこの一体化を暴力的に強制することになる。

前述のようにジャクソンは南部インディアンからの土地奪取を精力的に展開し、それゆえに奴隷制南部の利益を体現した「インディアン掃討者」の異名をもつ。しかし、彼は建国期以来の連邦指導層と同じくインディアンの文明化能力について疑いを抱かず、文明化を受け入れ合衆国に協力するインディアンと伝統的文化を守り合衆国に敵対するインディアンという素朴な二元論から、敵対インディアンへの暴力行使を正当化した。同時に彼は合衆国の発展の不可避性、白人社会内でのインディアン文明化・共生の実現不可能性を強く確信していた。ここから彼はインディアンを絶滅から救う唯一の手段として西部への移住を主張し、移住を文明化の前提条件と位置づけるのである。

ジャクソンの移住政策とそれまでの移住政策の決定的違いは、実質的な選択権をインディアンに許さなかった点にある。「みかけは暴力的であっても、最終的には慈愛あふれる政策であることが証明されましょう」というある支持者の言葉が示すように、ジャクソンはきわめて家父長的な姿勢で移住問題に臨んだ。一八三七年の告別演説で彼は次のように述べた。「わが国市民の安全と安楽がインディアンの移住によりおおいに促進される一方、博愛心あふれる人々は次のように喜ぶでしょう。かの不幸な民族の生存者たちがついに危害や抑圧の及ばない場所を与えられ、そして、連邦政府の温情あふれる監督が彼らを見守り保護するだろう」、と。強制移住の断行によりインディアンに多大な物理的・精神的犠牲を強いるのと並行して、ジャクソンは連邦議会と移住インディアンたちにインディアン・テリトリでの領地政府設立を熱心に働きかけたことは前章で述べた。

（3）チェロキー共和国と強制移住

政治の中央集権化と法律・司法制度の整備は黒人奴隷主層による財産保護の試みであり、文明化の成果を喧伝

ジョン・ロス

する手段でもあったが、それは同時にチェロキー国全体にとって土地と生存を保障する方策でもあった。先述したJ・Q・アダムズ大統領宛ての書簡が示すように、一八二五年の段階ではチェロキー国指導層は文明化による白人との共生という路線を完全に捨ててはいない。だが連邦政府が南部諸州を中心とする移住＝空間的排除要求に押されて路線を転回する中で、文明化による偏見の除去＝共生という願望は急速に現実味を弱めてゆく。移住＝空間的排除という要求に対して、一八世紀末にチェロキー国が選択した武力抵抗の放棄、部分的土地割譲、文明化という手段が行き詰まったのである。

ジェファソンの移住提案以来、チェロキー国はたえず移住の危機と隣りあわせだった。一八〇八年には大首長ブラック・フォックス（Black Fox）がジェファソンの提案に秋波を送ったのを理由に一時的に解任され、一八一〇年にはターロンテスキー（Tahlon Teskee）に率いられた一、一〇〇名が、さらに一部首長による一七年の土地割譲条約の規定に基づく一、〇〇〇名が一九年までにアーカンソーに移住している。これらの移住者は文明化を拒否する集団というよりも、東部での文明化の行く末に不安を抱く人々で、若干の黒人奴隷を伴って移住した（西部チェロキーと呼ばれる）。一八年に全国協議会が、独断で部族領土を処分した者を死刑とする規定を作ったのは、東部での文明化をめぐる部族の一体性を破壊する行為への予防措置といえた。

しかし、先述のように二〇年代に周辺諸州の移住要求の高まりと連邦政府の政策転回が生じるなかで行われた国制整備の動きは、文明化による共生という路線からしだいに離れ、二七年憲法にみられるように独立主権国家樹立による移住拒否という強硬路線へと客観的にも主体的にも変化するのである。

二七年憲法の規定に基づき、二八年には移住に強硬に反対するジョン・ロス（John Ross 一八二八―一八六六）が大首長に就任、同年末にはジャクソンが合衆国大統領に当選した。ジャクソン政権の誕生とチェロキー領内での金鉱発見（二九年夏）によりジョージア州は移住要求を先鋭化させ、二九年末にジョージア州議会は翌三〇年六月以降にチェロキー国を州の司法管轄下におくことを決定、チェロキーが白人に対して証言を行うことや金の採掘や移住反対発言を行うことを禁じるインディアン取締法を制定した。さらにジョージア州議会はチェロキー領の測量を実施、一六〇エーカー単位で白人に土地分配を行うことを決定した。一八三〇年六月には連邦議会でインディアン強制移住法が成立し、ジャクソンはチェロキーを含む東部インディアン諸部族と移住交渉を展開してゆく。

強制移住法の成立から、多くの東部部族がインディアン・テリトリに移住する中で、チェロキー部族民の大半が三八年まで東部に踏みとどまったことは驚嘆に値する。しかし、移住圧力に抵抗する中でチェロキー国は分裂の危機を迎え、一八三五年には一部の部族民が多数の意見に反して土地交換を承認するニューエコタ条約を締結してしまうのである。[16] チェロキー国の性格を今一度検討するために、この経緯を瞥見しておこう。

一八三〇年にジャクソンはジョン・イートン陸軍長官宛ての書簡のなかで、「貧困を強いられながら首長たちが裕福になるのを目のあたりにしているのだから、間もなく普通のチェロキーたちが隷属の鎖を断ち切って移住の条件を首長たちに提案させるのはまちがいない」と述べた。チェロキー国内の財産・権力の不平等とエリートによる民衆支配を指摘し、移住＝普通のチェロキーの解放と位置づける論法は、ジャクソンのみならずジョージア州知事ジョージ・ギルマー（George Gilmer）やインディアン局責任者トマス・マッケニーも等しく行っている。ジャクソンによる民主主義のレトリックに照らせば、ロス＝J・Q・アダムズ、チェロキー指導層＝国民共和党、抑圧される普通のチェロキー＝独占と戦う白人民衆、移住条約締結＝第二合衆国銀行（金権勢力＝非生産者の専横の象徴とされた）廃止という等式が成立したといえるのである。

チェロキー国内の混血奴隷主層と一般部族民の間の政治権力・経済力の格差だけに目を向ければ、この等式は一定の説得力をもったかもしれない。しかし、実際にはエリート層と一般部族民の間には強烈な利害の同一性意識が存在し、それが粘り強い移住反対を支えたといえる。

たしかに憲法制定に際しては、中央集権化や権力集中に対する一般部族民の不安を背景に全国協議会員ホワイト・パス（White Path）に先導された不満表示がみられた。しかし、移住圧力の高まりの中で混血奴隷主層への懸念は薄れてゆく。一般部族民は黒人奴隷も所有せず守るべき改良物ももたなかったが、伝統的文化と先祖伝来の故地への愛着という点から、エリート層の指導力に依存したといえる。自らを天空に吊りさがる島の「もっとも重要な人々」と考える彼らにとって、西部の移住地は未知のしかも、天空に吊りさがる島の西端、死の精霊の支配する暗黒の地にほかならないからであった。

ロスら指導層はアメリカ海外伝道教会や親チェロキー的な連邦議員の支援を受けて、一八三一年と翌年に連邦最高裁に移住の是非を問う訴訟を起こした。三二年にジョン・マーシャル首席判事は、チェロキー国は「独自の領土を占有し、明確に定められた境界線をもつ別個の社会であり、そこではジョージア州法は効力をもちえないし、チェロキー国の同意や条約による協定、連邦議会の立法がなければジョージア州民に立ち入る権利はない」とし、合衆国とインディアンの全権交渉は連邦政府のみにあるとの判断を示した。[17] この判断はチェロキー国側の勝利といえたが、ジョージア州は文書回答を拒むという手段で連邦法の抜け道を用いて判決を無視し、ジャクソンは判決執行に法的権限のないことを理由に自発的移住こそが唯一の道だという主張を繰り返した（前述）。

判決後、ジョージア州民による人身や財産への侵害行為は激しさを増したが、チェロキー国は自衛手段を失っていた。黒人奴隷の捕縛連行もさかんに行われた。ロスも現在のテネシー州チャタヌーガ近郊の自宅から丸太小屋へ転居を余儀なくされ、ジョージア州軍により数日間拘禁されている。ロスは部族民に連帯を説き続け、ジョージア州民の侵害行為に耐えるよう励ました。ロスがもっとも恐れたのは、部族の一体性がくずれることでジョージア州の術中にはまることだったといえる。ロスをはじめ多くの部族民は、ジョージア州民はチェロキーの土地に遅かれ早かれ失望し、チェロキーが連帯して移住を拒み続ければ金銭支払いでジョージア契約の解消に同意するとの観測を抱いていたようにみえる。

メジャー・リッジ

ジョン・リッジ

しかし、エリート奴隷主層と一般部族民の連帯の狭間には移住の不可避性を確信する小集団が形成されつつあった。この集団こそが、エリート層の圧政から一般部族民を解放して移住を達成するとジャクソンが期待する集団ともいえた。かつてクリーク戦争でジャクソンの命を救ったことで「少佐」の称号を与えられ、文明化推進の先頭に立ってきたメジャー・リッジ（Major Ridge ?－一八三九）、その息子で東部の大学を卒業し大首長就任をねらうジョン・リッジ（John Ridge）、その甥で『チェロキー・フェニックス』編集者であるブードノウ、その兄弟のスタンド・ウェイティ（Stand Watie）らである。[18]大多数の部族民が移住に反対する状況の下で、一八三五年一二月に合衆国条約交渉使節団が抜き打ち的にニューエコタ条約を締結した相手が子供も含む五〇〇人のこの集団だった。

条約派と呼ばれたこの集団のほとんどはけっして一般部族民ではなかったが、かといって最富裕のエリートともいえない。詳細が判明する条約派二五人のうち、一一人が黒人奴隷を所有しているが、所有奴隷総数は一〇〇人（国内奴隷総数の七％）にすぎず、奴隷一〇人以上を所有するのはメジャー・リッジ（一五人）、ジョン・リッジ（二一人）、ジョン・ガンター（三〇人）だけである（一五二頁表3参照）。条約署名者の平均耕作地面積は一〇〇エーカー、トウモロコシ平均生産高一、二二九ブッシェルという数字は国内平均（一八エーカー、二九ブッシェル）を上回り、三分の二がトウモロコシの市場商いを行うところからみて農業に収入源をもっていたといえる。重要なのは条約派の多くが、大多数の一般部族民よりは裕福である一方で、負債をかかえ、有料道路や渡し場経営といったエリートの経済特権からもほとんど縁がなかった点だろう。

さらに条約派の多くは政治面でエリートたちから阻害されており、二七年憲法の署名者にも名を連ねていないし、重要官職の保有者も存在しなかった。条約派は、チェロキー国を「政治的束縛と道徳的堕落」から救う「知性と愛国心あふれる人々」を自認した[19]。ブードノウは、「『チェロキー問題』と呼ばれる問題は二つの点から考えられる、としている。諸州や連邦政府との論争、チェロキー国内での論争、これらだ」と整理し、国内論争において条約派が抱く唯一の関心は「待ち受ける破滅から完全に目をそらされている」大衆にあると述べるのである[20]。

こうして条約派はジャクソンの等式に合致するかたちで移住条約締結を正当化するのだが、彼らの真の動機は移住問題でのロスへの不満と同時に移住問題を梃子にした政治権力獲得と経済的利益保護にあったと考えられる。経済面では条約派のもくろみは部分的に達成された。ジョージア州知事ウィルソン・ランプキンが「リッジ親子やブードノウとその友人たちに州の保護を保障」し、条約派の改良物を含む区画の多くが没収の対象外とされたうえ、専売権を保証されたのである。だが、合衆国との独占的交渉を通じて政治的立場を確立する計画は失敗する。ジャクソンの後に大統領となったマーティン・ヴァン・ビューレンがロスの圧倒的信望を前に、移住問題の交渉相手をロスと指定したからである。

ニューエコタ条約調印後、ロスはチェロキー一五、〇〇〇名の署名を集め、条約の不当性を訴える請願書を連邦議会に送った。しかし、国内各方面からあがった同情の声にもかかわらず、一八三八年から翌年にかけての冬、チェロキー族一五、〇〇〇人は黒人奴隷を伴ってオクラホマへと「涙の旅路」を強いられた。犠牲者は四、〇〇〇人ともいわれている[21]。

（４）　中間総括

一八世紀に入り白人商人が鹿皮交易とインディアン奴隷交易を通じて、それまでは無縁であった経済的不平等と利欲心の種子をチェロキー社会にまいた。土地割譲が進展する中で一八世紀末に合衆国が推進した文明化政策は、この経済的不平等や資本主義的価値観、さらには黒人奴隷制の導入を一部部族民に促した。これによりチェロキー社会には明確な富の不平等と政治的・経済的・社会的価値観の分裂が生じた。

大多数の部族民が伝統的文化に固執し、蓄財や権力集中を嫌いつつ旧来の親族関係や秩序観に愛着を抱いたのに対して、白人商人の血筋を引き英語やキリスト教に慣れ親しむ混血部族民は父親の遺産を活用して黒人奴隷主として成功し、白人との交渉能力により部族政治の中枢を占めた。政治的・経済的エリートたる混血部族民は周辺諸州による土地侵害をくいとめる手段として、文明化による偏見の除去を通じての共生という路線を選び、同時に奴隷を含む自らの財産の保護を図るべく政治の中央集権化と法律・司法制度の整備に努めたのである。[22]

一八二〇年代に周辺諸州による移住要求が高まり、連邦政府も従来の文明化＝インディアンの非インディアン化による東部での共生という構想を転回させると、混血部族民指導層は、インディアンとしての主体性を維持した文化変容を明確化し、部族の一体化により国土の固定永続化へと路線をはっきりと転換した。憲法制定により独立主権国家の成立を宣言するのである。

ある意味でチェロキー族は、文明化事業において白人文明を模倣するなかで、白人文明という鏡で自己を検証しつつ自己規定をしなおしたともいえる。重要なのはロスら指導層が伝統的文化を全否定せず、憲法で土地の国有を規定しつつ移住危機のなかで一般部族民の保護者としてたち現れたことだろう。政治機構の整備についてみても、けっして白人の制度の盲目的模倣ではなく、伝統的制度との主体的融合の努力が認められる。チェロキーたることをけっして否定しなかったがゆえに、大首長ジョン・ロスは一般部族民から圧倒的支持を得たのである。[23]

一八三〇年に強制移住法が成立しジョージア州による侵害が強まると、移住の不可避性を唱える小集団＝条約派が登場する。混血部族民を主体にしつつもエリート下層に属するこの集団は、自らの政治権力と経済的利益のために移住危機を利用した。本章ではふれなかったが、しかしこの集団は従来の指導層とは違った価値観を抱いていたように思える。ジョン・リッジの黒人に対する姿勢が暗示するように、この集団は白人的価値観をより強く意識しており、それゆえに一般部族民の意思を無視して移住条約を締結できたともいえよう。

移住後の一八三九年、移住条約を締結したメジャー・リッジ、ジョン・リッジ、イライアス・ブードノウの三人は暗殺された。これは全国協議会の立法に則った処刑だったが、ロスら指導層のみならず一般部族民の圧倒的支持のもとに行われた懲罰であった。

インディアン・テリトリにおいてチェロキー族は国家再建に取り組み、一八四六年にはロス派と条約派の抗争が収束し、ジョン・ロスが旧移住派も含めた全チェロキーの大首長に就任した。移住後のチェロキー国は黒人奴隷制を一層発展させた。一八六〇年のチェロキー人口一三、八二一人に対して黒人奴隷数は二、五一一人であり、一八三五年に比べると奴隷数は一・六倍、チェロキー人口に対する黒人奴隷の割合は二倍に増加した。解放黒人の回想などによれば、奴隷の生活は南部白人社会より恵まれたようだが、国家再建の貴重な労働力として東部時代に比して奴隷への抑圧は強まった。一八二〇年代に奴隷取締法が整備されても主人と奴隷の間には人間関係が残存していた。だが、チェロキーにとっては民族意識も動産奴隷制も文明化の産物であり、ある意味でチェロキーは白人との共生を図るために黒人との共生の道を否定してしまったのであり、東部における白人との共生の道が否定されてもその事実は変更されなかったといえる。一八四二年、チェロキー国で二〇〇人もの奴隷の集団脱走事件が生じたことがそれを象徴しているのである。

南部白人社会にとりインディアンはその土地を獲得する対象であり、共生を否定し排除すべき存在だった。インディアンの排除によって完成に向かった「綿花王国」は、州法への従属を条件に土地割りあてをうけたりノースカロライナの山中深く逃亡した一握りのインディアンおよび二五万の自由黒人を検討対象から除外すれば、差別と民族隔離に彩られた白人と黒人奴隷の二元的社会となった。一八六〇年時点で八〇四万の白人人口のうち奴隷（奴隷総数は三九五万）を所有するのは四分の一だったが、三％の奴隷主の手に奴隷の二五％が集中し、非奴隷所有白人の多くは白人貧農（プア・ホワイト）として社会底辺に押しこめられたのである。

ジャクソンの等式は現実には南部白人社会にこそあてはまるものだったが、同時にそれはインディアンと黒人を非アメリカ人と定義することでアメリカ人たる白人民衆を定義し、アメリカを白人国家として排他的に規定する方法だったとも理解できる。ここに建国期連邦指導層の民族観とは相反する民族観、やがて科学的民族差別主義を支えることになる民族観の誕生を確認することもできる。先述のようにジャクソン自身はインディアンそのものに生得的劣等性を認めたとはいえないが、空間的排除というその行為はインディアンへの民族観に決定的影響を客観的に及ぼしてゆく。この民族観に基づいて、白人貧農を含む南部白人はインディアン移住を正当化しつつ強烈な黒人差別主義を抱き、奴隷制を根幹とする南部社会を維持発展させたのである。

やがて南北戦争がチェロキーをはじめとするインディアン社会にも、南部白人社会にも、そして黒人たちにも激動をもたらすことになる。しかし、一九世紀前半期に三者の関係によってつくりだされたインディアン・白人・黒人の共生否定の遺産は、さまざまなかたちでアメリカ社会に影響を及ぼし続けてゆくのである。

（1） Theda Perdue, *Slavery and the Evolution of Cherokee Society, 1540-1866*, The University of Tennessee Press, 1993,1.
（2） Perdue, *op.cit.*, chap 2.
（3） Perdue, *op.cit.*, chap 3.

（4）Ibid.
（5）Francis Paul Prucha, ed. *Documents United States Indian Policy.* Univ. of. Nebraska Press, Lincoln, London. 1819. pp. 15-16.
（6）Prucha, *op.cit.*, p.33.
（7）Berkhofer Robert. F. Jr., *Salvation and the Savage: An Analysis of Protestant Missions and American Indian Response. 1787-1862.* New York; Univ. of. Kentucky Pr. 1976.
（8）Perdue, *op.cit.*, pp.53-54.
（9）Perdue, *op.cit.*, pp.56, 61.
（10）Perdue, *op.cit.*, pp.54-55, pp.66-67.
（11）同紙はまさに、チェロキーナショナリズムの象徴であり、今日でも貴重な資料となっている。
（12）Perdue, *op.cit.*, pp.48, 56, 84, 156-57.
（13）Perdue, *op.cit.*, chap 4 and 7.
（14）Perdue, *op.cit.*, pp.57-58.
（15）Francis Paul Prucha, *The Great Father*, I. pp.230-32.
（16）Prucha, *op.cit.*, pp.237, 273.
（17）Prucha, *Documents of United States Indian policy*, pp.60-62.
（18）Prucha, *The Great Father* I, pp.208-13.
（19）Perdue, *op.cit.*, pp.66-67, 74.
（20）Perdue, *op.cit.*, pp.70, 72-74.
（21）Prucha, *op.cit.*, pp.180. 240-41, 451.
（22）Perdue, *op.cit.*, Chap.IV.
（23）Mathes Valeriel, Chief John Ross, *Masterkey* 54 (April-June 1980), pp.67,71.

第五章　セミノール族・アフリカ系黒人・白人

Ⅰ　セミノール族とは何か

前章Ⅳ（1）「南部白人社会の拡大」で簡単にふれた文明化五部族の一つセミノール族について、ここで章をかえて考察してみたい。セミノール族の黒人奴隷制は、南部プランテーションの白人の黒人奴隷制ともチェロキー族の黒人奴隷制とも全く異質のもので、一種の共生関係を形成していた。従ってセミノール族がクリーク戦争後おこした第一次セミノール戦争（一八一七～一八）および一八三〇年強制移住法執行後も続いた第二次セミノール戦争（一八三五～四二）においても、セミノール族と黒人奴隷は一体となって必死の抵抗を続けたのである。結果的にはオクラホマへの移住を強いられたものの、インディアン・黒人連合の一枚岩のごとき結束の強さはアメリカ連邦軍にも多大の犠牲と戦費の負担を強い、この黒人の「楽園」を憎む白人側との戦いのすさまじさを示している。セミノール族（Seminole）は、単一の種族ではなく複数のインディアン部族により、構成されている。一八世紀初頭には北アメリカの南東部にたくさんのインディアン部族が住んでいた。現在のジョージア州、アラバマ州、ノースカロライナ州、サウスカロライナ州、テネシー州とミシシッピ州にである[①]。

これらのインディアンはみな、白人のための居住地用に、定住地の放棄を余儀なくされて散り散りになっていったが、一部は南部に逃れ、スペイン領のフロリダにたどり着いた。このグループの中心はクリーク族の小部族（バンド）であった。フロリダに避難所を求めたインディアンはみな生活様式や諸文化が類似していた。彼らは移住した後でも、元来の文化の多様な特質を維持し、祖先たちからの伝統を残した生活をした。それらインディアン部族は、クリーク（Creek）を中心として、チョクトー（Choctaw）、チカソー（Chickasaw）、チェロキー（Cherokee）、ユーチ（Yuchi）、ヤマシー（Yamassee）、アパラチコーラ（Apalachicola）、チムーカ（Timucua）及びカルサー族（Calusa）などである。

「セミノール」とは、ロアー・クリーク族（Lower Creeks）のアラチュラ小部族をさすために、一七七〇年代に初めて用いられたマスコーギ語（Muskogee）である。しかし、一八二〇年代までにこの名称のカバーする範囲はロアー・クリークとアッパー・クリーク族のすべて、またユチス族（Yuchis）のような残りの部族まで含めてのものに広がった。すなわち、一八世紀から一九世紀の初頭に、政治的圧迫や生活上の問題や内紛によってフロリダへ移住した部族をさすようになったのである。彼らのクリーク族主流からの長期間の隔絶や、クリーク連合からの徐々の離脱が「セミノール」という呼び名を彼らに相応しいものとした。「セミノール」とは「野生の民」とか「分離派」という意味なのである[②]。

大体、一八世紀の初めまでは、北部フロリダにはほとんど土着の住民はいなかったのであるが、一八世紀の末には、このようにセミノールとして知られ始めた人々が数多く集まってきた。一八世紀の初めに、イギリスに対する緩衝地帯としてスペイン人は、ロアー・クリーク族の人々をアパラチア地方に移したりした。スペインとイギリスの本国間および植民地抗争――ジェンキンズの耳戦争とジョージ王戦争（一七三九―四八年）、一七一五年のヤマジー戦争――などにより、インディアン諸部族は、土着の地を追われ、次第にフロリダのアラチュラ地方へ移ってきた。最終的な大移住は、一八一三～一四年のクリーク戦争の後である。一八一四年三月二七日ホースシューベント（Horseshee Bend）の戦いで、アンドルー・ジャクソン（Andrew Jackson）の軍隊に敗れたクリーク族の戦力の中心でレッド・スティックス（Red Sticks）として知られているアッパー・クリーク族の多くが、フロリダのこの地に不満足ではあったが移ってきた。その結果、インディアンの人口は約五、〇〇〇に膨れ上がり、戦争前に比べ、倍増した。こうして集まったのが、ロアーとアッパーのクリークの小部族とユチス族とその他の小部族で、ほとんどがユチスを例外としてマスコーギ語ないしはヒッチジ語（Hitchiti）を話す血縁者であり、すべてクリーク族文化を背景としていた。そしてスペインとイギリス両国によって彼らに残された最大の部分としてフロリダの地にしっかりと身を落ち着かせた。

セミノールという名称が広まったのは、すでに一七九〇年代であった。彼らがアラバマとジョージアのフロンティアで、アメリカとの紛争に引き込まれ始めたのは、一七八〇～九〇年代である。

W・スターヴァントの研究によれば、自分たち自身と第三者によりこの部族集団につけられた分離とか離脱を意味するセミノールという名称は、現住地にヨーロッパ人の侵入がありその圧迫に対応した結果出現した部族に対するもので、そのでき方もヨーロッパ人同士の軋轢による境界戦争で、フロリダ先住民にとってかわる形で形成されたという独特なものである。[3]

II　エステルチ

セミノールが彼らの名を獲得しつつあった時期、別の社会集団――アフリカ黒人たち――がセミノール社会に巻き込まれてきた。後に、セミノールがさんざん抵抗したフロリダからミシシッピ西部に移住させられた時（一八四三年）、約五〇〇人のアフリカ黒人もセミノールと一緒に移住した。黒人の一部はマスコーギ語を話し、インディアンは彼らを「エステルチ」（estelusti）と呼んでいたが近郊のプランテーションから買われたり、盗まれたり、逃げてきたりして、その頃セミノール族に加わったのである。しかしながら、一部の黒人家族は、セミノール族がクリーク族からわかれた部族として認識され始めた頃からすでに五〇年以上、奴隷か解放奴隷としてセミノール族と共存して、セミノール族との連帯を形作っていた。一七世紀の末、スペインが南北カロライナからの逃亡奴隷用の収容所を作り始めると、かなりの数の黒人たちがフロリダの収容所を目指して、一八世紀の間に避難してきたのである。（しかし、一七七四年までは黒人たちは明らかにセミノール族と共住していない。）黒人奴隷たちのアメリカ植民地からの逃亡は絶えず行われ、黒人たちの居住地がフロリダに増えてきた。一八世紀の最後の二〇年間、フロリダのインディアンはアフリカ人奴隷制を採用した。次の数年間にわたってインディアンの黒人奴隷たちと、ほとんどがアメリカ州から逃げてきた逃亡奴隷の居住する飛び地が、インディアンたちを白人のみならず、クリーク族との紛争に巻き込んでいった。インディアン領への黒人の逃亡は白人をいらだたせた。白人から奴隷を盗んだという非難もあった。そしてセミノール族とクリーク族間の一番の争いのもとは、黒人についての考え方がクリーク族のそれと違うことからきている。しかもクリーク族は、セミノールはクリーク連合の一部であると考えていたからである。一七九〇年のニューヨーク条約（New York）と一七九六年のコールレイン条約（Colerain）で、クリーク族は自領内にいるすべての逃亡奴隷を帰すことに同意していた。これはもちろんフロリダのインディアンを含んでいたのである。

初期の頃のセミノールの奴隷制についての記述は不明である。我々はただその特性について推測するしかない。それによれば、セミノールは初めは家畜との交換で獲得したアフリカ人を所有することについてくる威信に十分感銘していた。しかし白人のような残忍な使い方をするつもりもなかったし、奴隷をどう扱ってよいかわからなかった。だからインディアンたちは、彼らの家を建てさせ、彼らに道具を与えて、穀物を耕作させ、彼らの家畜を育てさせようとした。そしてその中から少量の分け前をとった（分益小作制）[4]。

考えるべきことは、なぜ、いかにそれが始まったのかということよりも、むしろその採用した奴隷制が近隣の部族の奴隷制とはかなり違った性格を呈しているのは明らかなのに、なぜその制度を長く取り続けたかということである。例えば一八世紀末までに、一部のクリーク族はアメリカ独立戦争の間に、連れてきたり、イギリス人から贈与されたり、または盗んだりして奴隷を所有した。クリークの担当官ベンジャミン・ホーキンズによると、クリーク族は黒人たちを効率的に使ったわけではなく、あまり生産的でなく、むしろ負担であるような使い方をしていた。しかし、エアホーラではクリーク族たちは彼らの農場を奴隷の労働で改善しようとし、時間がたつにつれて、クリーク族の奴隷制は、白人たちのそれとは多少とも違っていたけれど、限りなく白人たちの奴隷制に類似したものになった。一八二四年までにクリーク族たちはセミノール族が維持する黒人たちに対する規律よりもさらに厳しい奴隷取締法をつくった。この例の示すようにセミノール族の制度は例外的だというのが定説である。

インディアンのアフリカ黒人奴隷制については少なからぬ研究がある。D・リトルフィールドは、ケネス・ポーター（Kenneth, W. Poter）の研究にふれているが、セミノール族における奴隷制は、労力の酷使による生産手段の確保というよりも、部分的には政治的な術策や戦争といったさし迫った事情によって違った方向をとった。

また、ウィリアム・マクラフリン（William, G.McLoughlin）などの最近の研究によれば、セミノール族の黒人奴隷も結局のところ奴隷なのだが、事情によって等しい扱いではなかった。

インディアンたちは、インディアン間の生活抗争において彼らのアイデンティティを誇示するために、農業実践や、奴隷主の宣教師を通じて知った人種差別や民族主義の基盤に従って自らと黒人との相違をはっきりさせていた。

しかしこれとても一九世紀半ばのセミノール族の実態にはあてはまっても、西部移住前にもそうであったかははっきりしないのである。その頃はむしろ、セミノール族と黒人たちの関係は先述の如く政治的便宜とか軍事的ご都合主義によっていたのではないかと思われる⑤。

セミノールが独立して一つの部族として明らかになっていくにつれて、その奴隷制度も周囲の諸勢力からの圧力の影響によってつくりあげられたのである。この歴史的環境は、アフリカ系黒人奴隷をして、自分たちがインディアンの奴隷主と手を取り合った仲間であるという役割について考えさせ、その役割がこの種族の中で認められてくるにつれて、今度はそれが、その奴隷制を形作ったといえよう⑥。

Ⅲ　第一次セミノール戦争と併合

セミノール族と黒人たちのはっきりとした最初の軍事的連帯は一八一二年の第二次米英戦争の時に現象化した。スペイン領東フロリダに住んでいたアメリカ人が反乱を起こしてフロリダをアメリカ領に併合しようとした。その結果生じた戦いと小競り合いへのセミノール族と彼らの黒人たちの参加によって戦争は二つの点をはっきりさせた。一つは黒人たちは手強い戦士であること、二つには一八一二年までにはセミノール族とその小部落の近くの別の集住地に居た数多くの黒人たちが堅固な同盟関係を築き、インディアンが黒人たちを軍務に召集してともに戦ったことである。

また南部黒人奴隷所有者たちにとっても明らかになったのは、セミノール族地域やフロリダの他の場所に住む黒人たちは、近隣の州の奴隷主にとって脅威となってきたことである。アメリカの軍隊は黒人の集住地を含む居住地を破壊して、愛国派（Patriots）を助け、一八一三年の初めにフロリダのアラチュラ国へ侵入し、一八一四年にクリーク族・レッド・スティックスを破った。レッド・スティックスは黒人たちを戦いに加わらせ、フロリダに逃亡した。同年イギリスはアパラチコーラ河口（Apalachicola）に砦を建て、逃亡者であるレッド・スティックスや彼らの黒人たちや逃亡奴隷をそこに配置した。そしてイギリスがフロリダから撤退した時、砦と武器を残した。インディアンたちも東へ移動した。黒人たちに砦を残して。約一、〇〇〇人の逃亡者たちは彼らの保護を求めて近くの地域にたむろした。奴隷所有者たちは黒人砦の破壊を要求し、アメリカ軍は一八一六年七月二七日にそれを叩き壊した。二七〇人を殺し、六四人を捕虜にした。生存者は東へ逃げ、スワニー（Suwannee）でセミノール族に合流した。スワニーにいたセミノール族は一八一三年にアラチュラ集住地（Alachua）が破壊された後逃亡した。一八一七年の初め黒人たちはセミノール族の中に総勢六〇〇人はいたが、武装し、進軍を続けた。その年の終わりには境界争いがフォールタウン（Fowl Town）で起こり、インディアンと黒人たちは進軍を続けたが、アンドルー・ジャクソンと彼の白人軍とクリーク族の友軍がスペイン領フロリダに入り、ミカスギ族やスワニー居住地を破壊するに至る。第一次セミノール戦争として知られるこの侵攻は、セミノールとその黒人たちの東や南への大移動という結果となった。そこで彼らには多くの逃亡者が続くことになった。

ジャクソン軍の侵攻は、インディアンと黒人たちの飛び地をアメリカ国境から遠くに、手際よく追い払っただけでなく、フロリダ併合を一歩進めた。一八一九年にスペインとの間で割譲条約が締結され、一八二一年に引渡しが行われた。かつてアメリカ人とセミノール族と黒人たちは、それまで三者の運命はしっかりと絡み合っていたが、境界は失われ不確かな未来に直面したのである。ジャクソン軍の侵攻によって道義は廃れ、商品や穀物や財産を失い、困窮し、居住地を再建することを余儀なくされても、なすところもなく、アメリカ人がフロリダに入り、プランテーションを開き、セミノール族との境界を画定するのを見守るしかなかった。(7)

Ⅳ　セミノール版の奴隷制

〝国旗のかわる時〟とインディアンが言っていたアメリカの独立までには、セミノール族の奴隷制は確立されており、地域における白人プランターたちに、警報を鳴らし続けていた。一八二〇年代初めのセミノール族領への旅行者たちは黒人たちにほとんど労働を要求しないセミノール族の奴隷主の黒人の扱いが寛大というか、甘やかしだと気がついた。ある著述家によると、「飢餓とか貧乏は金に対するいわれのない欲望より強いはずだけれど、これらの大変な飢餓や貧乏にさらされた時でも、インディアンたちは黒人たちに重労働を押しつけたりはしないし、黒人たちを高く買うという誘いがあっても、彼らが売られることを望まない限りは売らない(8)」と言っている。黒人たちはインディアンとは離れて集住地を作り、インディアンと同じように、植物を栽培したり、畑を耕したりしていた。インディアンの所有地とは別の土地で、黒人たちはまたかなりの家畜を所有していた。奴隷主たちは、毎年の生産物や家畜の分け前や貢物を取るだけだった。その結果として奴隷たちは奴隷主たちがよそに売るための余分なものを作ることは決してしなかったし、明らかに奴隷主たちを助けているだけだったのである。

ほとんどの場所でセミノール族の黒人たちは、彼らの奴隷主のように暮らし、連帯していた。彼らはセミノールの身に着けているものをまとい、堅固な家に住んだ。男たちは銃を持ち、彼らの日常の食事を領内の獲物で補充していた。インディアンたちと比べて「頑健で」「むしろ大柄だ」と描かれているが黒人たちは奴隷主たちより賢明でさえあった。ほとんどがインディアン語と同じようにスペイン語と英語を話した。その結果彼らはインディアンが白人と交渉する時に、通訳や取り持ち役としてさらに重宝にされた。例えば一八二二年までに、キング・ペイン（King Payne）の元の奴隷であったワーンまたはジョアン（Whan or Juan）は、すでに代表通訳となっており、セミノール族たちは白人たちと交渉する時は彼に最大の信頼をおいて彼の力を使っていた。

サイモンは第一次セミノール戦争の終わりにセミノール族の社会の中にいた黒人たちの数は約四〇〇人と推定している。合法的な形でインディアンに買われた奴隷数がどれくらいかは不明であるが、その多くは逃亡者であった。手ぬるい奴隷制と彼らの許にやってきた逃亡奴隷へのインディアンの寛大な取り扱いは、フロリダのプランターの利益と両立できるものではなかったし、白人たちは、その奴隷制を警戒を以て眺めていた。インディアンと黒人たちは、スペイン人からアメリカ人を信じるなと教えられており、彼らもその土地と自由が失われることを恐れ始めていた。

白人たちとの接触が増えるにつれ、インディアンは黒人たちにさらに依存するようになった。アメリカ人への不断の不信や、黒人たちの農業技術の熟達と、その結果としての経済的有利性、英語を話す能力が、黒人への依存を増やし、ほとんどの時、黒人を対等者ではなくても同盟者として見るようになったのである。この特殊な関係は第二次セミノール戦争の際にはっきりしたが、疑いもなく黒人たちによって、助長されたものであることは間違いない。なぜならば、彼らがセミノール族の中で追求した生活は、白人プランテーションでの奴隷生活に比べ、より有難いものだと思われたにちがいないからである。(9)

フロリダ割譲に続く一五年間は、第二次セミノール戦争勃発の下地を形成した期間だった。アメリカ人は割譲後直ちにセミノール族の処置を熟考しはじめた。彼らを移住させろという運動もあった。明らかな解決策はもちろんセミノール族は抵抗するだろうが、彼らをクリーク族に帰すことだった。セミノール族は完全にクリーク族と一線を画していてクリーク族を信用していないし、特にレッド・スティックスを嫌っていた。そうなると代案は彼らをより小規模な地域に押し込めることだった。一八二三年九月のモルトリークリーク（Moultrie Creek）での条約会議でアパラチコーラの保留地をニアマスラ（Neamathla）、ブラント（Blunt）、ツキハジョー（Tuskihadjo）、ムラトーキング（Mulatto King）、エマスロチー（Emathlochee）、とエコチャッタミコ（Econchatta Micco）を首長に用意し、シャロット川（Charlotte River）の北の保留地を残りのセミノール族に与える結論を出した。インディアンは全部ではないが同意し、逃亡奴隷が彼らに加わることをやめさせることにも同意した。

インディアンたちは緩慢に保留地に移動した。飢えに苦しんだ彼らは食を求めて歩き回り、白人に飼われている家畜を捕獲した。当然度重なる暴力的衝突や白人たちによるインディアン領への侵害があった。そしてセミノール族と一緒にいる逃亡奴隷が白人プランターたちをいらだたせた。セミノール族の黒人たちが白人プランターの奴隷と彼らの奴隷主たちに与える影響を恐れて、フロリダ総督のウィリアム・P・デュバル（William, P. Duval）は白人プランターたちがインディアンから黒人を購入することができるようにしたいとしたが成功しなかった。一八二二年にセミノール族担当官に指名されたガット・ハンフリーズ（Gad Humphreys）は、インディアンの大義の擁護者として行動した。彼の統率のもと、セミノール族は多くの逃亡奴隷を返還したのであった。プランターたちは満足せず、インディアンたちも白人たちはセミノール族の全ての黒人を全部手に入れるまで満足しないだろうと確信するに至ったのである。ハンフリーズは奴隷財産の返還が遅すぎるという点およびむしろインディアンの奴隷と家畜に利益を与えている点で非難された。ジャクソンが大統領になった時、フロリダの人々から強制され、ハンフリーズを解雇した。

このような状態の下、ジャクソン政権下インディアン強制移住法が一八三〇年五月二八日に成立した。そして一つのインディアン問題委員会がセミノール族問題解決のため設置された。一八三二年五月九日のペイン・ランディング条約（Payne's Landing）は、七人のセミノール族首長の代表者がミシシッピ川以西のクリーク族領を検地することを規定した。もし彼らがこの土地を気に入り、クリーク族たちがセミノール族を彼らと一緒に一つの部族として再結合する意志があれば、三年以内に移住協定は締結されるだろう。この点でセミノール族がクリーク族と再結合すると考えるのは驚きでさえある。両者は争い戦った相手であり、奴隷を取り合った仲なのである。黒人の通訳であるアブラハム（Abraham）がセミノール族の条約の一部分を間違って述べた疑いがある。なぜならばアブラハムとチュジョー（Cudjo）という、インディアン担当官ジョン・ファーガン（John Phagan）の黒人通訳が彼らの交渉事務の見返りとして移住に伴って放棄した場合の改良ごとに、二〇〇ドルを補償されていたからである。にも拘らず、七人の首長と担当官ファーガンとアブラハムは西へ行った。アーカンソー（Arkansass）のスミス砦（Fort Smith）の六〇マイル西にあるギブソン砦（Fort Gibson）で、こうした曖昧模糊たる条件の下で、七人の首長は、一八三三年三月二八日、全セミノール族の名において移住地に満足し、喜んで移住するという条約にサインすることを勧告された。アパラチコーラのセミノール族はもう一つの条約の下で移住を承諾した。しかしさらに以東の小部族は、ギブソン砦の条約を不当として拒絶した。

セミノール族の黒人たちは移住問題における大きな焦点となった。白人たちは彼らがフロリダから連れ去られて行く前に、アパラチコーラの黒人たちを捕まえようとした。セミノール族はもしもミシシッピ以西に移住すれば、クリーク族がセミノール族の黒人をむりやり連れ去ると恐れ始めた。なぜなら、クリーク族は、セミノール族がかたまって集住するのではなく散在するなら移住に同意するという新しい条件を連邦政府にもちかけていたからである。移住の実施段階でそれが明らかになり、黒人たちはインディアンたちに彼らの影響力を行使し始め、セミノール族がクリーク族に抱く恐れを利用して、奴隷主や同盟者たちに移住しないよう掻き立てた。一旦彼らが移住のために集ってしまうと、彼らは捕まり、白人に売られてしまうということが明らかに予測できたからである。

セミノール族の担当官ウィリー・トムソン（Wiley Thompson）は一八三四年一〇月二一日にセミノール族の首長を召集した時、彼らはペインズ・ランディング条約とギブソン砦条約の両方に異議を唱えて、アメリカ連邦政府のやり方は偽善的だと非難した。この会議は連邦政府を代表する担当官とセミノール族の間に、また、セミノール族同士の間にも溝を作った。移住を望んだ者もいた。トムソンは伝えられるところでは、フロリダに残るようセミノールに勧めているといわれる白人たちの移住反対論を良心のかけらもないと非難した。一度フロリダ州法がインディアンに適用されると、白人たちはインディアンの奴隷資産を取り上げることができるからである。

一八三五年に、諸々の関係は決定的な破局を迎えた。フロリダ領地のアメリカ白人市民たちはムートリー・クリーク条約（Moultrie Creek）以降、セミノール族に逃亡した約一〇〇人の逃亡奴隷を返還するよう要求した。セミノール族から黒人を連れ戻すよう世論喚起が増した。インディアンに影響を与える黒人のリーダーを買い取ってその影響力を除き、西部におけるセミノール族とクリーク族の衝突の可能性を取り除こうという計画もあった。

春先の間、トムソンは、ミカノピー（Micanopy）、ジャンパー（Jumper）、ホラー・ミコ（Holata Mico）、サム・ジョーンズ（Sam Jones）とコア・ハジョー（Coa Hadio）を指導者として名指しで攻撃し、ペインズ・ランディング条約の正当性を証明するため、むりやりオセオーラを投獄した。インディアンたちは憤慨した。

その後の数ヵ月に散発的な暴動が起きた。そして一二月二六、二七日にキング・フィリップ（King Philip）の率いるインディアンと黒人の軍隊がセントジョーンズ渓谷（St.Johns）のプランテーションを襲撃した。翌日に、第二次セミノール戦争が勃発した。キング砦で、オセオーラのもとに、セミノール族がトムソン担当官を殺害した。五〇マイル離れた他の砦でも、フランシス・L・ダーデ大佐（Francis L.Dade）の救援軍がミカノピー、アリゲーター（Alligator）ジャンパーのもとのインディアンと黒人連合に、全滅させられた。[10]

セミノール族首長オセオーラ

オセオーラ（Osceola 一八〇〇～三八）は、フロリダのセミノール族の偉大な指導者で、一八一七年の第一次セミノール戦争に参加し、さらに三四年にはペインズ・ランディング条約の下での西部への強制移住政策を拒否してセミノール族の指導者となった。一八三五年に始まる第二次セミノール戦争を指揮して合衆国軍を悩ませたが、三七年の休戦交渉の際に捕らえられてチャールストンのムートリー砦に投獄された。翌三八年に獄中で急性咽喉炎で死亡した。彼は合衆国軍との粘り強い戦闘を通じて、強制移住政策に抵抗し、インディアン自決のシンボルとなった。彼は世紀後半のシッティング・ブル（Sitting.Bull）と並ぶインディアン・ナショナリズムの代表的存在となっている。

Ⅵ　黒人の役割

トムソンのやり方は間違っていたけれども、移住反対問題における黒人たちの役割（立場）をはっきり見ていた。そして解決策を考えてはいた。もしその解決策を実行していたら、戦いは避けられたかもしれない。彼は黒人たちが移住に激しく反対したのは、黒人たちが居心地のいい、比較的自由な状態から、砂糖や綿花のプランテーションにおけるきびしい監督の下での束縛と苦役に戻ることを恐れていたからだということを知っていた。だから黒人たちは奴隷主たちにあらゆる影響力を駆使したのでインディアンたちは移住の勧告に対して慎重になったのである。トムソンは一八三五年陸軍長官に手紙を書いた。「インディアンは（酔っぱらったらめちゃくちゃだが）、しらふでいる限り、奴隷を売るよりむしろ自分の子供を売るでしょう。インディアンの黒人に対する愛情や、さらに悪い状況に置かれまいとする奴隷たちの恐れや、黒人たちがインディアン一般に対して持っている影響力全てが、連邦政府の見解に役立つように使われています」と。トムソンは黒人たちに彼らの地位を変えないように全力を傾け、インディアンたちに彼らの財産保障を約束し、白人たちに奴隷を購入するのを許そうとしなかったことがある。彼は陸軍省に彼らの奴隷状態に対する恐怖を和らげることによって、また、彼らにそれらを約束することによって、黒人たちの影響を移住させるように仕向けるよう促した。彼は陸軍省が例えばアブラハムのような影響力のある黒人たちに数百ドル支払い、政府の方針に従うよう買収するよう提案した。(11) しかしワシントンの政府当局者たちは、トムソンの提案に従わなかった。そして開戦した時、彼らは黒人たちが手強い戦士たちだと気がついた。

長くまた費用がかかった戦争を通じて、黒人たちは、戦士としてだけでなく、戦法立案者、スパイや通訳などとして、重要でしばしば決定的な役割を果たした。ある者は戦いの幹部として、または自分の隊の長として戦場に赴き、他の者はセミノール族の首長のもと副官として任務を果たした。戦いの主たる局面、戦闘において黒人たちの参加が特記されている。一八三六年三月のウィズラコーチ作戦（Withlacoochee）、一一月のワフースワンプ（Wahoo Swamp）一八三七年一月のセントオーガスチン（St. Augustine）近くのジョン・シーザス（John Caesar）の襲撃、一二月のオキチョビ湖（Okeechobee）の戦いなどである。

戦いが進むにつれ、フロリダのプランテーションからの難民や、インディアンにとらわれた黒人によって、黒人の数がふくれ上った。どのくらいの黒人が戦争の間セミノール族の中にいたかはわからない。ある人は初めのうち黒人軍の数は二五〇、そのうち一五〇人は逃亡奴隷という推定をしている。他の推定では黒人の総数は一、四〇〇、そのうちのたった二〇〇人がインディアンの奴隷たちだったと推定している。セミノール族が最終的に一八三八年から四三年の間に移住した時にはなお約五〇〇人の黒人たちが彼らと一緒に西部に移住した。

セミノール族の移住は明らかに、実際のところ、フロリダの「インディアン」問題とともに、「黒人」問題も解決しようということだった。移住した多くの黒人はセミノール族の法的財産ではなかったし、移動による便宜的なものだったかもしれないが、問題の解決にはならなかった。インディアン・テリトリにおける後続の事件が、それが単に西部への移動にすぎなかったということを示していた。セミノール族によって作られた奴隷制と解放奴隷に対する寛大な取り扱いは、ふたたび、周囲の奴隷制と衝突を引き起こした。この時代黒人たちの飛び居住地は、クリーク族やチェロキー族にとって脅威であり、程度はそれほどではないが、チカソー族やチョクトー族にとってもそうだった。それらの奴隷制は、時間がたつにつれて、南部白人たちの奴隷制と類似してきた。次のように説明できるであろう。即ち強制移住と南北戦争の間のセミノール族の黒人たちの歴史は、ある者にとってはフロリダでインディアンたちと享受した自由をつづけるための闘争の歴史、またある者にとっては新しい土地で自由を確立するための闘争の歴史である。一方、セミノール族とクリーク族とアメリカ政府は、少数の例外を除いて、黒人たちすべてを法的に奴隷と見なしたけれども、多くの黒人たちは、自分たちは彼らに個人的になされた約束またはフロリダにおける軍隊の兵としての扱われ方からして自由であると感じていた。セミノール族は数年の間、特別な奴隷制度を維持しようとした。そして黒人たちに対して、親密な関係を長く続けようとしたが、クリーク族や陸軍省の親奴隷制派の圧力で最終的にそうすることは得策でないと判断した。かくて西部で得られるだろうと願った自由を獲得するための黒人たちの戦いは、苦く悲惨なものとなり、困難になり、南北戦争が終わるまで、それは無駄な骨折りとなった⑫。

（1） Garbarino, Merwyn S. *The Seminole: Indians of North America*, ed., by Porter, Frank W., Chelsea House Publishers, New York, 1989. 同書は北米インディアン各種族をカバーする研究入門叢書の一つ。
（2） Littlefield Jr., Daniel F., *Africans and Seminoles, from Removal to Emancipation*, Gainesville; University of Florida Press, 1967. インディアン・アフリカ系黒人・白人の複雑な相互関係については研究書も多いが、本章は特に同書に多くを負うている。
（3） Littlefield, I, p.4.
（4） Littlefield, I, p.5.
（5） Porter, Kenneth W., *The Negro on the American Frontier* New York:Arno Press and *the New York Times*, 1971. 同書は一六七〇－一七六三年の状況についても詳しい。McLoughlin, William G., "Red Indians Black Slavery and White Racism: America's Slaveholding Indians," *American Quarterly*, 24 (October 1974).

（6）Littlefield, I, p.6.
（7）Littlefield, I, p.8.
（8）Simmons, William H., *Notices of East Florida* (Reprinted, Gainesville, University of Florifa Press,1973).
（9）Littlefield, I, p.9.
（10）Littlefield, I, p.11.
（11）トムソンの手紙等については、National Archives Record Group 75 (Records of the Bureau of Indian Affairs), *records of the Commissary General of Subsistence*, Seminole 参照。
（12）Littlefield, I, pp.11-13.

第六章　インディアンとインディアン文明化

I　インディアン・テリトリの内実

一八三四年領地法案の規定とは多少異なり、移住インディアンの居住地（インディアン・テリトリ）は南北をミズーリ、レッド両川に、東西をミズーリ州、アーカンソー領地の西境界線と西経一〇〇度に囲まれた地域であった。一八四二年のインディアン局長年次報告書によれば、一八四二年時点でミシシッピ川以西に居住するインディアン総人口は約二五四、〇〇〇人であり、そのうち八五、〇〇〇人余りが東部からの移住者とされているが（この時点では二四、〇〇〇人が東部に残留）、実際にはインディアン・テリトリには、この地域の先住インディアン諸部族を含めた九万人余りが居住していた。一九二頁の地図3は、一八五〇年代初めのインディアン・テリトリにおけるインディアン諸部族の配置を示しているが、これによればインディアン・テリトリの北部には、オーセイジ、カンザ、クワーポー、オートーといった先住諸部族、旧北西部から直接移住させられたポタワトミ、ペオリアといった諸部族、旧北西部からミズーリ、アイオワ地方経由で再移住させられたデラウェア、ショーニー、

地図3　1850年代初めのインディアン・テリトリのインディアン諸部族

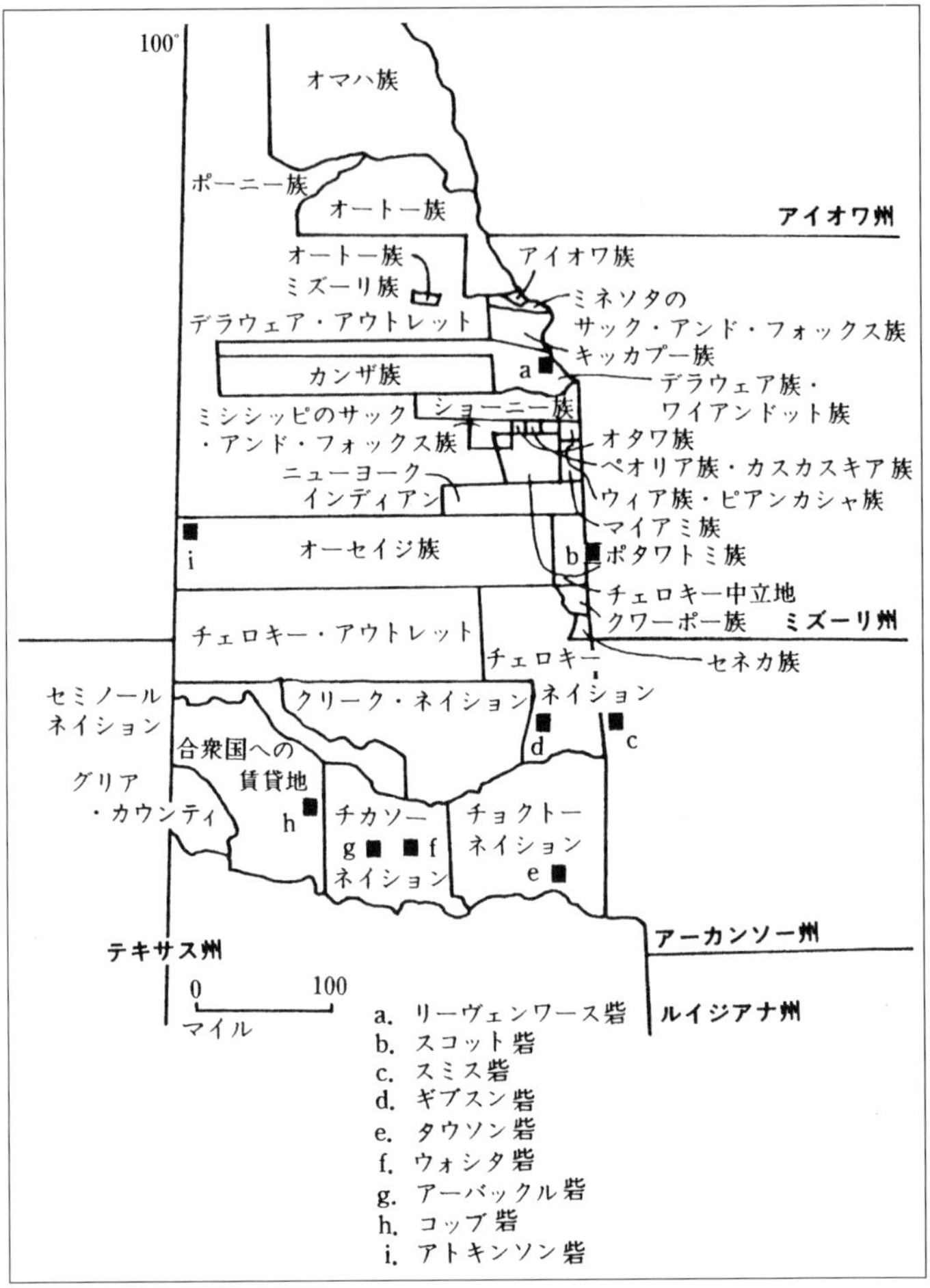

典拠：Arrell M. Gibson, *The American Indian : Prehistory to the Present*, Lexington Mass., 1980, p.313 より作成。

サック・アンド・フォックスといった諸部族、さらにはアイオワ、オマハ、ポーニーなどのいわゆる境界地帯インディアン諸部族が居住した。一方インディアン・テリトリ南部には、合衆国南部から移住させられたいわゆる文明化五部族――チェロキー、チカソー、チョクトー、クリーク、セミノール――が居住し、さらにインディアン・テリトリの北方と西方には、アラパホ、シャイアン、スーといった平原インディアン諸部族の生活圏が広がっていた。[1]

かかる構図の中で、移住インディアンは合衆国の政策を如何に捉え対応したのか。この問題を考察するために、チョクトー族のピーター・ピッチリンが著した連邦議会宛の『ミシシッピ川以西のインディアン諸部族を単一政府の下に連合させるための法案通過に対する抗議書』(一八四九年二月)を検討してみよう。ピッチリンは一八〇六年にチョクトーの血を引く母親と白人商人の間に生まれ、巧みな交渉術と英語力によって合衆国とチョクトー族の橋渡しに尽力した人物である(彼は、チョクトー学園校長や部族協議会議員を歴任)。一八四九年領地法案(内容は従来の法案と同じ)に対して、彼は大略次のように抗議している。[2]

インディアン・テリトリの諸部族は、それぞれ合衆国との条約によって定められた土地所有権に従って別々の国を持つ。それらは互いに独立している。そもそも諸部族は太古から他と関係なく独立しており、その独立に関係する事柄には非常に敏感に反応する。諸部族は異なった「文明化の段階」にある。完全に「文明化」した部族もあれば、「先祖伝来の遊動生活を送る狩猟部族」もいる。諸部族は言語も異なり、相互の意思疎通を欠く。また、法も習慣も異なるし、共通の司法制度もない。通商関係もない。つまり、諸部族の「利益共同体」が存在しないのだ。かかる状況の下で、「全部族を代表する単一の立法政府をどうやって組織するというのか。」狩猟部族に自らの代表が選挙できるのか。たとえ立法府ができたとしても、人口も多く「文明化」も進んだ諸部族への「妬みや嫉み」が生じるだろう。「文明化」された諸部族にとって最大の重要

ピーター・ピッチリン

性を持つ「人身と財産の保護」という問題はどうなるのか。「この計画（領地法案）は邪悪の果実であり、それ故に私は異議を唱えるのだ。」

こう述べてからピッチリンは、チョクトー族が合衆国と友好関係を保ち、「キリスト教信仰の大いなる真理と農耕および文明生活の諸技術を学んだ」にも拘らず、その生活を放棄して「遠く離れた荒野」に移住し、「チョクトー族の特質たる忍耐と勤勉」により国を再建した模様に触れる。「わが国の憲法は真に共和主義的なものであり、福音の宣教師は手厚くもてなされ、学校は優れた秩序を保っている。わが国には平和が宿り、豊かさに満ち溢れている。学校、キリスト教原理に基づく文明化、農業、禁酒、徳性、これらがわれわれの持つ唯一の方針である。人間の幸福にとって数少ない初歩的かつ基本的な、かかる原理原則を守って、われわれは繁栄してきた。それ故、われわれはただ放っておいて欲しいのであり、わが道を歩むことを認めて欲しいだけなのだ。」さらにピッチリンは、もし法案が通過して領地が樹立される場合には、チョクトー族をそれから除外することを懇願して『抗議書』を結んでいる。

『抗議書』の前半部は、インディアン・テリトリ諸部族の政治的・経済的・社会的多様性の指摘である。一八四二年時点で報告されている約八五、〇〇〇人の移住者の八六％をチョクトー族を含む文明化五部族が占めた。これらがピッチリンの言う「人口も、多くて文明化も進んだ部族」であり、旧北西部からの移住部族および先住諸部族が彼の言う「狩猟部族」である。つまりピッチリンは、インディアン・テリトリの諸部族を「文明化の段階」に基づいて文明化諸部族と非文明化諸部族に二分するのである。しかも諸部族は合衆国との条約で保証された固有の土地所有権によって独立状態にあり、法も言語も異なり「利益共同体」も形成していないのだから、単一の領地にまとまることなど不可能というのである。一方『抗議書』の後半部は、強烈な部族意識ないしは国家意識の表明である。ピッチリンは、文明化の達成による自治共和国の繁栄を声高に訴えている。かかる主張は、「先祖伝来の遊動生活を送る狩猟部族」に対する優越意識とインディアン諸部族内の差異を認識しない合衆国への憤りによって組み立てられている。そこには、インディアンとしての利害の同一性意識や民族意識は殆ど認められないのである。

一面で、ピッチリンの現状認識は正鵠を射ていた。白人社会のそれに類似した政治・経済・社会の諸制度の導入や教育、キリスト教信仰の普及において、文明化五部族は他のインディアンを大きく引き離していた。文明化五部族は、南部でインディアン・白人の混血集団の先導により達成していた文明化の諸成果を携えて移住し、非常な速度で移住による打撃から立ち直った。五部族のうちセミノールを除く四部族は白人の法の原理原則を模倣した成文憲法を持ち、行政・立法・司法の諸制度を整備した。例えばチョクトー族は、移住直後の一八三四年に新憲法を採択して部族協議会を開催しているし、チェロキー族は選挙制の大首長と全国協議会と呼ばれる二院制立法府、指名制の裁判官より成る最高裁と地方裁判所の三権を憲法によって確立していた。また、チェロキー国は、事務官や保安官を含む選挙制官吏が運営する地区に全国を分割し、法令執行のための騎馬隊を備えた。文明化五部族は黒人奴隷制による綿花栽培やインディアン自営農民による穀物栽培を行い、近隣の白人や平原インディアンとの通商にも活発に従事する他、学校制度を確立し自国語による新聞を発行している[3]。

陸軍長官の命令で一八四一年にインディアン・テリトリを訪問したイーサン・アレン・ヒッチコック（Ethan Allen Hitchcock）少将は、『旅行記』において文明化五部族の日常生活を活写しているが、例えばチェロキーのある保安官の家庭を訪れて次のように述べている。「顔立ちと優れた身だしなみを別とすれば、わが国境地方の住民の外見と彼らの外見を分け隔てるものは何もない。」同時に彼は、文明化五部族における「真の文明化推進者」たる混血の人々を称賛した。彼の目には、文明化五部族は連邦政府や宣教師たちと共同しつつ疑似白人社会を形成しつつある、と映ったのである。[4]

しかし、ここで重要なのは文明化五部族の文明化が部族の自治や独立と深く関係していた点である。そもそも文明化五部族にとって、文明化は自治と独立を確保する手段の一つとして採用されたものであった。一八世紀末以来、彼らは合衆国への協力（一八一二年戦争時にインディアン連帯を掲げて決起したテカムセへの合衆国と協力しての敵対）や譲歩（相次ぐ土地割譲条約の締結）によって自治と独立を維持する一方で、合衆国の要求する文明化を受け入れた。これは、土地割譲により従来の狩猟採集と農耕の混合経済の継続を断念せざるを得ないという客観条件とともに、白人と同等の（ないしはそれ以上の）農業社会、成文憲法に基づく社会を形成することで連邦政府の認知を獲得するという目的によった。一八二七年にチェロキー族が憲法制定により独立主権国家の成立を宣言して移住を拒んだのは、その好例である。

連邦当局や宣教師たちにとって、インディアン文明化とはインディアンの人間改造、部族自治と部族文化の破壊を意味した。しかし、文明化五部族は憲法を制定し、議会や裁判所を設け、学校制度を整備し白人と同じ服装をしつつも、土地への崇敬や同胞部族民の福利への共同責任といった伝統を維持した。例えば、クリーク族の二院制立法府は、「白いタウン」と「赤いタウン」という伝統的な部族構成原理を色濃く反映しつつ形成されたものであった。また、新聞を発行し活発な商業活動を展開する一方で、彼らの日常生活は部族固有の祝宴や舞踏や遊戯に彩られていた。例えば、ある旅行者は「六〇〇から八〇〇の若者たちが……競技場を取り囲むその五倍から六倍の観衆が見守る中で競技する」チョクトー族の伝統的球技を目撃し、それをオリンピア競技会や古代ローマのフォーラムのアメリカ先住民版だと形容している。彼らは、決してインディアンであることを止めなかったのである。その意味で、文明化五部族が追求したのは白人の文化・制度と部族固有の文化・制度の主体的融合だったといえる。自国の繁栄に対するピッチリンの礼賛は、かかる主体的文化融合の成功、独立と自治への自信に支えられていたのである[5]。

但し同時に重要なのは、かかる主体的文化融合に基づく自治と独立が極めて脆弱な基盤の上に築かれたこと、つまり連邦政府からの統制と連邦政府への依存という枠組みの中で実現したことである。この点は、自国内の対立をインディアンが自力で解決できなかったことで鮮明に示されている。チェロキーの内紛がその好例である。インディアン・テリトリにおいてチェロキー族は、旧移住派（一八二八年に東部からアーカンソーへ、その後インディアン・テリトリに移住）と条約派（一八三五年に移住承諾のニューエコタ条約に署名して移住）とロス派（大族長ジョン・ロス率いる移住反対の多数派で一八三八年に強制移住）に分裂した。一八三九年にロス派が、独断で移住条約に署名した条約派の指導者三人を暗殺したことから、八年にわたる抗争が始まった。連邦政府は旧移住派・条約派よりの立場をとりつつ――ギブスン砦のアーバックル司令官らを通じて――積極的にチェロキー国の内政に干渉し、チェロキー側三派閥もそれぞれ連邦政府による調停を求めてワシントンに代表団を送った。合衆国による内政干渉が、通商交際法や「合衆国はチェロキー国を国内紛争や外敵から保護する」と規定したニューエコタ条約に基づいたことは言うまでもない。結果的に内紛は、ポーク（James Knox, Polk）大統領の調停によって三派閥と合衆国の間で一八四六年に締結された条約により解決された。これは、チェロキー国を旧移住派・条約派とロス派で二分するという合衆国の恫喝を前にした、三派閥の妥協の産物であった。つまりチェロキー国は、その内政問題を合衆国との公式の条約で解決することによって、国家的統一を維持したのである[6]。

統制と依存という問題は、部族財政に占める年金の比重や学校制度確立における宣教師の役割、近隣白人による土地侵害や平原インディアンの略奪からの保護に連邦軍が果たした重要性、あるいは部族自治への連邦当局による介入など様々な局面に現れた。主体的文化融合を進め一定の国力を備えた文明化五部族の場合には、この統制と依存という問題にある程度は柔軟に対応し得た。しかし、人口も少なく政治的統一性や経済的基盤も脆弱な移住部族は破壊的影響を受けた。連邦当局者や宣教師たちは、文明化の遅れや障害（例えば農耕の拒否や飲酒）をインディアンの「怠惰や堕落」といった個人的性格の弱さによると非難した。だが、狩猟部族にとって農耕の拒否や飲酒は、強制移住による生活環境の激変の中で伝統的文化を維持し社会秩序を保つための消極的抵抗だったともいえよう（但し、そうした抵抗は結果的に政府の年金への依存に帰着した）。ピッチリンが述べたように、諸部族の「文明化の段階」には差異があり、文明化に対する姿勢も文明化の持つ意味も部族それぞれの文化や歴史に応じて様々だった。しかし、そうしたインディアン・テリトリの複雑な世界を、連邦政府は独善的価値観に則って隔離・統制し、集合的に文明化しようと試みたのである[7]。

Ⅱ　最終総括にかえて

以上のように、本書ではジャクソン期強制移住政策を、ミシシッピ川以東からのインディアンの空間的排除＝土地奪取とインディアン・テリトリへの諸部族の集住・隔離による統合という二つの観点から読み解こうとした。この一見矛盾した論理の組み合わせは、建国以来の合衆国インディアン政策の課題を如実に表現している。つまり、土地奪取＝白人国民への土地開放と並行してインディアンを如何に処遇し、彼らに如何なる政治的地位を与えるかという課題である。確かに強制移住を推進する過程で、移住にあくまで抵抗するインディアンには容赦ない弾圧が加えられたし、移住計画の杜撰さや援助の不十分さはインディアンに大きな犠牲を強いた。しかし、インディアンの物理的抹殺＝絶滅は、決して国家の政策目標とはならなかった。むしろ大統領をはじめとする連邦当局者が執拗に主張したのは、絶滅からの救済であり、隔離を通じての文明化による生存というテーゼだった。確かに論理的には文明化は、軍事力に拠らずに（従って軍隊に拠るよりも遥かに安価に）余剰地を開放しえたのだから、これを国家指導層の功利主義的姿勢の現れとして片付けることも可能かもしれない。しかし、本書で考察した移住後の政策を勘案するなら、文明化を単に土地奪取という観点からのみ捉えることはできない。インディアン文明化は、それを推進する人々が文化的・道徳的劣等性の故に絶滅の危機に瀕すると考えた先住民に対して抱いた心性の現れといえるのである。

その心性とは、インディアンに対する後見人意識とも言うべきものである。インディアン・白人関係を、後見人・被後見人の関係に準える心性は、インディアン文明化を強く提案したトマス・ジェファソン大統領の言説に窺えるし、ジャクソンもこの図式に基づいて発想を行っている。また、一八三一年の「チェロキー国対ジョージア州」事件における最高裁判決でも、この図式がはっきりと示されている。この判決においてジョン・マーシャル首席判事は、インディアンは「生徒の段階」にあると断定し、インディアンの合衆国に対する関係は「被後見人の後見人に対する関係に似ている」と宣言して、インディアンは「わが国政府に保護を期待し、その寛大さと力に頼り、彼らの要求への救済を訴えて大統領を彼らのグレイト・ファーザーと呼ぶ」と述べた⑧。

文明化の場面において、この後見人意識は「白人」＝「文化的・道徳的優越者」＝「キリスト教文明」が「インディアン」＝「文化的・道徳的劣等者」＝「野蛮な異教徒」を教え導くという図式を生み出した。これが、白人の自文化の絶対的正当性、先進性への確信に裏付けられていたことは言うまでもない。ピッチリンが憤ったように、連邦当局者や宣教師たちは部族文化の多様性を理解しなかった。文明化の遅れは、部族文化の未開性やインディアンの性格の弱さに帰された。文明化へ向けての変化の責任は専らインディアン自身に負わされ、文明化の停滞は文明化の試みに内在する本質的欠陥によるとは決して意識されなかったのである。

重要なのは、如上の図式が「文化的・道徳的劣等者」の存在によって初めて成立したことである。かつてロイ・ハーヴェイ・ピアスが述べたように、「キリスト教徒と文明進歩という形而上学が、インディアンの生活の事実を歪曲したばかりか、事実自体を作り上げてしまった」のである。しかし、現地業務にあたる担当官や宣教師たちなど、日常的にインディアンの生活に接する人々は何故事実に目を開かなかったのか。それは、文明化の推進者たちにとっては、集合体として野蛮で劣等なインディアン文化が前提条件として必要だったからに他ならない。文明の発展段階論の立場に縛られ、自文化中心主義の狭隘な視点に固執した文明化推進者たちにとって、文化的・道徳的劣等者たるインディアンが隔離による環境整備＝教育によって自らと同じ文化発展の梯子を昇ることは、まさに己の優越性・先進性・正当性を検証する作業に他ならなかった。（先述した労働学校による中産階級的価値観の注入は、この例証であろう）。従って、ジャクソン期インディアン強制移住政策は、この文明化の図式をインディアンの隔離によって政治・経済・社会のあらゆる局面で実現しようと試みたものといえる。特に領地構想は、後見人が必要とする統合への被後見人たるインディアン自身による肯定的応答を一律強制的に引き出そうとするものだったし、インディアンの非インディアン化によるインディアン問題の解消をもたらす筈だった。領地構想は、隔離による文明化を策したジャクソン期インディアン政策の精髄と見なせるのである⑨。

さらに指摘しておきたいのは、隔離による文明化＝アメリカ文明の自己検証作業が、当時の思潮全体と分かち難く結びついていたことである。かつてデイヴィッド・J・ロスマンは、ジャクソン期を施設収容による社会的逸脱者——精神病患者、犯罪者、浮浪者、非行青少年——への社会統制の開始期として位置づけ、教護院や救貧院、精神病患者や刑務所（さらには公立学校制度）の成立史におけるそれとの並行関係を明らかにした。この施設収容の哲学は、進歩主義的理念や人間性の信奉、環境決定論や個人の努力の強調といった特徴、即ちインディアン文明化の哲学と重複する特徴を併せ持った。また、インディアン移住＝隔離の発想は、自由黒人のアフリカ送還運動とも並行関係を有した。両者には、単に支配的社会からの空間的排除という共通性だけでなく、環境決定論に基づく文化的・道徳的劣等性の認識と隔離による文明化という発想の同一性が認められる。実際ウィリアム・マイルズの研究によれば、アイザック・マッコイがインディアンの隔離による文明化という着想を得た背景には、彼がバプティスト宣教教会インディアナ支部において、黒人のアフリカ送還運動に携わった経験が存在したのである。[10]

無論、かかる並行関係については実証作業を積み重ねる必要があるが、同時代の思潮との関連性に留意すれば、文明化推進者にとってインディアン移住＝隔離は、未開段階に停滞し文明の進歩から逸脱するインディアンを矯正する手段だったと解せよう。だとすれば、当事者にとってインディアン移住＝隔離に基づく文明化はまさに人道主義の発露に他ならなかったのである。

インディアンにとって文明化を白人の論理通り受容することが自己の全否定につながったことは言うまでもない。文明化は一方でインディアンの部族文化の破壊を、他方で部族の独立と自治の放棄を求めたからである。従って文明化五部族による主体的文化融合の試みは、インディアン・白人間の物理的力の差を踏まえつつ、自治と独立の維持と文化的生存を賭けた選択だったといえる。つまりインディアン・テリトリにおける表面的には白人との共同に基づくかに見える文明化作業は、インディアンにとってはアメリカ文明とのイデオロギー対決でもあったと理解できるのである。条約締結による擬似的対等関係にありながら、インディアン諸部族は合衆国の政策決定には何らの発言力も持たないまま合衆国の国内法によって実質的に統制された。従って自治・独立と従属・依存、この二つの綱引きにあたっては、インディアン側は極めて不利な戦いを強いられた。しかし、少なくとも文明化五部族について見るなら、合衆国による部族政府の解体＝自治と独立の剥奪は強制移住から半世紀以上を経た一八九八年のカーティスト法を待たねばならなかったし、如上のイデオロギー的対決は現在に至っても未だにその最終的決着を見ていないのである。

（1） CIA *Report*, Nov. 16, 1842, pp.389-390.
（2） Remonstarance of Col. Peter Pitchlynn, Jan. 20, 1849 in *NASP Indian Affairs*, II, pp.257-260.
（3） インディアン・テリトリの文明五部族については、Foreman, *The Five Civilized Tribes*; Duane Champagne, *Social Order and Political Change: Constitutional Governments among the Cherokee, the Choctaw, the Chicassaw and the Creek*, Stanford Cal., 1992.
（4） Foreman ed., *A Traveler in Indian Territory: The Journal of Ethan Allen Hitchcock*, Cedar Rapids, Iowa, 1930, p.23 and p.187.
（5） かかる点について示唆に富むのが、Vine Deloria, jr. and Clifford Lytle, *The Nations Within: The Past and Future of American Indian Sovereignty*, New York, 1984, chap.1. チョクトー族の球技については、George Catlin, *Letters and Notes on the Manners, Customs, and Conditions of the North American Indian*, 2vols. New York, 1841, II, p.123.
（6） Gerard Reed, "Postremoval Factionalism in the Cherokee Nation." in Duane H.King ed., *The Cherokee Indian Nation: A Troubled History*, Knoxville, 1979, pp.148-163.
（7） インディアンの性格への理解の典型としては、CIA *Report*, Nov. 30, 1848, pp.393-394.
（8） Cherokee Nation v. Georgia, 1831 in Prucha ed., *Documents of United States Indian Policy 2nd. ed. Expounded*, Lincoln, Neb., Univ of Neb. Press 1990, pp.58-61.

（9）Roy Harvey Pearce, "The Metaphysics of Indian-Hating," *Ethnohistory* 4 (Winter, 1957), p.34.

（10）David J.Rothman, *The Discovery of Asyum: Social Order and Disorder in the New Republic*, Boston, 1971; William Miles, "Enamoured with Colonization: Isaac McCoy's Plan of Indian Reform," *Kansas Historical Quarterly* 38(Autumn, 1972), pp.268-286.

〔参考資料〕

アメリカの建国以来、歴代大統領の決断を促してきた、懸案のインディアン問題は、第七代アンドルー・ジャクソン政権に至り、強制移住法の制定として結実し、問題の一大転機を迎えた。ジャクソン大統領はさらにその政策の仕上げとして通商交際法、組織化法、および領地法（ともに略称）の成立に踏み込んだが、そのうちの最終仕上げを目論んだ領地法案は連邦議会において、紆余曲折の末、日の目を見ることなく、葬り去られた。ここに以上一連の動きを最も端的に示す参考資料として、ジャクソン政権二期八年の大統領年次教書と大統領告別演説をJames D. Richardson *Messages and Papers of the Presidents* Volume 2 pp.778-1565より訳出を試みたものである。

さらに三法については、強制移住法はWilcomb E.Washburn, ed.,*The American Indian and the United States:A Documentary History*, III, pp. 2169-2171より、通商交際法、組織化法については日本国会図書館蔵Report of the Commissioner of Indian affairs, Dec. 1,1837, pp. 599-609より、領地化法案は、同じく日本国会図書館蔵のHR490 in U. S. Congress, House and Senate Bills and Resolutions, 23rd Cong, 1st Sess. より訳出したものである。

（1） アンドルー・ジャクソン年次教書集（インディアン関連事項）一八二九〜一八三七年

第一回大統領就任演説　一八二九年三月四日

我が国領内のインディアン諸部族に対して公正かつ寛大な政策を施し、連邦政府のあり方と国民感情に合致した人道的で思いやりある配慮を彼らの権利と要求に注ぐこと、これが私の誠実かつ弛みなき願いとなるでありましょう。（一〇〇一頁）

第一回大統領年次教書　一八二九年一二月八日

いくつかの州領内のインディアン諸部族の境遇と今後の運命が、大きな関心と重要性を持つ問題となっている。徐々に放浪生活を止めさせることを願って、連邦政府はインディアンの間に文明の諸技術を導入する政策を長らく採ってきた。しかしながら、この政策は成功に全く逆行してきた。インディアンを文明化し定住させるという願いを公言しつつ、同時に我々はインディアンの土地を購入し、彼らを荒野へと駆逐するままに放置してきた。こうして彼らは放浪状態に止めおかれ、我々は彼らの運命に不実かつ冷淡だと思い込んできた。こうして、支出の点では惜しみなかったにもかかわらず、連邦政府は独自の政策に一貫して挫折し、西部へどんどん追いやられるインディアンは概して未開の習慣を保ち続けてきた。ところが、白人と大いに交際して文明生活の諸技術をある程度は発展させてきた南部諸部族の一部が、最近になってジョージア州とアラバマ州の領域内で独立した政府を樹立しようと試みた。領土内唯一の主権体であると主張するこれら二州がインディアンに法令を拡大したことから、インディアンが合衆国に保護を求めるに至った。

　現状では、連邦政府にこれらの人々の主張を支持する道理があるか否かが問題となっている。合衆国憲法は、連邦議会の同意なしに「いかなる新州も他州の法域内に形成ないし樹立されない」と宣言している。同意無しに合衆国の一員の領域内に連盟州の設立を連邦議会が容認しないとすれば、外国の独立政府がそこに樹立されることも容認されえない。ジョージア州は主権を有する州として合衆国に属する一員となり、元来は植民地特許状で定義され後に平和条約で認められた一定の領域に対する権利を常に主張している。一八〇二年の割譲条約で合衆国にその領土の一部を自発的に委譲した以外は、同州はその権利を享受し続けている。アラバマ州は独立一三州と同じ資格で、連邦議会が規定した境界線をもって合衆国に加わった。領域内のインディアンに対して、メーン州やニューヨーク州が有するよりも小さな権限しか同州に認めない憲法上、慣習上、行政上の規定などないのである。メーン州民は自州内にペノブスコット族が独立政府を樹立するのを許しただろうか。もし許さないとすれば、かかる措置にインディアンが抵抗することを支持するのが連邦政府の義務なのだろうか。ニューヨーク州民は、自領内でシックス・ネーションの生き残りたちが合衆国の保護下で独立国民だと宣言するのを許しただろうか。オハイオ州の各保留地で、インディアンは独立共和国を設立しえただろうか。彼らがその意志を固めた場合、その試みを保護するのが連邦政府の義務なのだろうか。こうした問いに対する明白な答えに含まれる原則が看過されるなら、連邦政府の目的は逆転され、保護の対象として設立された州の破壊に手を貸すのがその義務の一部となってしまうのではないか。

　以上の見方に基づき、ジョージア・アラバマ両州の一部に居住するインディアンに対して、独立政府を樹立しようとする試みは合衆国政府によっては支援されないと伝え、ミシシッピ川の向こう岸に移住するか前述二州の法律に服するよう勧告した。

これらのインディアンに対する我々の扱いは、我が国民性に深く根ざしている。かつてとは対照的に、インディアンの現況は我々の憐憫の情に非常に強烈に訴えている。我が祖先は、彼らがこの広大な領域の無制限の所有者であると理解した。説得と武力によって、彼らは山河を次々と越えて後退を余儀なくされ、結果として絶滅した部族もあれば、瞬時その勇名を偲ばせるに過ぎない者のみを残す部族もいる。文明技術を持つ白人に取り囲まれ、生活資源を破壊することでその文明技術が彼らの衰弱・衰退を宿命づけた。モーヒーガン族やナラガンセット族やデラウェア族の運命が、チョクトー族やチェロキー族やクリーク族に急速に迫りつつある。諸州の法域内に留まるなら、この運命が確実に待ち受けていることに疑いの余地はない。そうした大惨事を避けるために、あらゆる努力が払われることを、人道と国家の名誉が求めている。インディアンとその領土を彼らが境界線を統制できるような新州の範囲内に含めることが合衆国において適当か否か、判定するには時すでに遅くなっている。その道へは引き返せないのだ。一つの州が連邦議会によって分割されることも、憲法上の権利の行使を制限されることもない。しかしながら、正義感と国家的名誉の尊重の念に衝き動かされて当該諸州ならびに全ての州の住民は、諸州の権利を損なわずに、この極めて痛ましい民族を保護するべく何事かがなされるべきではないかという興味深い問題を提起している。

この目的の達成手段として、ミシシッピ川以西で現存のどの州や領地にも含まれず、インディアン諸部族が土地を占有する限り彼らに保証され、使用のために割り当てられる土地に各部族が明瞭な支配権を持つ広大な地区を別置することの妥当性をご検討いただきたい。その土地でインディアンは、選択によって政府を持つことを保証され、辺境地と部族間の平和を維持するのに必要な以外は合衆国の支配に服さないことになる。その土地では、善意溢れる人々がインディアンに文明技術を教授し、彼らの間に連帯と協調を促して（インディアン）民族を不朽不滅としつつ連邦政府の人道と公正を証明する興味深い共和国を設立すべく努めるであろう。

この移住は自発的なものたるべきである。先住民に祖先の墓を捨てさせ、遠い土地に住処を探させるのは、残酷でも不公正でもあるからだ。しかし、諸州の領域内に留まるのならば、彼らは州法に服さねばならない、と宣告しなければならない。個人として州法に従う見返りに、彼らが自らの刻苦勉励によって改良した所有物を保証され続けるのは疑いない。しかし、こうした事態においては、居住も改良も施していない地方の土地に対する権利が認められると考えるのは非現実的に思われる。インディアンはそうした土地を山間から垣間見たり、狩猟の際に通過するだけだからである。州法に服従し、他の市民と同様に人身と財産の保護を受けて、彼らは程なく我が国民に融合していくのである。(一〇一九―一〇二二頁)

第二回大統領年次教書　一八三〇年一二月六日

連邦議会に白人居住地以外の土地へのインディアンの移住に関して過去三〇年ほど着実に追求してきた連邦政府の慈悲深い政策が上首尾に達成されつつあると報告できることは私の慶びの極みである。二つの重要な部族が前回(連邦議会)常会期中に彼らの移住のために定められた条項を受け入れており、この先例から残りの部族も同じ利益に預かろうと考えるものと思われる。

迅速な移住の達成は、合衆国にとっても個々の州にとっても、そしてインディアン自身にとっても重要である。移住が連邦政府に約束する金銭上の利益は、移住の長所の最小のものである。移住は、インディアンを巡って連邦政府と州政府の間に予想された衝突の危機を回避できる。現在は少数の未開の狩猟民が占有している広大な地方には、文明的な人口が密集して住むことになろう。テネシー州からルイジアナ州に至る全領土を白人の居住に開放することで、南西部辺境は途方もなく強化され、周辺諸州に遠隔地からの援軍なしにあり得べき侵略に対する備えが整うのである。インディアン移住はミシシッピ州全域とアラバマ州西部をインディアンによる占有から開放し、人口と富と力を急速に増進させる。移住は、白人居住地との直接的接触からインディアンを遠ざける。諸州の影響からインディアンを切り離し、インディアンに独自の方法でその原始的な制度に基づいて幸福を追求させ、衰退の進行を押しとどめるであろう。これらはインディアン人口の減少を防ぎ、連邦政府の保護下で善良な助言を仰ぎつつ徐々に未開の習慣を投げ捨て、文明的でキリスト教に基づく興味深い社会をもたらすだろう。一部は確実で残りも可能性の高いかかる見通しは、連邦議会が先の会期で承認した計画の完璧な遂行を憂慮の対象としているのである。

私以上に、先住民に対して友好的感情を抱く人物はいないし、放浪癖を矯正して幸福で繁栄する人々にしようと試みる人物もあるまい。州当局に関する連邦政府の義務と権限という私自身の厳粛な確信を、インディアンに印象付けようと私は努めてきた。留保権限の範囲内で諸州が制定した法令の正当性について、州は連邦政府に責任を負っていない。個人的には我々は州の行為について意見を抱き表明するが、連邦政府としては他国の法令を規定するのと同じく統制権をほとんど持たないのである。

問題を全体的に理解して、チョクトー族とチカソー族は連邦議会の法令による寛大な申し出を利用することを全員一致で決議し、ミシシッピ川の向こう岸に移住することに同意した。移動のための条約が調印され、それらは適当な時期に批准されるであろう。かかる条約の交渉に当たって、インディアンは自らの境遇の実状を知り、現住地で州法に服するよりも西部の森林で独立を保つ方を選んだのである。おそらく彼らと締結される最後のものとなるかかる条約は、連邦政府の側の非常な寛大さを特質としている。かかる条約は移住を考慮した気前よい金額と新住地に到着するまでの十分な食料を彼らに供与している。別々の生活を営むのが彼らの真の利益であれば、アラバマ州やミシシッピ州で不可避的に被ると思われる不便や苛立ちなしにそうする自由を与えられるのである。

我が国の先住民の運命に対しては慈悲がしばしば与えられてきたし、その運命を避ける方法を工夫すべく博愛行為が熱心に試みられてきた。しかし、その進展は一瞬たりとも注意を引くことなく、多くの有力な部族が次々と地上から姿を消してきた。墓にこの民族の最期を辿り、絶滅した地を踏むことは、悲痛な黙想を誘う。しかし、ある世代の絶滅が別の世代に可能性を残すように、真の博愛精神は栄枯盛衰に心を宥める。西部の広大な地域に広がる、未知の人々が遺した建築記念物や要塞に、我々は現存の未開部族に生存可能性を残すべく絶滅したり、消え去ったかつては有力であった民族の追悼物を見るのである。民族全体の利益という包括的観点に立つならば、このことは悔やむべきではない。この大陸が我々の祖先の発見したような状況に立ち返るのを、博愛心溢れる人は望んでいない。都会やタウンや豊かな農園に彩られ、技術や勤勉によって考案・創始された改良物で高められ、一二〇〇万人以上の幸福な人々に所有され、自由と文明と信仰の祝福で満ち溢れた我が広大な共和国よりも、森林に被われて数千の未開人が放浪する土地をどんな善良な人々が、好むというのだろうか。

連邦政府の現在の政策は、より穏健な手順で同じ漸進的変化を継続するものに過ぎない。現在の東部諸州を構成する地方を占有した諸部族は、絶滅するか消散して白人に土地を明け渡した。人口と文明の波が西部へ押し寄せ、現在、我々は公正な交換により南部と西部の赤人が占有する地方を獲得し、合衆国の費用で彼らの生存が引き伸ばされ永続化されるだろう土地に彼らを送ろうと提案している。祖先の墓を後にするのは辛いに違いないが、我が祖先が行ったこと、我が子孫が行うであろうことと違うことを彼らは行うのか。見知らぬ土地で境遇を改善するために、我が祖先は現世の事物への愛着を丸ごと捨て去った。我が子孫は、遠い地域に新たな家を求めて何度も生地を後にするのである。人道性は、こうした万物からの苦痛に満ちた別離、未熟な心根が拘泥する別離を嘆くのだろうか。とんでもないことである。我が国では、若者たちが体力と能力を完璧に伸ばして心身を限りなく押し広げる自由を生み出すことはむしろ喜びの源なのである。それらの人々は数百、数千マイルを自費で移動し、土地を購入し、到着の瞬間から新しい家で自活する。如何ともし難い事情で、インディアンが古来の家に不満を抱いた時、連邦政府がインディアンに土地を購入してやり、新しくて広大な領土を与え、移住費用を支払ってやり、新居で一年間扶養してやるのは残酷なことなのか。何千人もの我が国民が、かかる条件で西部に移住する機会を喜んで受け入れることだろう！　インディアンへの申し出が彼らにも拡大されたら、彼らは感謝と喜びから喝采を叫ぶだろう。

さらに言えば、定住する文明的キリスト教徒よりもさ迷える未開人の方が故郷に強い愛着を抱くなどと考えられようか。我が兄弟や子孫よりも、インディアンの方が先祖の墓を離れることに心悩ませるのだろうか。公正に考えて、連邦政府の赤人への政策は寛大で惜しみないものである。インディアンには、州法に従う意志も州民に融合する意志もない。この選択ないし絶滅からインディアンを救うために、連邦政府は喜んで新しい住処を提供し、移住と定着の全費用の支払いを申し出ているのである。

建国初期に起源を持ち、今世紀の全政権によって着実に追及されてきた政策――諸州に公正、インディアンに寛大な政策――の遂行にあたって、連邦議会と善良かつ無私の人々の協力を期待する道理があると連邦政府は感じている。さらに、諸州はそれを求める権利を有している。実質的に、それは彼らを連盟の一員とする契約の一部である。ジョージア州とは、明白な契約が存在している。新しい州とは、対等な義務の暗黙の契約が存在している。オハイオ、インディアナ、イリノイ、ミズーリ、ミシシッピ、およびアラバマが州憲法を制定して別個の州となるのを認可する際、なぜ連邦議会はそれぞれの領域内に広大なインディアンの土地や有力なインディアン部族を含めてしまったのか。州の権限は境界線と同一の広がりを持つこと、都合の良い急送文書によって連邦政府はインディアンの土地所有権を消滅させ、土地への州政府の完璧な法域の障害を全て除去すべきことは両方の側から了解されなかったのか。おそらくかかる州のどれもが別個の存在を受容しないだろう。――連邦議会によっても決して認可されないだろう。インディアンが永遠に名目的領土に閉じ込められると同時に、彼らの土地所有権が消滅したのだとしてもである。

それ故、連邦議会が新州の境界線内に含めた全領土に対するインディアンの土地所有権を速やかに消滅させることは、連邦政府が新州に負う義務である。これが行われる時、当該領土内の州とインディアンに係わる連邦政府の義務は終わる。州を去るも去らないもインディアンの自由である。インディアンの土地の購入によって、州政府との個人的関係は少しも変更されない。連邦政府の法令が、インディアンの人身に州の管轄権を及ぼすのに必要だと考えられたことはない。州が領域内に主権の力によって保有するものは、インディアンの土地の購入前も後も変わらないし、連邦政府がそれを増やすことも減らすこともない。

従って、善良な市民、州法に服することでインディアンが抑圧されると考える人々が、あれら森の子供たちの目を自分たちの真の境遇に開かせ、迅速な移住によって、現実ないし空想上の、現存ないし予想される、驚異的悪から救済せんと力を併せて試みることを願いたいのである。（一〇八一―一〇八六頁）

第三回大統領年次教書　一八三一年一二月六日

我が連合諸州の内的平和と安全保障が、連邦政府の重要な目的である。領域内の先住インディアンの存在が彼らの安寧にとって危険であり、彼ら自身にとって有害であることを時間と経験が証明してきた。この前の通常議会における私の勧告に従って、五〇万ドルが諸州境界線の向こうへの様々な部族の自発的移住を援助するために支出された。先の会期で私は、チカソー族とチョクトー族が連邦政府の寛大な申し出を受け入れ、ミシシッピ川を越えて移住することに同意し、それによってミシシッピ州の全域とアラバマ州西部がインディアンによる占有から解放されて文明人に開放されることになったと報告する幸運を得た。これら二部族との条約は施行段階にあり、来年中には移住が完了する見込みである。

ジョージア当局の要請により、チェロキー族の移住登録が始まり、三分の二には及ばないが二分の一のチェロキー族が彼らより西に住む部族の賢明な先例に倣うことが自信を持って期待できる。現住地に留まることを望む人々は、他の州民同様にジョージア州法によって統治され、連邦政府の特殊な保護の対象であることを止めることになる。

現在、連邦政府は力をつけ、成長しつつあるオハイオ州の諸部族にとりわけ注意を払っている。同州では、肥沃な土地の相当部分が未だに先住民によって占有されている。無条件ないし条件付の条約がオハイオ州内の保留地に対するインディアンの権利を消滅させており、オハイオ州にインディアン人口がゼロとなる日が遠からず来ると期待される。成功の見通しが立ち次第、インディアナ州でも同様の手筈が整えられるだろう。連邦政府の現行政策によるここ数年の不屈の努力により、合衆国を構成する諸州内のインディアンの土地所有権は消滅せられ、州法に従う意思のないインディアン全員を境界内から移住させることができるだろう。諸州とインディアン諸部族の間の管轄権をめぐる争いは、全てこうして収束するであろう。係わりを持つ州に対してのみならず、合衆国にとっても調和促進的でかくも有益な帰結が、インディアンにとっても有益な方法によって達成されるのは喜ばしい限りである。密集人口に取り囲まれ、白人と混在した際に先住未開人が辿る運命は、東部諸部族の哀れな残存者の内に見てとれる。政治的権利も市民権も剥奪され、契約の締結を禁じられ、後見人に従属し、刺激も望みも考えることもなく悲惨な生活を送るのである。

しかし、諸州の境界線と法域からのインディアンの移住は、博愛主義的援助とキリスト教の教義の埒外に彼らを置く訳ではない。反対に、その博愛精神や信仰心から移住先でインディアンの間に住もうという人々が、諸州内に留まり規制に侵害されるよりも自由にその慈善の役割を果たせるであろう。平和維持という観点のみを抱く、連邦政府の監督官庁以外の統制を受けることなく、野蛮から文明生活の習慣と享受へとアメリカ・インディアンの社会を徐々に前進させるという興味深い実験に妨害なく突き進めるのである。（一一一七―一一一八頁）

第四回大統領年次教書　一八三二年一二月四日

ミシシッピ川の東側から西側に我が国の原住諸部族の残存者たちを同意と公正な条件に基づいて移住させるという賢明かつ人道的な政策が、着実に続行され成就されつつあると確信できることを、喜びを持ってご報告したい。

議会に提出された陸軍長官の報告書と添付資料を見れば、前会期以降、インディアン関係をめぐる様々な問題の手筈の進捗をお判りいただけよう。唯一の例外を除いて、法域争いや特殊な困難といった問題を巡るすべての懸案が巧く解決され、彼らの恒久的居住のために合衆国が割り当てた地方への移住が彼らの最終的繁栄を提供するという確信が、インディアンの間で地歩を占めたのである。

しかし、ジョージア州内に居住するチェロキー族の一部によって、今までのところ十分な調整が不可能と理解されている。彼らの不満の根拠全てを除去し、手元の資料に見られるような寛大な提案を彼らに提起するよう指示することで、彼らが直面する困難に終止符を打つのが私の願いである。彼らはかかる提案の内に、公正かつ寛大に彼らを扱うという連邦政府の側の強烈な証拠として理解するべきである。現在の所有物には十分な損害補償を行い、今後の生計や改善に対する寛大な規定と私的・政治的権利の十分な保障もなされている。これらの人々の要求に関してどんな意見の隔たりが起ころうとも、提案の寛大さについては相違は全くないし、彼らが直ちに提案を受容する妥当性についてもほとんど異論はなかろう。しかし、インディアンが拒否しているため、一八三二年二月二二日付けの私の上院宛て報告書でお伝えした見解と同様、彼らの立場は依然として変化していないのである。（一一六七頁）

第五回大統領年次教書　一八三三年一二月三日

様々なインディアン部族と我が国の関係は、サック族とフォックス族の敵対行動から生ずる様々な困難が終了したことで平穏なものとなった。合衆国への領土割譲とミシシッピ川以西への居住のために割り当てられた地域への移動のために、いくつかの条約が締結された。かかる条約は上院で批准される筈であり、ミシシッピ川以東に残留しているほとんど全ての部族の移住と変則的な政治的立場から生じる多くの困難や厄介な問題を解決すべく条項が規定されるであろう。南部二部族の運命が唯一未解決の困難となろうが、彼らも移住の必要性を悟り、迅速に移住に頼ることが期待されている。この問題に関して私が元来抱く確信は、ここ数年の事態の進展によって強化され、日々の経験によって一層揺るぎないものになっている。我が居住地に取り囲まれ、我が国市民と継続的に接触するのでは、それら部族が存続し得ないのは確実である。彼らには知性も勤勉さも道徳を弁えた習慣もないし、境遇を好ましく改善するのに不可欠な改良への意欲もない。異なる優越民族のただ中で生活し、劣等性の原因を認識したり己れを統制しようともしないので、彼らは必ずや環境の力に屈し、遠からず消え去るであろう。これまではそれが彼らの運命であったが、もしそれを避けたいと思うなら、我が国からの全面的移住と彼らが置かれる新たな関係に則した原則に立脚する政治的制度の再組織によってのみ、可能となるであろう。近年行われた実験は極めて上手く運んでいる。移住民は一般に繁栄し満足していると言われ、居住地は移住民の要求と習慣に適しており、生活必需品は容易に手に入るようだ。移住インディアンの境遇と見通しの調査、及び移住民の交際と統治の計画策定に従事する使節団の報告書を受け取れば、この興味深い問題に関する未解決の問題全てを解決する十分な情報手段が連邦政府の手元に入ると確信する。（一二五一－一二五二頁）

第六回大統領年次教書　一八三四年一二月一日

陸軍省数部局による付随資料とともに、陸軍長官報告書が管轄に係わる様々な問題の状況を明らかにしている。

前会期からは、西部辺境に住みメキシコ国境で生活する遊動的・略奪的部族の領土への竜騎兵連隊による遠征を除けば、合衆国軍隊の出動を要するような出来事は起こらなかった。これまでそれら部族は、我が国市民と合衆国の保護を受ける他のインディアンを襲撃することで知られていた。そのために常習的侵略を阻止する必要が生じたのであり、この目的が敵対行為を呼ぶことなしに達成されたとお伝えできるのは幸いである。ドッジ大佐率いる軍隊は確固不動かつ人道的に任務を遂行し、合衆国と国境地帯の他のインディアンの間の恒久的な平和関係を確証する調整が行われたのである。同地一帯での疾病蔓延により多数の貴重な人命が失われたことは痛恨の極みである。特に先の戦役で輝かしい武勲をあげ、その後も善良な人格で知られたリーヴェンワース将軍は、任務終了後にその熱意と努力の犠牲となったのである。

合衆国軍の規律は万全である。私が知る限りその道徳の状態は良好であり、様々な部門の公務が入念に執り行われている。沿岸地帯や内陸辺境の防衛に必要な要塞を設け、軍事知識の原理を保持し、現場経験により絶えずなされる改良と歩調を合わせるには、既存の組織で十分である。こうした対象は、我が国で常備軍が維持される正当な目的全てを包摂するように思われる。歴史が、常備軍の危険性とそのいや増す傾向を教訓としている。世論の側、さらに世論を代弁する連邦議会員の警戒によって、最も良く対処され変更されるのである。

工兵局及び地勢技師に委譲された任務から見て、別組織の設置が公益に適っているようであり、ご検討をお願いしたい。

今会期中、インディアンの境遇には何ら重要な変化は生じなかった。クリーク族の移住の準備は進行中であり、セミノール族の移住の準備も間もなく始まろう。ミシシッピ川以西のチェロキー族が依然丸ごとの移住を決めていないのは残念である。インディアンの個人的理由が最終的には不可避な措置の作動し続けるのを如何に長く妨げてこようとも、私には推し量りえない。遅延が彼らの境遇を一層不愉快なものとする悪の累積をもたらすことは確実である。積年の経験により、移住だけが我が国民の間で暮らす部族の残留者を破滅から救うという確信は強まった。生活必需品を入手する便宜、農業や教育についての移住インディアンへの援助を定めた条約規定、これまで万人を打ちのめし多くの部族を破滅させてきた原因の除去、これらが彼らの努力を鼓舞し、骨折りに報いない筈はないであろう。

連邦議会前会期において、インディアン問題に関して二つの法律（通商交際法と組織化法のこと）が制定され、詳細な監理規定が設けられた。今会期の見積もりによれば、これら立法によって陸軍省支出は大幅に削減されると思われる。また、二法の効果は有益であり、賢明な行政制度とともに西部辺境へのインディアン植民が公務の出費を一層減じると同時に、有効性と効率性を促進するであろう。（一二三二―一二三三頁）

第七回大統領年次教書　一八三五年一二月七日

合衆国の既成定住部分に未だ留まっている先住民を、ミシシッピ川以西の地方に移住させる計画は完成に近づきつつある。この計画はインディアン民族の境遇について慎重に練られたものであり、目標を達成するまで追及されるべきである。また、彼らの同意が取り付けられ次第、彼らの境遇への適正な配慮と同様の精力を持って遂行されるべきである。インディアンの向上改善に関する従前の実験は、ことごとく失敗してきた。インディアンが文明社会と接触して生きていけないのは、今や既成の事実に思える。長期に及ぶ実りなき努力により、相互交渉のこの原則の理解を我々にもたらした。思い出せない過去よりも、提供しうる未来である。彼らが我々に委譲した所有権に対して様々な部族と結んだ条約規定とは無関係に、合衆国政府が我が国土内に残されたインディアン残留者を保護し、可能なら永続化させる道徳的義務を負うのを疑うことは誰もできない。この義務の遂行にあたって、西部の広大な地域が彼らの恒久的居住のために割り当てられた。この地域は数地区に分割され、インディアンの間に割り当てられた。多くが既に居住を済ませ、準備中の者もいる。オハイオ州とインディアナ州に居住する一五〇〇人に満たない二つの小バンドとチェロキー族を例外として、ミシガン湖からフロリダに至るまでミシシッピ川以東の全部族が自ら移住する約束をなしている。

移住と再定住の計画は彼らの性格と習慣から得た知識に基づいて立てられたものであり、寛大な精神により命じられたものである。放棄した広さを上回る領土が各部族に付与されている。気候、地味、インディアン人口扶養の能力に関して、非常に好意的な報告がなされている。合衆国の出費によって、これら諸地区にインディアンは移住しており、衣料品・銃弾薬・その他の必要物資も支給されている。新住地に到着後の一年間、インディアンは食料の無償支給も受ける。一年が経過すれば、我が国の自然と彼らが自給する生産物によって、彼らは望むなら農業労働で自活できる。意にそぐわなければ、夥しい野牛の群れが生息する大草原の周辺にいるのであるから、食料となる狩る動物が変わったとしても自前の習慣を適応させるのに時間はかからないだろう。学校設立にも十分な手筈が整えられている。協議会館や教会が建てられる予定の場合もあるし、首長の住居や共用の製粉所もしかりである。貧民の扶養には資金が別途用意されている。非常に重要な機械技術が導入され、蹄鉄工・鉄砲鍛冶・車大工・水車大工も扶養される。鉄鋼や時には塩がインディアンのために購入され、鋤などの農具・家畜・織機・紡ぎ車・梳き櫛などが贈与される。さらにかかる有益な手筈の他に、年金が支払われ、その額は個々の一部族につき、三〇万ドル以上という場合もある。公正に分配され、彼らが思慮深く支出するなら、彼ら自身の努力と相俟って安楽な生活を可能とするに常に十分な額である。さらに努力の励みとして、「インディアンの利益のために雇用される通訳ないしはその他の人物を任命する場合はいつでも、職業遂行の適切な資格を有するインディアン出自の人物が見出されるなら、かかる人物が優先的に任命される」ことが法律（一八三四年インディアン担当部局組織化法）によって規定されている。

以上は、移住インディアンの物理的安楽と道徳的向上のための手筈である。政治的向上と我が国市民との分離に必要な方策も決して看過されてはいない。これらインディアンの居住に割り当てられた地方が永久に「彼らに確保され保証される」という合衆国の誓約が、連邦議会によってなされている。ミズーリ州とアーカンソー州以西の地方が彼らに割り当てられ、そこに白人居住地が侵入することはない。インディアン自身ないし彼らのために同意に基づいて合衆国に建設されるもの以外、あの広大な地域には政治共同体が設立されることはない。我が国市民による侵害からの保護のために障壁が設けられ、持ち込まれる悪徳から可能な限りインディアンを守っている。インディアン地域内で発見される酒類の廃棄のために、疑問の余地ある結果や法的没収でなく時間のかからない即決権限が、法令によって定められている。この物品の絶対的かつ無条件な禁止こそが、彼らの向上の第一の重要な一歩だと考える。中途半端な方策では目的は達成できず、売り手の貪欲と買い手の欲求には抗し得ない。酒類取引の破壊的影響は、インディアンとの交渉史の全面を特徴付けているのである。

連邦政府とアメリカ国民および移住インディアン諸部族の三者間のこの新事態に対する諸関係の統制を打ち立て、併置が求める相互連絡の原則をインディアンの間に同意に基づいて確立するために、一定の総括的立法が必要である。道徳が物理的力やトマホークの数少ない粗野な法による権威に取って代わり、社会制度が原因と思われる流血の争いに終止符を打つことになる。

インディアンへの全般的監督によってこの手筈がさらに詳細に整えられた後、彼らは事態の推移に委ねられるべきである。これが彼らの繁栄と向上を保証し、我々が彼らに負っている道徳的負債の大部分が支払われることを願う。（一三九〇－一三九一頁）

第八回大統領年次教書　一八三六年一二月五日

元来はミシシッピ川の東側に居住していたインディアン諸部族を同川以西に移住させるために連邦政府が長らく着実に追求してきた利益と人道性に根ざした国家政策は、チェロキー族との先の条約締結によって完了したと言い得るであろう。この条約の執行やインディアン関連事項全般に係わる諸法令は、お手元の書類に含まれている。それらに含まれる数々の重要な論題は詳述していないとはいえ、現在インディアン地方に移住した様々な部族の保護、監督、向上のための練られた包括的制度を提供する重要性に皆さんの注意を喚起したい。この問題についてインディアン局長が提起し、陸軍長官により強化された法案とインディアン地方への軍隊砦の追加建設の法案につき、十分にご検討いただきたい。インディアンを長引く戦争から保護しつつ我が国の作戦行動に即応する一方で、加えられるであろう襲撃から西部辺境を保護するという二重の目的のために、これら二つの法案が必要なのである。先住民族に対する人道性に基づく最高の願い、急速に拡大する我が国領土の福祉、合衆国の名誉、これら全てが連邦政府と移住諸部族の間に存在する関係に深く係わっている。それ故、そうした関係についての付随資料に現れる多様な問題を迅速かつ慎重にご検討いただき、現在の危機的環境と義務に適う法案の採択につながるよう願うのである。（一四七五頁）

大統領告別演説　一八三七年三月四日

内政においては、万事が我々を鼓舞し、己れ自身に忠実であれば、国家繁栄の頂点への行進を妨げるものなどないのである。領内のただ中に居住するインディアン諸部族によって長らく発展を阻害されてきた諸州は、ついにその不運から救われた。一方、この不幸な民族――我が国土の先住民――は、文明の祝福を共有し、諸州内に留まっていたなら急速に落ち込んでいったであろう退廃と破滅から救われると我々が期待できるような環境に今や置かれている。我が国市民の安全と安楽がインディアン移住によって大いに促進された一方、博愛心溢れる人々は次のように慶ぶであろう。不幸な民族の生き残りたちが終に危害も抑圧も及ばない場所に置かれ、これからは連邦政府の父親の如き監督がインディアンを見守り、保護するであろう、と。（一五一一―一三頁）

（2）いずれかの州または領地に居住するインディアンとの土地交換ならびにミシシッピ川以西へのその移住を定めるための法律（強制移住法）（一八三〇年五月二八日成立）

第一条

連邦議会に参集した合衆国上院および下院は、以下の通り定める。

合衆国大統領は、どの州にもまたはどの準州にも含まれてはおらず、インディアンの土地所有権がすでに消滅しているミシシッピ川以西の合衆国に属する領地を、必要と判断する面積だけ、現在インディアンが居住している土地と交換してそこへ移住することを選択するインディアンの部族または国を受け入れるために、適当な数の地域に分割し、更に、かかる各地域が、互いを容易に識別できるように天然のあるいは人工の標識によって境界線を引く権限を付与されるべきであり、本法律によって付与される。

第二条
大統領は、いずれかの州ないしは領地の境界線内に現在居住し、依然合衆国が条約関係を有するインディアンの部族または国との間において、第一条で述べたごとく区画され境界が定められた地域のいずれかまたは全部と、以下のような領地の全部ないしは一部とを交換する権限を付与されるべきであり、本法律によって付与される。
その領地とは、一つないしはそれ以上の州または准州の領域内にあって、インディアンの部族または国によって領有が主張され占有されている土地で、しかもインディアンによって領有が主張され占有されている土地が合衆国の所有下にあるか、あるいはその土地の所在する州に対して合衆国がインディアンのかかる領土請求権を消滅させる義務を負っている土地である。

第三条
かかる交換がなされるいかなる場合においても、大統領は、その交換がなされるインディアンの部族または国に対して、合衆国が以下のことを保証する旨インディアンに厳粛に確証する権限を付与するべきであり、本法律によって付与される。即ち、当該の部族または国およびその相続人ないしは継承者に、交換した土地を永久に保証すること。もし、望むなら、合衆国は同様の目的のために公有地譲渡証書ないしは土地付与証書を作成し、当該の部族ないし国に対して発行すること。
但し、当該インディアンたちが死亡したり、その土地を放棄した場合には、かかる土地は合衆国に復帰するものとする。

第四条
　現在、インディアンによって占有され、交換が予定されているいずれの土地についても、当該の部族または国に属する個人または集団の手によって、土地に価値を加えるような諸改良が施されている場合、大統領は、査定その他の手段によってそれらの価値を認定し、同認定価格をかかる諸改良への補償を正当に請求できる個人または集団に対して支払わせる権限を付与されるべきであり、本法律によって付与される。
　さらに、かかる評価額の支払いと共に、査定され支払いがなされた当該諸改良は合衆国に委譲され、その後はその当該部族の如何なるその所有も認められない。

第五条
　本法律の企図するかかる交換に際して、大統領は、インディアンが交換することに同意した地方に移動し、定着することができるよう、移住者に対して必要かつ適切な援助と助力を行うとともに、移住後一年間、彼らの扶養と生計に必要な援助と助力を与える権限を付与されるべきであり、本法律によって付与される。

第六条
　大統領は、かかる部族または国を、彼らの新たな居住地において、他のいかなる部族または国からの、あるいは他のいかなる個人または集団からの干渉ないしは侵害からも保護する権限を付与されるべきであり、本法律によって付与される。

第七条
　大統領は、本法律に基づいて移住する予定の地方において、いずれの部族または国に対しても、現住地において彼らに現在認めているのと同様の監督と保護を施す権限を付与されるべきであり、本法律によって付与される。
　また、本法律には、合衆国といずれのインディアン部族との間に現行のいかなる条約の侵害も正当化したり命じたりすると解釈されるものは一切含まれていない。

第八条
本法律の諸条項に実効力をもたせるため、総計五〇〇、〇〇〇ドルが、国庫からの支出により充当される。

(3) フロンティア諸部族との通商交際の規制ならびにフロンティアの平和維持のための法律(通商交際法)(一八三四年六月三〇日成立)

第一条
以下のように定める。
ミシシッピ川以西にありミズーリ州およびルイジアナ州もしくはアーカンソー領地に含まれていない合衆国の総ての部分と、ミシシッピ川以東にあってどの州にも含まれておらず、しかもインディアンの土地所有権が消滅していない合衆国の一部は、本法律の目的のためにインディアン地方と見なされる。

第二条
以下のように定める。
いかなる者も、インディアン監督官ないしはインディアン担当官ないしは副担当官が発行する許可証なしに(インディアン地方の)インディアンのいずれとも通商を行うことはできない。かかる許可証は、ミシシッピ川以東の諸部族については二箇年を越えない期間について発行され、ミシシッピ川以西の諸部族については三箇年を越えない期間について発行されるものとする。
かかる許可証を申請する者は、その許可証を発行する当局者によって承認を受けるために、かかる申請者がインディアン諸部族との通商交易の管理のために定められたすべての法令と規則を忠実に順守して、いかなる点においてもそれらを侵犯しない条件として、一人ないしはそれ以上の保証人をたてて、五、〇〇〇ドルを越えない違約金を定めた捺印金銭債務証書を作成しなければならない。

当該地区の監督官は、許可証を付与された者がインディアン諸部族との通商交易の管理のために定められた法令および規則のいずれかを侵犯した場合、あるいはかかる者のインディアン地方在留を認めることが不適当と判断する場合、かかる者の許可証を無効とし取り消す権限を付与される。

以上で述べた諸部族との通商は、監督官および担当官および副担当官によって適宜指定され、なおかつ許可証に明記された適切かつ利便な場所を除いて、当該部族の境界内で行われてはならない。

かかる許可証を付与された者ないしは取り消す者は、インディアン局長に対して、その旨の諾否を仰ぐために即刻報告を行う義務を負う。

第三条

以下のように定める。

いずれの監督官ないしはいずれの担当官も、許可証申請者が有害な者であるとか、かかる申請者のインディアン地方居住を認めるのが不適当と判断する場合、あるいはかかる申請者に対して以前に許可証が発行されていてそれが取り消されていたり、捺印金銭債務書上の条件不履行による債務確定の判決が下されている場合、許可証の申請を拒否することができる。但し、上訴は担当官ないしは監督官からインディアン局長に対して行われるものとする。

合衆国大統領は、公益に鑑みて必要と判断する場合、動産ないしはいずれかの特定の物品を、インディアンが保有する地方に輸入することを禁止し、なおかつかかる部族との通商許可証の申請の拒否を命じる権限を付与される。

さらに、かかる禁止令が解かれない限り、かかる禁止令が対象とする部族に属するいずれのインディアンとも、あるいはかかる部族に属する他のいずれのインディアンとも通商を行ってはならない。

第四条

以下のように定める。

許可証なしに商人としてインディアン地方に居住しようとしたり、動産を輸入しようとしたり、通商を行おうとしたりするインディアン以外のいずれの者も、インディアンに対して売却に供される商品もしくはかかる商人の所有と見なされるすべての商品を没収された上、五〇〇ドルの罰金を支払わねばならない。

第五条

以下のように定める。

インディアンとの通商許可証は、合衆国市民以外はいずれの者に対しても発行されてはならない。但し、合衆国大統領は彼が指示する規則に則って、外国人の船頭と通訳の雇用を認める権限を付与される。

第六条

以下のように定める。

外国人が、陸軍省ないしはインディアン監督官ないしは担当官ないしは副担当官の発行する旅券もしくはフロンティアの最寄の軍隊駐屯地を指揮する合衆国将校の発行する旅券を持たずにインディアン地方に立ち入ったり、かかる旅券の有効期限が切れた後もインディアン地方に故意に在留した場合、かかる者は一、〇〇〇ドルの罰金を課せられ、それを支払わねばならない。また、かかる旅券には当該人の滞在目的および滞在許可日数および旅程が明記されねばならない。

第七条

インディアン以外のいずれかの者が、インディアン地方において一般的に狩猟に用いられる銃器もしくは罠もしくはその他の物品または白人との交易においてインディアンによって一般的に入手される種類の農具もしくは調理用具もしくは皮革ないしは毛皮を除くいずれかの他の服飾品を、買受したり物々交換により収受したり商ったり引き渡した場合、かかる者は五〇ドルの罰金を課せられ、それを支払わねばならない。

第八条

以下のように定める。

インディアン以外のいずれかの者が、合衆国が条約関係を有するいずれかの部族の境界内において、インディアン地方の中で生計以外に狩猟を行ったり罠を仕掛けて鳥獣を殺して毛皮をとった場合、かかる者は五〇〇ドルの罰金を課せられた上で、なおかつかかる目的のために用いたり調達した、保有するすべての罠および銃器および弾薬および獲得した毛皮を没収される。

第九条

以下のように定める。

いずれかの者が、馬やラバや牛といった家畜を追い立てるかその他の手段で運搬し、インディアンまたはインディアン部族の所有するいずれかの土地で当該部族の同意なしに放牧し飼育した場合、かかる者はかかる家畜の一頭につき一ドルの罰金を課せられる。

第一〇条

以下のように定める。

インディアン監督官および担当官および副担当官は、インディアン地方において法令に背くすべての者を同地方から退去せしめる権限を付与される。さらに、合衆国大統領は、かかる退去実施のために軍事力を用いるよう命じる権限を付与される。

第一一条

以下のように定める。

いずれかの者がインディアン部族の所有するいずれかの土地に、もしくは合衆国との条約に基づいてインディアン部族に保証されるか付与されたいずれかの土地に居住した場合、または、かかる土地を測量したり測量せんとするか樹木に印をつけたりその他の手段によって、境界線を明示した場合、かかる者は一、〇〇〇ドルの罰金を課せられ、それを支払わねばならない。

さらに、合衆国大統領は、上述のかかる者を上述の土地から退去せしめるために必要と判断する措置をとり、それに必要と判断する軍事力を用いる権限を付与される。

第一二条

以下のように定める。

いずれかのインディアン国もしくはインディアン部族からの土地の購入、譲与、賃貸ないしはその他の譲渡、あるいはいずれかの土地所有権限ないしは土地請求権の購入、譲渡、賃貸ないしはその他の譲渡は、かかる行為が条約もしくは憲法に従って結ばれた協定によって為されない限りは、普通法ないしは衡平法上いかなる有効性も持たない。また合衆国の権限に基づいて雇われたのではないいずれかの者が、かかるインディアン国もしくは部族によって所有されたり領有が主張されている土地の所有権を得たりその土地を購入するために、かかるインディアン国もしくは部族と交渉し、直接的ないしは間接的に条約または協定を結ぼうとした場合、かかる人物は一、〇〇〇ドルの罰金を課せられ、それを支払わねばならない。

但し、以下のように定める。

合衆国の権限に基づいてインディアンと結ばれる条約の交渉に、かかる条約締結のために任命された合衆国の使節もしくは使節団の同席と是認のもとで立ち会う、いずれかの州の担当者は、かかる条約によって消滅せられる当該州内の土地へのインディアンの請求権に対する補償をインディアン部族に提案し調停する権限を付与される。

第一三条

以下のように定める。

合衆国州内もしくは合衆国領地内に居住するいずれかの市民ないしは市民以外の者が、合衆国のいずれかの条約もしくはその他の法令の違反ないしは侵害を喚起せしめる意図をもって、あるいは合衆国の平和と平静を乱す意図を持って、いずれかのインディアン国もしくは部族もしくは族長もしくは個人に対して、講話、演説、声明ないしは書簡を送った場合、かかる者は二、〇〇〇ドルの罰金を課せられ、それを支払わねばならない。

第一四条

以下のように定める。いずれの市民もしくは市民以外の者が、第一三条で述べたような講話、声明、演説ないしは書簡を、その内容を承知した上で、いずれかのインディアン国、部族、族長ないしは個人に配達するか、もしくはそれらから受け取った場合、または合衆国内に居住するいずれかの者ないしは集団から受け取るか、もしくはそれらに配達した場合、またはいずれかの国外勢力ないしは外国のいずれかの臣民、市民、代理人から受け取るか、もしくはそれらに配達した場合、かかる者は一、〇〇〇ドルの罰金を課せられ、それを支払わねばならない。

第一五条

以下のように定める。インディアンの間に居住もしくは生活するか、合衆国領地内のそれ以外の場所に居住もしくは生活する市民またはそれ以外の者が、書簡ないしはそれ以外の手段によって、いずれかの外国もしくは国外勢力に対し、かかる外国もしくは国外勢力をしてインディアン国、部族、族長ないしは個人に合衆国との戦争を教唆させる意図をもって、またはいずれかの現行条約の侵犯を教唆させる意図をもって通信を行った場合、あるいはいずれかの市民またはそれ以外の者が、いずれかのインディアンもしくはインディアンの集団の合衆国政府に対する信頼を損なわせたり、そのように試みた場合、かかる者は一、〇〇〇ドルの罰金を課せられる。

第一六条

以下のように定める。インディアン地方において、白人がいずれかの犯罪を遂行し、その結果いずれかの友好的インディアンの財産が盗まれるか損害を受けるか破壊されて、なおかつかかる犯罪に対して有罪判決が下された場合、有罪とされた者は、当該の財産を所有する友好的インディアンもしくはその構成員が損害を受けたかかる友好的インディアン部族に対して、盗まれるか損害を受けるか破壊された財産の正当な価値の倍に等しい金額の支払いを宣告される。

かかる犯罪者が、正当な価値もしくは損害額に最低限等しい金額を支払えない場合、支払がかかる金額に不足する分は合衆国の国庫から支払われなくてはならない。

但し、かかるインディアンもしくは彼が所属する国のいずれかが私的復讐を行うか、あるいはいずれかの武力ないしは暴力によって賠償を得ようと試みた場合、かかるインディアンに対しては合衆国の国庫からかかる財産への賠償を受ける権利は付与されない。

また、かかる犯罪者を逮捕することが出来ず、裁判にかけられない場合、かかる財産損害額は前述のように国庫から支払われなくてはならない。

第一七条

以下のように定める。

合衆国と友好関係にあるいずれかの部族に属するいずれかのインディアンもしくはインディアンの集団が、インディアン地方において同地方に合法的に存在するいずれかの者の財産を盗むか破壊した場合、またはインディアン地方から合衆国市民の居住するいずれかの州ないしは領地に侵入して、そこにおいて合衆国のいずれかの市民もしくは居住者のいずれかの馬ないしはその他の財産を持ち去るか破壊した場合、当該の市民もしくは居住者もしくはその代表者もしくは弁護士もしくは代理人は、相応の監督官ないしは担当官ないしは副担当官に対して申し立てを行うことができる。

当該の監督官ないしは担当官ないしは副担当官は、必要な書証と証拠を揃えた上で、大統領の命令に基づいて前述のインディアンないしはインディアンの集団が属する国もしくは部族に対して賠償申請を行わなくてはならない。

かかる国もしくは部族が、一二箇月を越えない適当な期間内に賠償をおこたったり拒否した場合、当該の監督官ないしは担当官ないしは副担当官は、大統領の判断に基づいて被害者側が賠償を受けるのに適切な次善の方策がとられるように、インディアン局長に対して自らの業務についての報告書を提出する義務を負う。

さらに、持ち去られたり、盗まれたり破壊された財産については、適当な時期に合衆国が被害者側に対して最終的な損害賠償を保証する。

また、以下のように定める。

かかる被害者もしくはその代表者もしくは弁護士もしくは代理人が、私的に補償を得たり復讐を為そうと試みることで、いずれかの方法によって本法律の諸条項のいずれかを侵犯した場合、かかる者はかかる損害賠償についての合衆国への全請求権を喪失する。

また、以下のように定める。

かかる請求権が三箇年以内に行われない場合、その請求権は消滅する。

かかるインディアンが所属する国ないしは部族が合衆国から年金を受領している場合、かかる請求は次回の年金支払いの際に、年金から差し引かれ被害者側に支払われる。

当該の国ないしは部族に年金が支払われていない場合、請求総額は合衆国の国庫から支払われる。

本条項には、犯罪を遂行したいずれかのインディアンの合法的な逮捕および懲罰を妨げるものは一切含まれていない。

第一八条
以下のように定める。
監督官および担当官および副担当官は、それぞれの事務所管轄区において前述の第一六条および第一七条の範囲内のいずれかの破壊行為に関する証人の宣誓供述書をとり、証人に宣誓させる権限を付与されるべきであり、本法律によって付与される。

第一九条
以下のように定める。
監督官および担当官および副担当官は、いずれかの犯罪を遂行したかどで告発されたすべてのインディアンの逮捕および裁判もしくはいずれかの州または領地において犯罪を遂行してインディアン地方に逃亡したインディアン以外のすべての者の逮捕および裁判を、当該部族の族長にかかる行為を要請するか合衆国大統領が認めるその他の手段によって実行すべく務める義務を負う。

大統領は、かかるインディアンの逮捕およびインディアン諸部族のいずれかの間の戦争の防止もしくは終結のために、合衆国軍隊が用いられるよう命じることができる。

第二〇条
以下のように定める。

いずれかの者が（インディアン地方において）いずれかの火酒もしくは果酒を販売、交換、贈与ないしは処分した場合、かかる者は五〇〇ドルの罰金を課せられ、それを支払わなくてはならない。

いずれかの人物が、陸軍省の命令に則って合衆国の官吏および軍務にあたる軍隊のために必要とされる補給品以外に、インディアン地方にいずれかの火酒または果酒を輸入したり輸入を試みたりした場合、かかる者は三〇〇ドルを超えない罰金を課せられ、それを支払わなくてはならない。

いずれかのインディアン監督官ないしは担当官ないしは副担当官ないしは軍隊駐屯地の司令官が、いずれかの白人もしくはインディアンが本条項の諸規定を侵犯していずれかの火酒もしくは果酒をインディアン地方に輸入したり輸入を試みたとの容疑を抱く根拠を有したりそのような通報を受けた場合、かかる監督官ないしは担当官ないしは副担当官ないしは軍将校は、合衆国大統領によって定められた諸規則に則って、当該人の船舶、貯蔵所、荷物および保管所を調査せしめる権限を付与される。

かかる火酒もしくは果酒が発見された場合、当該人の商品、船舶、荷物および毛皮は押収されて適当な官吏のもとに送付された上で、適当な裁判所において申し立て書によって訴訟手続きがとられ、半分は通報者の使用のために他の半分は合衆国の使用のために没収される。

かかる者が商人である場合、その通商許可証は取り消されその捺印金銭債務証書は訴訟に付される。

さらに、合衆国の公務に当たるいずれかの人物もしくはいずれかのインディアンは本条項で前述したような軍需品を別として、インディアン地方で発見された火酒もしくは果酒を押収し廃棄する権限を付与される。

第二一条

以下のように定める。

いずれかの者がインディアン地方の境界内において火酒製造のための蒸留所を設立ないしは存続させた場合、かかる者は一、〇〇〇ドルの罰金を課せられ、それを支払わなくてはならない。

自らの管轄区内に前述の蒸留所が設立ないしは存続されているインディアン監督官ないしは担当官ないしは副担当官は、かかる蒸留所を破壊し解体する義務を負う。

また、かかる義務を遂行するために合衆国軍隊を用いる権限を大統領は付与される。

第二二条

以下のように定める。

インディアンが一方の側の訴訟当事者であり、白人が他方の側の当事者であるような財産権についてのすべての裁判において、インディアンが先行占有権ないしは所有権の事実に基づいて彼の側で所有権限の推定を行う場合はつねに、立証責任者は白人の側にあるものとする。

第二三条

以下のように定める。

合衆国軍隊は、大統領が命じる方法と規則に従って、インディアン地方において本法律の諸条項のいずれかを侵犯するすべての者を逮捕し、直ちにかかる者を最短の適切かつ安全な順路を経てインディアン地方からかかる者が正当な法の手続きによって告訴される領地もしくは裁判所管轄区の地方官憲まで、連行するために用いられる。

また、合衆国軍隊は、本法律の第二〇条に基づいて、倉庫および船舶の臨検ならびにインディアン地方への法令に反する集団の侵入と財産の搬入の防止にも用いられる。

かかる集団および搬入された財産は、法令に従って告訴され、没収される。

前述のように軍隊によって逮捕された者は、逮捕後ならびに連行後五日間以上は拘留されてはならない。

いずれかのかかる者ないしは集団を拘留せしめるすべての将校および兵士は、状況が許す限りの寛大さをもってかかる者ないしは集団を処遇しなくてはならない。
拘留中にかかる者を虐待したすべての将校および兵士は、軍法会議の命じる処罰を受けなくてはならない。

第二四条
以下のように定める。
本法律を実効あらしめることを唯一の目的として、東方でミズーリ州と接するオーセイジ族に割り当てられた土地を北境界線とし、メキシコ領に接する線を西境界線とし、レッド川を南境界線とし、アーカンソー領地とミズーリ州の西境界線を東境界線とするようなミシシッピ川以西のインディアン地方の部分すべては、アーカンソー領地の裁判所管轄区に併合されるべきであり、本法律によって併合される。
また、前述の目的のために、前述のようなミシシッピ川以西のインディアン地方の残余地はミズーリ州の裁判所管轄区に併合されるべきであり、本法律によって併合される。さらに、前述の目的のために、前述のミシシッピ川以東のインディアン地方のそれぞれの部分は、それらが所在する領地の裁判所管轄区にそれぞれ併合されるべきであり、本法律によって併合される。

第二五条
以下のように定める。
合衆国の独占的かつ排他的な司法管轄区のいずれかの場所で遂行される犯罪の処罰のために定められた合衆国の法令は、インディアン地方においても効力を有する。
但し、かかる法令は、あるインディアンによって別のインディアンの身体もしくは財産に対して遂行された犯罪には拡大されない。

第二六条

以下のように定める。

本法律の諸条項ないしは諸規則のいずれかを侵犯したかどで起訴されたいずれかの人物が合衆国のいずれかの州または領地で発見された場合、かかる犯罪者は発見地で逮捕された上で、同人への司法管轄権を有する裁判所管轄区へ移送される。

第二七条

以下のように定める。

本法律に基づいて発生するすべての罰金は（被告人が逮捕ないしは発見されたいずれかの州または領地における）かかる罰金への司法管轄権を有するいずれかの裁判所で、合衆国の権威をもって負債訴訟に提起され賠償されなければならない。

合衆国を代表して犯罪訴追手続きが最初に開始され、その裁判において罰金全額が合衆国の信託するところとなる場合以外は、かかる罰金の半分は犯罪通報者の資産に、またその他の半分は合衆国の資産となる。

第二八条

以下のように定める。

本法律のいずれかの侵犯のかどで動産ないしはその他の財産が押収された場合、合衆国を代表して犯罪訴追手続きを行う者は、歳入法を侵犯して合衆国に持ち込まれた動産ないしは製品に対する裁判で従うよう命じられる方法で、かかる動産ないしはその他の財産に対して訴訟を行う権限を付与される。

第二九条

以下のように定める。

以下に掲げる諸制定法ならびに諸制定法の一部は、廃止されるべきであり本法律によって廃止される。即ち次の通りである。

一八〇〇年五月一三日成立の、インディアンへの配給品ならびにインディアンの合衆国政府所在地訪問に関する諸規定を定める法律。

一八〇二年三月三〇日成立の、インディアン諸部族との通商交易の規制ならびにフロンティアの平和維持のための法律。

一八〇二年三月三〇日成立の、インディアン諸部族との通商交易の規制ならびにフロンティアの平和維持のための法律、に対する一八一六年四月二九日成立の追加法。

一八一七年三月三日成立の、インディアン領内で遂行された犯罪および不法行為処罰のための法律。

一八一八年四月一六日成立の、インディアン担当官の任命方法を定めなおかつ「インディアン部族との交易所を設立する法律」を継続するための法律の第一条と第二条。

一八一八年四月二〇日成立の、インディアン担当官および担当官代理商人の報酬を定めるための法律。

一八一九年二月二四日成立の、「公共交互計算書の迅速な支払いを定める法律」と題された法律の追加法。

一八一九年三月三日成立の、条文中で述べられているインディアン諸部族と結ばれた諸条約を実効あらしめるべく歳出を行うための法律の第八条。

一八一九年三月三日成立の、「インディアン諸部族との交易所設立ならびにその他の目的のための法律と題された法律の効力をさらに延長する法律の第二条。

一八二二年五月六日成立の、一八〇二年三月三〇日成立の「インディアン諸部族との通商交易を規制するための法律」と題された法律の修正法。

一八二四年五月一八日成立の、ミズーリ州以西およびアーカンソー領地以西のオーセイジ族への担当官任命ならびにその他の目的のための法律。

一八二四年五月二五日成立の、「大統領が特定のインディアン諸部族と条約を結ぶのを可能とするための、ならびにその他の目的のための法律」の第三条・第四条・第五条。

一八二六年五月二〇日成立の「クリーク族の特定のインディアンのミシシッピ川以西への移住の援助を行うための法律」の第二条。

一八三一年二月二五日成立の、ロック・リバーのウィネバゴ・インディアンへの副担当官任命を認可するための法律。

但し、以下のように定める。

かかる廃止は、諸制定法ないしは諸制定法の一部に基づくいずれかの既得権もしくは規程の刑罰、罰金もしくは没収には影響しないし、ミシシッピ川以東に居住するインディアン諸部族に関する限りは、一八〇二年の通商交際法を侵害したりそれに影響したりしない。

また、以下のように定める。

かかる廃止は、本条項に掲げた諸制定法ないしは諸制定法の諸条項によって廃止されたいずれかの制定法ないしは制定法の一部を復活させるものとは解釈されない。

第三〇条

以下のように定める。

西部領地が設立されるまで、インディアン業務担当部局の組織化を定めるための法律において定められた西部領地の二名の担当官は、大統領によって承認されたその日から、合衆国大統領によって指示された諸部族に対して担当官の職務を遂行する。

大統領は、前述の担当官の一名に対して、大統領が適当と考える地方の地区ないしは諸部族への監督官の職務を通常の職務に加えて割り当てることができる。

さらに、かかる臨時監督官に割り当てられた地区ないしは諸部族に対するセントルイスの監督官の権限は停止される。

また、かかる追加職務に対して追加給与は支払われない。

（4）インディアン業務担当部局の組織化を定めるための法律（組織化法）（一八三四年六月三〇日成立）

第一条

以下のように定める。

フロリダ領地総督およびアーカンソー領地総督のインディアン監督官としての職務は、本法律をもって停止される。また、ミシガン領地総督のインディアン監督官としての職務は、ミシガン湖以西の地方を包含する新領地が設立された場合にはそれ以降停止される。かかるミシガン領地総督はインディアン監督官を務めている間、その地位での職務に対する手当、給料、報酬をすべて満たすものとして、年俸一、〇〇〇ドルを受け取ることとする。

第二条

以下のように定める。

ミシシッピ川以西にあっていずれの州ないしは領地の境界内に含まれない、すべてのインディアン地方について、インディアン監督官事務所管轄区を設ける。かかる監督官は、セントルイスに居住し年俸一、五〇〇ドルを受け取ることとする。

第三条

以下のように定める。

インディアン監督官は、それぞれの事務所管轄区において、合衆国大統領によって定められた規則に基づいて連邦政府によりインディアン業務担当部局に雇用されたすべての公務員および人員の公務と会計に対して、全般的な監督と管理を行うこととする。

また、監督官は陸軍長官に対して直ちにその理由を説明することにより、かかる公務員および人員を停職もしくは解雇することができる。

第四条

以下のように定める。

以下に示すインディアン担当官が、合衆国上院の勧告と同意に基づいて、合衆国大統領によって任命されることとする。これらの担当官は、その職務を四年間務めることとする。これらの担当官は、職務の忠実な遂行の条件として、二人ないしはそれ以上の保証人をたてて、総額二、〇〇〇ドルの違約金を定めた捺印金銭債務証書を作成しなければならない。また、これらの担当官は年俸一、五〇〇ドルを受け取ることとする。

西部領地担当官二名
チカソー族担当官一名
イースタン・チェロキー族担当官一名
フロリダ・インディアン担当官一名
インディアナ州インディアン担当官一名
シカゴ担当官一名
ロック・アイランド担当官一名
プレイリ・ド・シーン担当官一名
ミシリマキノーおよびソルト・セント・マリー担当官一名
セント・ピーターズ担当官一名
アッパー・ミズーリ担当官一名

さらに、以下の担当官事務所は指定の期日をもって廃止される。

フロリダ担当官事務所は、来る（一八三四年）一二月三一日をもって廃止。
チェロキー族担当官事務所は、来る（一八三四年）一二月三一日をもって廃止。
インディアナ担当官事務所は、一八三六年一二月三一日をもって廃止。
シカゴ担当官事務所は、来る（一八三四年）一二月三一日をもって廃止。

ロック・アイランド担当官事務所は、一八三六年一二月三一日をもって廃止。

また、本法律によって規定されていない他のすべての担当官事務所は、本法律の成立をもって廃止される。前述の担当官事務所の存置期限は、合衆国大統領が指定期日よりも早い時点でかかる事務所を廃止するのを妨げるものとは解釈されない。

また、大統領が適切であると判断する場合にはいつでも、いずれかのインディアン担当官事務所を廃止する権限ならびに法令によって指定された場所もしくは公務が必要とする他の場所もしくは部族に担当官事務所を移す権限を付与されるべきであり、本法律によって付与される。

すべてのインディアン担当官は、それぞれが担当する部族の領土内かもしくはその近郊でなおかつ大統領が指示する場所に居住して事務所を管理しなくてはならない。また、許可なしに事務所管轄区の境界内から離れてはならない。

大統領は、いずれかの合衆国軍隊将校に対して、インディアン担当官の職務を遂行するよう要求することができる。

第五条
以下のように定める。

十分な数の副担当官が、年俸一人七五〇ドルをもって雇用されるべく大統領によって任命される。副担当官は、大統領の指示する場所に居住しなくてはならない。

副担当官は、職務の忠実な遂行の条件として、一人ないしはそれ以上の保証人をたてて、総額一、〇〇〇ドルの違約金を定めた捺印金銭債務証書を作成しなくてはならない。

但し、すでに担当官が任命され居住しているいずれかの担当官事務所管轄区の境界内に副担当官は任命されてはならない。

第六条

以下のように定める。

在職中の人物の再任を、その職務期限満了までに求めると解釈されるものは、本法律には一切含まれていない。但し、在職中のすべてのインディアン担当官および副担当官の職務権限は、来る三月四日までに終了しない場合には、同月同日をもって終了とする。

第七条
以下のように定める。
それぞれの担当官事務所管轄区および副担当官事務所管轄区の境界線は、陸軍長官によって、部族もしくは地理的境界線に基づいて定められる。
さらに、インディアン担当官および副担当官は、それぞれの事務所管轄区内でのインディアンとの交易を法令に則って管理・監督し、陸軍長官ないしはインディアン局長もしくはインディアン監督官から与えられる法的指図に従い、なおかつ大統領によって指示される規則を実効あらしめる全般的義務を負う。

第八条
以下のように定める。
合衆国大統領は、合衆国の法令に基づいてインディアンのために金銭ないしは動産ないしは財産の執行もしくは利用を命令ないしは委託されたすべての人物に対して、追加担保を従前以上の金額で適宜求めることができる。

第九条
以下のように定める。

各担当官事務所に通訳一名が割り当てられる。かかる通訳は、年俸三〇〇ドルを受け取ることとする。

また、以下のように定める。

同一の担当官事務所管轄区内に異なる言語を話す複数の部族が存在する場合、陸軍長官の自由裁量によって、かかる諸部族の各々につき一名ずつの通訳を割り当てることができる。通訳は当該担当官によって候補者が指名された上で、陸軍長官の承認を要することとする。通訳は担当官によってその給料と職務を停止される。但し、最終的判断のために担当官は陸軍長官に委細を報告しなければならない。

条約規定により鍛冶屋が必要とされている場合はいつでも、通訳と同様の方法によって雇用されることとする。かかる鍛冶屋は、年俸四八〇ドルを受け取ることとする。鍛冶屋が自らの作業場と道具を備える場合、一二〇ドルの追加報酬を受け取ることとする。また、鍛冶屋見習いは年俸二四〇ドルを受け取ることとする。

条約規定により農業指導員ないしは職工ないしは教師が必要とされている場合はいつでも、陸軍長官の命令によって雇用されることとする。かかる人々は、四八〇ドル以上で六〇〇ドルを超えない年俸を受け取ることとする。インディアンの利益のために雇用される通訳ないしはその他の人物を任命するすべての場合において、職務遂行の適切な資格を有するインディアン出自の人物が見いだされるなら、かかる人物が優先的に任命されることとする。また、諸部族のいずれかが、彼らのために雇用される鍛冶屋ないしは職工ないしは教師ないしは農業指導員ないしはその他の人物の雇用を彼ら自身で指定できると陸軍長官が判断した場合、かかる人物の指定は当該部族の有力者に委ねられることとする。

第一〇条
〔報酬および旅費その他〕

第一一条
以下のように定める。

いずれかのインディアン部族に対して支払われるよう条約で規定された年金もしくはその他の金銭の支払いは、当該部族の族長に対してか、あるいは当該部族が任命した人物に対してなされることとする。

あるいは、いずれかの部族が年金を教育の目的もしくはその他のいずれかの特定の利用に充てる場合、年金支払いは当該部族が指定する人物ないしは集団に対してなされることとする。

第一二条
　以下のように定める。
　合衆国大統領は、いずれかの年金が金銭で支払われることになっているか、いずれかのインディアン部族の要請によって、本法律一三条に従って購入される動産により支払わしめる権限を付与される。

第一三条
　以下のように定める。

　いずれかのインディアン条約によって、かかる条約の締結後にインディアンに対して支給されるよう要求されるすべての物品は、申し出が受理された際に、事前に与えられた通知に基づく陸軍長官の命令によって購入されることとする。

　いずれかのインディアン条約の締結に際して必要とされるすべての物品は、条約交渉使節団の命令に基づいて、かかる使節団が任命する人物によってか、もしくは大統領がかかる目的のために指定した人物によって購入されることとする。

　インディアンのための他のあらゆる物品購入とインディアンへの金銭もしくは動産のあらゆる支払いは、大統領がかかる目的のために指定する人物によってなされることとする。

　監督官ないしは担当官ないしは副担当官ならびに大統領が命令する軍隊将校は、インディアンに支払うことが、あるいは配達することが必要とされるすべての動産および金銭の配達に立会い、それを証明しなければならない。

　本法律のいずれかの条項によって必要とされる軍隊将校の職務は、旅費実費以外は無報酬で遂行されることとする……

第一四条
　以下のように定める。

インディアン業務担当部局に雇用される人物は、合衆国の利益を図る目的を除いては、インディアンとのいかなる交易にも利害関係を持ってはならない。

これに違反する人物はいずれも、制裁として五、〇〇〇ドルを没収される。また、合衆国大統領に対してかかる違反行為の説得的な告発がなされた場合、合衆国大統領はかかる人物を現在の職務ないしは地位から罷免する義務を負う。

第一五条

以下のように定める。

大統領は、ミシシッピ川以西で西部領地の境界線以北の友好的インディアンのいずれかとスペリオル湖地方ならびにミシシッピ川水源地方の友好的インディアンのいずれかに対して、有用な家畜および農具ならびに大統領が適当と判断する動産を供与せしめる権限を付与されるべきであり、本法律によって付与される。

但し、以下のように定める。

かかる贈与の総額は、五、〇〇〇ドルを超えてはならない。

第一六条

以下のように定める。

大統領が適当と判断し、なおかつ軍隊の糧食から軍務を害することなく供与されうる糧食を、彼が定めるのが適当と考えるような規則に則って、フロンティアに位置する合衆国の軍隊駐屯地ないしは担当官事務所あるいは個々のインディアン国内の合衆国の軍隊駐屯地ないしは担当事務所を訪れるインディアンに供与せしめる権限を付与されるべきであり、本法律によって付与される。

但し、かかる供与の特別会計がつけられ、報告されねばならない。

第一七条

以下のように定める。

合衆国大統領は、本法律の諸条項およびインディアン関連事項に関係するいずれかの他の法律の諸条項を実効あらしめる目的ならびにインディアン業務担当部局の会計決済の目的のために、彼が適切と考えるような規則および規程を定める権限を付与されるべきであり、本法律によって付与される。

（5）西部領地の設立ならびに同地域への移住民および同地域のその他のインディアンの安全と保護のための法案（領地法案）

第一条

連邦議会に参集した合衆国上院と下院は、以下のように定める。東をアーカンソー領地とミズーリ州の西境界線によって北でミズーリ川の南岸との交点に至る線で囲まれ、北東を前述のミズーリ川の南岸がプラット川の河口に至る線で囲まれ、北を前述のプラット川の南岸によって、同川の北側支流がワシントンを通る子午線から経度二八度西の経線（西経一〇五度）に最も近い地点で北緯四二度線と交差する地点に至る線と北緯四二度線がメキシコ領に至るまでの線によって囲まれ、西および南をメキシコ領と接する線によって囲まれた合衆国領土のすべての部分は、以下で述べる諸目的のために、西部領地と命名される単一の領地を構成する。

第二条

以下のように定める。前述の地域は、同地域への権利を有する様々なインディアン部族の使用のために今後永久に保留される。さらに本法律によって、合衆国は次のことを信義をもって誓約する。インディアン部族のいずれかに既に付与されたか今後付与される前述の領地の一部は、彼らと彼らの相続人と子孫に永久に保証される。もし彼らが望むなら、合衆国は当該地域についての公有地譲渡証書ないしは土地譲与証書を作成し執行せしめる。二つないしはそれ以上の部族が合併して単一の部族を構成する場合、かかる諸部族への土地譲与証書は、それら諸部族が同意する条件に基づいて、この連合部族の利益に供される。かかるインディアンたちないしは諸部族の権利は、いずれかの時点で彼らが領地ないしは合衆国の一部に統合されても損なわれない。
さらに次のように定める。その利益のために土地付与がなされたインディアンないしは今後なされるインディアンが絶滅するか土地を放棄する場合、かかる土地は合衆国に返還される。

第三条
以下のように定める。前述の領地に居住する諸部族それぞれは、彼ら自身の内政の整備のために、彼らにとって適切と思われる政府を設立し維持することができる。総評議会は、かかる政府の維持に向けて適宜必要な軍事力を備える資格を有する。合衆国軍隊が、大統領の指示に基づいて、同様の目的のために用いられる。

第四条
以下のように定める。前述の領地の総督は、上院の勧告と同意に基づいて大統領により任命される。この総督は任期三年とし、職権上の資格で前述の領地のインディアン業務監督官を兼務する。この総督は就任宣誓を行い、総督ならびに監督官として、性格や種類を問わず全ての手当を満たすものとして年額三、五〇〇ドルの給与を受け取ることとする。前述の総督は、合衆国大統領により任命される。前述の領地内の場所に居住し、法令により命じられる職務ないしは大統領により指示される職務を遂行することとする。

第五条
以下のように定める。総務長官は、前述の勧告と同意に基づいて大統領により任期四年をもって任命される。この長官は就任宣誓を行い、性格や種類を問わず全ての手当を満たすものとして年額一、五〇〇ドルの給与を受け取ることとする。この長官は、合衆国大統領により総督の居住地として指示された場所に居住しなくてはならない。この長官は、前述の総督の公務全ての記録をとり、この記録の複写を上下両院に毎年提出すべし。この長官は、総督職が空位の期間ないしは総督が領地に不在の期間、前述の領地の総督の職務を代行し、法令により命じられる職務ないしは合衆国大統領により指示される、それ以外の職務を遂行することとする。

第六条

以下のように定める。前述の総督は任命後ただちに、ミシシッピ川の東側から西側に移住して西部領地に居住する様々な部族の十分な数の首長たちを、（境遇や習慣から考えて、設立が提案される連合政府への加入の資格があると認められる）前述の地方の他の原住民の首長たちとともに適切な地点に集め、個々の部族当局の協力を必要とする本法律の諸条項を実効有らしめるために、それら条項に彼らが同意するための提議を提出し、かかる同意が得られたなら、それらを成文化し複写を作成して、一部は陸軍省に提出し一部は前述の総督の官邸に保管すべし。さらに次のように定める。この連合規約は、事前に承認されている、かかる諸部族の首長により同意されない場合、ないしはかかる諸部族により批准されない場合には、いずれの部族をも拘束しない。また次のように定める。チョクトー族とクリーク族とチェロキー族が同意しない場合、かかる連合は無効とする。前述の領地のその他の部族は、かかる連合に事後に加入し、その構成員となることができる。

第七条

以下のように定める。同意して前述の連合を形成した幾つかの部族による総評議会は、総督により決定された時間と場所に従って毎年開催される。この総評議会は、人口に比例して個々の部族により選挙されるか既存の首長たちから選抜される。少なくとも二四人の代表により構成される。人口比例の割合は総督により決定され、代表選定の方式が選挙によるか選抜によるかも、総督により決定される。

以下のように定める。諸部族が各々の代表を選挙する資格を有すると考えられれば直ちに、その選定方式が採用されるべし。また、様々な部族の間の交際に係わる必要な全ての規則を作成し、平和を維持し、敵対行為を終結させ、境界線に関する諍いの疑義を解決し、所与の部族の地区内で犯罪を遂行した全てのインディアンと別の部族の地区に逃亡した全てのインディアンを逮捕し処罰し、全般的には本法律の意図に実効性をもたせるのに必要な手段を採ることが、総評議会の義務である。総評議会により採択される規則は全て、総督にその検討のために提出しなくてはならず、総督の承認なしには効力を有しない。総督は、異常事態に際して前述の総評議会を召集し、またあらゆる場合に総評議会を休会させる権限を有する。前述の総評議会の構成員は、別途法令により規程がなされるまで、前述の総評議会に参加し帰宅するまでの間、合衆国から必要な生活費を受け取る。前述の総評議会の規則に実効性をもたせるために、大統領が支持する方式により合衆国軍隊が用いられる。

第八条

以下のように定める。合衆国の業務に当たる全ての軍隊将校と人員ならびに条約規程に基づいて雇用される全ての人員ならびに前述の領地の中を旅したり横断したりする住民以外の者は、かかる将校ないしは者が、前述の領地において合衆国の法令の保護の下におかれ、合衆国の法令に従わねばならない。かかる将校ないしは住民が、前述の領地において合衆国の法令に反する犯罪を遂行した場合、総督はそれら将校ないしは住民を逮捕し、かかる犯罪の司法管轄権を有する領地ないしは地区へ裁判のために移送しなければならない。かかる将校ないしは住民がいずれかの部族の法令に反する犯罪を遂行した場合、総督はその部族の訴状に基づいて、かかる者をその部族の境界内から直ちに退去させなくてはならない。

第九条

以下のように定める。ある部族のインディアンが殺人を遂行するか他部族のインディアンの人身ないしは財産に対するその他の犯罪を遂行した場合、その者は総評議会が指示する方式により逮捕され、総評議会の規則により事前に規程された処罰を受ける。かかる犯罪者は合衆国の軍隊砦のいずれかに拘禁され、この犯罪者が所属せず、また被害者側も所属しない総督が召還する諸部族の五人の首長による裁判を受ける。かかる首長による判決は、総督が十分な理由により大統領の意志が判明するまで判決言い渡しを延期しない限り直ちに実行される。いずれの部族の構成員でもない者が犯罪を遂行したと決せられ、部族の法令によるその犯罪に対する刑罰が死刑となるような場合全てにおいて、その判決は総督に直ちに報告され、総督は十分な理由により大統領の意志が判明するまで死刑執行を延期させることができる。

第一〇条
　以下のように定める。総督は、ある部族により他の部族に加えられた攻撃事件ないしは加えられようとしている攻撃事件において、かかる攻撃を撃退ないしは防止するための援助を第三者の部族に要求し、また同様の職務を遂行するよう前述の領地内の合衆国軍隊に要請する権限を有する。総督は、必要と判断する場合は常に人質を逮捕、拘禁し、その処罰を遅滞なく大統領に報告する権能を付与される。

第一一条
　以下のように定める。前述の諸部族を鼓舞し、文明生活の諸技術についての彼らの向上を促し、彼らが最終的には自由な政府の祝福を保証されてアメリカ国民が現在享受する特典を完全に共有することを認められる、という合衆国による希望の説得的証拠を彼らに与えるために、前述の連合諸部族は、総評議会が規定する方法により、合衆国議会への代表一名を選出する資格を有する。その代表は、合衆国の各領地の代表が有するのと同じ権限と特典と報酬を与えられる。

第一二条
　以下のように定める。教育を目的とする年金が付与される前述の領地の部族全ては、大統領が指示する方法により、総督の監督の下で年金の支出を管理し得る。

第一三条
　以下のように定める。合衆国と前述の領地の個々のインディアン部族との間の通商交際は、本法律に規程がない場合、インディアン諸部族との通商交際を規制する諸法令により規制される。

第一四条
　以下のように定める。前述の領地の諸部族のいずれか、ないしは前述の評議会が、かかる部族ないしは総評議会の法令として、総督が承認した罰則を伴う、インディアンとの通商交際を規制する合衆国の法令の禁止条項を全面的ないしは部分的に採択した場合、またその法令に反する犯罪者の審理のために相応の裁判所を設置した場合、総督は前述の領地においてかかる犯罪者を逮捕、拘禁し、この裁判の判決に実効性をもたらすために、合衆国軍隊を用いる権限を付与される。

第一五条

以下のように定める。本法律には、合衆国とインディアン諸部族のいずれかとの間の既存の条約の侵害を正当化したり命じたりすると解釈されるものは一切含まれていない。また本法律には、前述の連合の構成員とならないような部族に対して、合衆国がかかる部族との条約により現在負っているか将来負うことになる以上の義務を負うと解釈されるものは一切含まれていない。

おわりに

本書は一九世紀前半期アメリカにおける先住民インディアン・白人関係について強制移住を中心に考察しようとした試みである。ジャクソン期インディアン強制移住については、本書でも触れたように日米において数多の研究蓄積があるが、本書は筆者なりの視角から、この強制移住を読み解こうと試みた。できうる限り、一次資料を渉猟、分析したが、言うまでもなく超えがたい限界があり、決して十分とはいえない。しかし、本書が従来のアメリカ発展史研究を再考するきっかけに少しでもなれば、望外の喜びである。

筆者は、全面的な書き下ろしの著書を望んだが、残念ながら一次資料の検討・渉猟により、従来の研究蓄積の書き直しに留まらざるを得なかった。その蓄積の一部を次に列挙しておきたい。「ジャクソン期インディアン強制移住政策とインディアン―インディアン移住＝隔離・インディアン文明化・インディアン領地構想―」『常識のアメリカ・歴史のアメリカ』木鐸社、一九九三年。「共生の試みと挫折―インディアンの共和国と強制移住―」『人と人の地域史』山川出版社、一九九七年。これ以外にも筆者がインディアン史研究に目覚めた札幌学院大学の「人文学会紀要」、立教大学「史苑」（立教大学史学会）に掲載したいくつかの研究論文などである。また、第五章に関しては、**Daniel F. Littlefield, Jr.** の *Africans and Seminoles*, 1977 の一部を参照したことを付しておきたい。

序章でも触れたように、筆者がインディアン史研究に目覚めたのは、恩師、富田虎男氏の力によるし、在札幌中のアイヌ史研究者たちとの出会いも、大きな刺激となった。筆者のインディアン史研究は、未熟で、本人自身大きな不満が残るものであるが、インディアン・白人関係史研究を通してアメリカ史を筆者なりに考究していく意欲は、依然強いものがある。本書もその努力の一端であり、多くの人々からの忌憚ないご批判を待ちたい。

また、つたない研究にも拘らず、本書の刊行の意義を認めてくださった立教大学出版助成の補助を受けて本書を刊行できた。心より御礼申し上げます。

私事ではありますが、筆者の不十分な体調を支え、研究活動を可能にしてくれた、家族の多大なる協力があったことも、記しておきたいと思います。

一方、惜しみない応援をいただいた木鐸社の坂口節子氏には心より御礼申し上げます。

著　者

初出一覧

第一章　「1830年インディアン強制移住法成立過程の一考察―白人社会内の賛否両論の検討を中心として―」札幌学院大学人文学会紀要48号，1990，23-53頁（参考資料　（強制移住法）も付記）

補章　「ジェディダイア・モースのインディアン改革計画」立教大学史学会　史苑　54巻２号，1994，22-38頁

第二章　「1834年インディアン関連二法とインディアン強制移住」札幌学院大学人文学会紀要52号，1992，177-205頁（参考資料（通商交際法　組織化法）も付記）

第三章　「ジャクソン期インディアン領地構想についての一考察」札幌学院大学人文学会紀要　53号，1993，27-52頁（参考資料（領地法案）も付記）

第四章　「共生の試みと挫折―インディアンの共和国と強制移住」木村靖二・上田信編『人と人の地域史』（第二章）山川出版社，1997，331-374頁

第五章　書き下ろし。Daniel F. Littlefield, Jr. *Africans And Seminoles – From Removal to Emanicipation*, Greenwood Press Westport, Conn. 1977, Backgrounds, pp. 3-14 を参考にした。

第六章　「ジャクソン期インディアン強制移住政策とインディアン―インディアン移住＝隔離・インディアン文明化・インディアン領地構想―」遠藤泰生・金井光太朗・鵜月裕典他『常識のアメリカ，歴史のアメリカ』木鐸社，1993，175-191頁

参考資料　「大統領年次教書」（インディアン関係）James D. Richardson, *Messages and Papers Presidents*, vol. II, Bureau of Natinal Literature, 1897

アメリカ政治文化史 建国よりの一世紀

Robert Kelley,The Cultural Pattern in American Politics: The First Century, 1979

R.ケリー著　長尾龍一・能登路雅子訳

46判・464頁・3800円（1987年）ISBN4-8332-2112-8

本書は，伝統的な意味でのアメリカ政党史ではない。それを形作ってきた様々な人間集団の歴史として，建国期のアメリカを生きた普通の人々の生活意識や体験に基づく対立と連携の壮大なドラマを描く。

将軍ワシントン

Don Higginbotham, George Washington and The American Military Tradition

ドン・ヒギンボウサム著　和田光弘・森脇由美子·他訳

A5判·220頁·2500円（2003年）ISBN4-8332-2345-7

■アメリカにおけるシヴィリアン・コントロールの伝統

本書は，共和主義者・大陸軍正規の総司令官としてのワシントンの評伝を通じて，独立戦争が大陸軍に組織的実態を与えたこと，彼は社会と軍隊の関係性＝民軍関係に配慮を怠らなかったことなどを指摘し，「正統」な（もしくは保守的な）アメリカ史を叙述する。

アメリカの黒人奴隷制論

—その思想史的展開—

清水忠重著

A5判・332頁・5500円（2001年）ISBN4-8332-2306-6

建国期から南北戦争期にかけて展開されたアメリカ合衆国の黒人奴隷制をめぐる様々な論争を思想史的に跡づける。その所論を1. 奴隷制反対・黒人移民論　2. 奴隷制擁護論　3. 奴隷制即時廃止・国内解放論の三つに大別し，夫々の論拠を実証的に検討することで現代に及ぶ解消することのない矛盾の原点を解明。

民衆支配の讃歌（上）（下）

Sean Wilents, Chants Democratic, 1984

S.ウィレンツ著　安武秀岳・鵜月裕典・森脇由美子訳

（上）A5判・336頁・3000円（2001年）ISBN4-8332-2294-9
（下）A5判・290頁・3000円（2001年）ISBN4-8332-2295-7

■ NY 市とアメリカ労働者階級の形成

19世紀中葉，NY 市における職人共和国生成の束の間の夢と，一方，メトロポリスの急激な変化とその崩壊した運動が残した精神へのレクイエム。本書は，いわばアメリカ民主主義の出現という壮大な主題に取り組んだ歴史叙述。

著者略歴

鵜月裕典（うづき　ゆうすけ）

1957. 2　東京都生まれ
1980. 3　立教大学文学部史学科卒業
1982. 3　立教大学文学研究科史学専攻博士課程前期課程修了
1988. 4　札幌学院大学人文学部専任講師
1992. 4　助教授
1994. 4　立教大学文学部史学科助教授
1999. 4　教授
2006. 4～文学部史学科超域文化学専修教授

American Indians against the unfaithfull Great father in Jacksonian Era

不実な父親・抗う子供たち ■19世紀アメリカによる強制移住とインディアン

2007年2月28日第一版印刷発行 ©

著者との了解により検印省略

著　者　鵜　月　裕　典
発行者　坂　口　節　子
発行所　㈲　木《ぼく》　鐸《たく》　社《しゃ》

印刷　㈱アテネ社　製本　高地製本

〒112-0002　東京都文京区小石川5-11-15-302
電話（03）3814-4195番　郵便振替　00100-5-126746番
ファクス（03）3814-4195番　http://www.bokutakusha.com

乱丁・落丁本はお取替致します

ISBN978-4-8332-2386-7　C3022

索引

あ行

か行

さ行

た行

な行

は行

ま行

や行

ら行

わ行

引用文献

序　本書の視角

Deloria, Philip Jr. and, Neal, Salibury eds. A *Companion in American Indian History,* Blackwell Publishers: Malden, Mass., 2002.

Green, Michael D. and Perdue, Theda, "Native American History," in Barney, William L., A *Companion to 19th Century America*, Oxford Blackwell Publishers, 2001.

Pessen, Edward, *Jacksonian America: Society, Personality and Politics*, rev. ed. Homewood, III 1978.

岩崎佳孝 「強制移住後のインディアン・テリトリにおけるアメリカ先住民部族—チカソー族の部族内抗争と部族自治への道程—」『アメリカ史研究』24号，2001.

佐藤円 「チェロキー族における部族政治の組織化— 18世紀の初頭から1820年代まで—」『法政史学』49，1997.

清水知久・高橋章・富田虎男 『アメリカ史研究入門』 山川出版社　1974

富田虎男 『アメリカ・インディアンの歴史』 雄山閣出版　1982.

第１章　強制移住期までの連邦インディアン政策

Abel, Annie H., "Proposal for an Indian State, 1778-1878," in *American Historical Association, Annual Report for the year 1906*.

Address of the Committee and Council of the Cherokee Nation in General Council Convented to the People of the United States in Prucha, F. P., ed., *Cherokee Removal* by Jeremiah Evarts, Univ. of Tennessee Press, Knoxville, 1981.

An Act to establish an Executive Department to be dominated the Department of War, Aug. 7, 1789 in Prucha, F. P., ed., *Documents of the United States Indian Policy,* Lincoln Neb. 1975.

Annual Report for 1829 from the Bureau of Indian Affairs, Nov. 17, 1829 in *New American State Papers, Indian Affairs*, II.

Barbour to Cocke, Feb. 3, 1826 in American State Papers, Indian Affair. II.

Beaver, R. Peerce, "Protestant Churches and the Indians" in Washburn, Wilcom

E. ed., *History of Indian-White Relation*.

Berkhofer Jr., Robert F., *Salvation and Savage : An Analysis of Protestant Missions and American Indian Response 1787-1862*, New York, report of 1965-1976.

Berkhofer Jr., Robert F., "White Conceptions of Indian" in Washburn, Wilcom E.,ed., *History of Indian - White Relations*.

Biographical Dictionary of the United States Congress, 1744-1989, Washington D.C. 1989.

Burke, Joseph D., "The Cherokee Cases: A Study in Law, Politics and Morality," *Stanford Law Review* 21 (Feb 1969).

Cain, Marvin R., "William Wirt against Andrew Jackson: Reflection on an Era," *Mid-America* 47 (Apr. 1965).

Cherokee Nation vs Georgia, 1831 and Worcester vs Georgia, 1832 in Prucha, F.P., *Documents of United States Indian Policy in the United States*.

Cass, Lewis, "Removal of Indian", *North American Review* 30 (Jan. 1830).

"Cherokee cases", *North American Review* 33 (July 1831).

Derosier Jr., Arthur H., "Cyrus Kingsbury; missionary to the Choctaws," *Journal of Presbyterian History* 50 (Winter 1972).

Evarts, Jeremiah, "Removal of Indians" *North American Review* 31 (Oct. 1830).

Evarts, Jeremiah, "Present State of the Indian Question" and "What are the People of the United States Bound to do in regard to the Indian Question" in Prucha, F. P., ed., *Cherokee Removal* by Jeremiah Evarts, Univ. of Tennessee, Knoxville. 1981.

Evarts, Jeremiah, *Essays on the Present Crisis in the Conditions of the American Indian First Published in the National Intelligencer under the Signature of William Penn*, Boston 1829 in Prucha, F. P., ed., *Cherokee Removal by Jeremiah Evarts*, Univ. of Tennessee, Knoxville. 1981.

Farewell Address, March 4, 1837 in Richardson, James, comp. *A Compilation of the Message and Papers of Presidents*.

Horseman, Reginald, *Race and Manifest Destiny: The Origins of American Racial Anglo-Saxonism*, Cambridge Mass, 1981.

Horseman, Reginald, "United States Indian Policies, 1776-1817" in Washburn, Wilcom E. ed., *History of Indian - White Relations*, Washington, 1998.

Jackson to John Coffee, Feb. 19, 1832, Jackson to John D. Terril, July 29, 1826 in Bassett, John S. ed., *Correspondence of Andrew Jackson*, 7vols. Washington, 1926-35 IV and III.

Jackson to Monroe, March 4, 1817 and Jackson to Calhoun, Sept. 2, 1820 in Bassett, John S. ed., *Correspondence of Andrew Jackson*. 7vols. Washington, 1926-1935.

Jackson to John Coffee, Aug. 7, 1832 in Bassett, John S. ed., *Correspondence of Andrew Jackson*.

Jackson to William Henry Harrison, Feb. 27, 1803 in Prucha, Francis P. ed., *Documents of the United States Indian Policy,* Lincoln Neb., 1975.

Kappler, Charles J., *Indian Affairs: Laws and Treaties*, 5vols. Washington, 1904.

Kohl, Lawrence F., *The Politics of Individualism: Parties and American Character in the Jacksonian Era*, N. Y. 1989.

"Land Policies and the Georgia Laws of Dec. 19, 1829" in Filler, Louis and Guttmann, Allen, ed., *The Removal of the Cherokee Nation*, Boston, 1962.

Longaker, Richard P., "Andrew Jackson and the Judiciary," *Political Science Quarterly*71 (Sept. 1956).

Lumpkin, Wilson, *The Removal of the Cherokee Indian from Georgia*, 2vols. Wormsole. Ga., 1907.

Mckenney to Jeremiah Evarts, May 1, 1829 in Mckenney T., *Memoirs Official Personal*, New York, 1846, I Appendix.

Mckenney, Thomas L., *Memoirs Official Personal*, 2vols, New York, 1846.

Mckenney to Matthew Lyon, May 18, 1821 in Prucha, F. P., *Great Father: the United States Government and the American Indian*. 2vols. Lincoln Neb., 1984.

McLoughlin, William G., *Champions of the Cherokees; Evan and John B. Janes*, Princetion. N. J. 1990.

McLoughlin, William G. and Conser Jr. Water H., "The Cherokees in Translation: A Statistical Analysis of Federal Cherokee Census of 1835," *Journal of American History* 64 (Dec. 1977).

Memorial of the American Board Commision for Foreign Missions, Jan. 26, 1831 in Prucha, F. P. ed., *Cherokee Removal* by Jeremiah Evarts, Univ. of Tennessee. Knoxville. 1981.

Message of Dec. 8, 1829 and Message of Dec. 3, 1833 in Richardson, James, comp., *A Compilation of the Message and Papers of Presidents*, 11vol. Washington, 1897-1917.

Message of Dec. 7, 1824 and J. Q. Adams' Message of Dec. 2, 1828 in Richardson, James, comp., *A Compilation of the Message and Papers of Presidents*, 1897-1917.

Message of Oct. 25, 1791 in Richardson, James D., comp. *A Compilation of the Massages and Papers of Presidents*, Washington, 1897-1917.

Message of Dec. 2, 1819 in Richardson, James, comp., *A Compilation of the Message and Papers of Presidents*, Washington, 1897-1917.

Miles, Edwin A., "After John Marchall's decision:Worcester vs. Georgia and the Nullification Crisis," *Journal of Southern History* 39 (Nov. 1973).

Pearce, Roy Harvey, *The Savages of America: A Study of Indian and Idea of Civilization*, Baltimore, 1953.

Pessen, Edward, *Jacksonian America: Society, Personality and Politics*, rev. ed., Homewood III, 1978.

Prucha, Francis P., *American Indian Policy in the Formative Years: The Indian Trade and Intercourse Acts, 1790-1834*, Lincoln Neb., 1962.

Prucha, F. P., "Thomas L. Mckenney and the New York Board," in Prucha, F. P., *Indian Policy in the United States; Historical Essays*, Lincoln Neb., 1981.

Prucha, Francis P., *Great Father: The United States Government and American Indians*. 2vols. Lincoln. Neb., 1984.

Records of United Foreign Missionary Society Board of Managers, May 5, 1823 in Berkhofer Jr., *Salvation and Savages: An Analysis of Protestant Missions and American Indian Response, 1787-1862*, New York.

Remini, Robert, *The Legacy of Andrew Jackson: Essays on Democracy, Indian Removal and Slavery,* Louisiana Univ. Press, 1988.

Report of Mckenney, March 22, 1830 in Prucha, F. P., *Great Father.*

Report of Jan. 22, 1818 in *American State Papers, Indian Affairs*. II.

Report from the Superintendent of Indian Affairs, Nov. 26, 1830 in *American State Papers, Indian Affairs*. II.

Report to the President of the United States in *American State Papers, Indian Affairs,* June 15, 1789.

Report to the President in the United States July 17, 1789 in *American State Papers, Indian Affairs*, I.
Report from the Indian Office, Nov. 20, 1826 in *New American State Papers, Indian Affairs*, II.
Report to the President of the United States, Jan. 25, 1920 in *American State Papers, Indian Affairs*, II.
Report on Proposed Settlement of Dispute over Indian Lands, Feb. 22, 1830 and Report on Removal of Indians from Georgia, Feb. 24, 1830 in *New America State Paper. Indian Affairs*. IX.
Satz, Ronald N., *America Indian Policy in the Jackson Era*, Lincoln Neb., 1975.
Secretary of War Eaton to Cherokee delegation, Apr. 18, 1829 in Prucha, F. P., ed., in *Documents of the United States Indian Policy in the United States*, Univ. of Nebraska Press.
Seehan, Bernard W., *Seeds of Extinction: Jeffersonian Philanthropy and the American Indian*, Chapel-Hill, 1973.
U S Congress, *Register of Debates in Congress*.
Viola, Herman J., *Thomas L Mckenney: Architect of America's Early Indian Policy, 1816-1830*, Chicago, 1974.
Viola, Herman J., "Thomas L. McKenney" in Kvasnika, Robert M, and Viola, Herman J., eds., *The Commissioners of Indian Affairs, 1824-1977*, Lincoln Neb., 1979.
Washburn, Wilcom E., eds., *The American Indian and the United States: A Documentary Essay*, 4vols. Westport. Conn., 1979.
Young, Mary E., "Cherokee Nations: Mirror of Republic" *American Quarterly* 33 (1981).
Young, Mary E., "Indian Removal and Land Transfer" in Washburn, Wilcomb E. ed., *History of Indian White-Relations* (Handbook of North American Indian vol.4), Washington, 1998.
Young, Mary E., "Indian Removal and Land Allotment: The Civilized Tribes and Jacksonian Justice." *American Historical Review* 64 (October 1988).
Young, Mary E., *Redskins, Ruffleshirts and Rednecks: Indian Allotments in Alabama and Mississippi, 1830-1860*. Norman: Univ. of Okl. Press 1961.
上田伝明『マニフェスト・デスティニとアメリカ憲法』法律文化社，1988.

佐藤円「チェロキー族における部族政治の組織化―18世紀の初頭から1820年代まで」『法政史学』49, 1997.

島川雅史「ジェファソンとインディアン問題」『アメリカ研究』12, 1978.

富田虎男「連合会議のインディアン改革」『アメリカ市民社会意識形成研究会報』1969.

富田虎男「アメリカ・インディアンの歴史」, 雄山閣, 1982.

藤田尚則「アメリカ・インディアン法研究序説(1)－公法学の視点から－」『創価法学』19－1, 2, 1989.

補章　ジェディダイア・モースのインディアン改革計画

Andrew, John A., *III, From Revivals to Removal: Jeremnia Evants, the Cherokee Nation, and the Search for the Soul of America*, Athens Ga., 1992.

Application of the Board of Commissions for Foreign Missions for Pecuniary Aid in Civilizing the Indians in American State Papers, Indian Affairs, II, March 3, 1824.

Art. II in North American Review XVI, 1823.

Encyclopedia, I, "Philadelphia," 1790 in Pearce, Roy Harvey, *The Savages of America : A Study of the Indian and the Idea of Civilization*, Baltimore, 1953-1965.

Hirschfelder, Arlene and Molin, Paulette, *The Encyclopedia of Native American Religions*, New York, 1992.

Gibson, Arrell Morgan, *The American Indian: Prehistory to the Present*, Lexington, Mass., 1980.

Letter from the Hono. Thomas Jefferson, March 6, 1822 in *The First Annual Report of the American Society for Promoting the Civilization and General Improvement of the Indian Tribes in the United States*, New Heaven, 1824.

McLoughlin, Wiiliam G., *Cherokee and Missions, 1789-1839*. New Heaven, 1984.

McLoughlin, William G., *Cherokee Renascence in the New Republic*, Princeton, N. J., 1980.

Meek, Ronald L., *Social Science and the Ignoble Savage*, New York, 1976.

Message of Dc. 7, 1824 in Richardson D. comp., *A Complication of the Message and Papers of the Presidents*, 11vols. Washington, 1897-1917, II.

Monroe to Jackson, Oct. 5, 1817 in Bassett, John S., ed., *Correspondence of An-*

drew Jackson, 6vols., Washington, 1926-1933.

Morse, Jedidiah, *A Report to the Secretary of War of the United States on Indian Affairs*, New Heaven, 1822.

Morse, Jedidiah, "History of America Philadelphia, 1795" in Meek, Ronald L., *Social Science and the Ignoble Savage*, New York, 1976.

Morse, Jedidiah, *Sins Times; A Sermon preached before the Society for Propagating the Gospel*…., Charlstown, 1810.

Morse, Jedidiah, *The First Annual Report of the American Society for Promoting the Civilization and General Improvement of the Indian Tribes in the United States*, New Heaven, 1824.

Panelist, 4(1808-09), 5(1809-10) and 11(1815).

Pearce, Roy Harvey, *The Savages pf America: A Study pf the Indian and the Idea of Civilization*, Baltimore, 1953-1965.

Report of Senate Committee on Public Lands, in *American State Papers, Indian Affairs*. II, Jan. 9, 1817.

Robertson, William, *The History of America,* London 1777 in Berkhore, Robert, Jr. *The Whiteman's Indian: Image of the American Indian from Columbus to the President*, New York, 1978.

Prucha, Francis P., *American Indian Policy in the Formative Years: The Indian Trade and Intercourse Acts, 1790-1834*, Lincoln Neb., 1962.

Prucha, Francis P., *Great Father: The United States Government and the American Indian*, 2vol. Lincoln Neb., 1984. I.

Schultz, George A., *An Indian Canaan: Isaac McCoy and the Vision of an Indian State*, Norman Okl., 1972.

Sheehan, Bernard W., *Seeds of Extinction; Jeffersonian Philanthropy and the American Indian*, New York, 1973.

Special Message of Jan. 27, 1825 in Richardson D. comp., *A Compilation of the Message and Papers of the Presidents*, 11vols. Washington, 1897-1917, II.

Waldman, Carl ed., *Who was who in Native American History,* New York 1990.

Weeks, Philip, *Farewell my Nation: The American Indian and the United States*. Arlington Heights, III, 1990.

Wilson, Joseph, "Jedidiah Morse; An Intellectual Biography," Ph. D diss., Univ. of California, Berkeley, 1978.

小柳公洋 「ウィリアム・ロバートソンと歴史の問題」『北九州大学商経論集』第23巻第3号 1998.

鵜月裕典 「1834年インディアン関連二法とインディアン強制移住」『札幌学院大学人文学会紀要』第52号 1992.

鵜月裕典 「ジャクソン期インディアン強制移住とインディアン―インディアン移住＝隔離・インディアン文明化・インディアン領地構想―」 金井・遠藤・鵜月ほか 『常識のアメリカ・歴史のアメリカ―歴史の新たな胎動―』木鐸社, 1993.

鵜月裕典 「1830年強制移住法成立過程の一考察―白人社会内の賛否両論の検討を中心として―」『札幌学院大学人文学会紀要』第48号 1990.

鵜月裕典 「ジャクソン期インディアン領地構想についての一考察」『札幌学院大学人文学会紀要』第53号 1993.

第2章 1834年インディアン関連諸法

Abel, Annie H., "Proposals for an Indian State, 1778-1878," *American Historical Association, Annual Report for the Year 1906*.

Basset, John S., ed., *Correspondence of Andrew Jackson*. 7vols. Washington 1926-1935: Jackson to James Gadsden, Oct. 12, 1829.

Berkhofer Jr., Robert F., *Salvation and the Savages: An Analysis of Protestant Missions and American Indian Response 1787-1862*, New York, 1976.

Brown, Dee, *Bury My Heart at Wounded Knee: An Indian History of the American West*, New York, 1970.

Cohen, Felix S., *Handbook of Federal Indian Law*, Washington, 1942.

Deloria Jr., Vine, *Caster Died for Your Sins: An Indian Manifesto*, New York, 1969.

Deloria Jr., Vine, and Lytle, Clifford M., *American Indian, American Justice*, Austin, Texas, 1983.

Drinnon, Richard, *Facing West: The Metaphysics of Indian Hating and Empire-Building*. Minneapolis, 1980.

Foreman, Grant, *Indian Removal: The Emigration of the Five Civilized Tribes of Indians*, Norman, Okl., 1932.

Herman, J. Viola, *Thomas L. McKenney: Architect of America's Early Indian Policy, 1816-1830*. Chicago, 1974.

Horsman, Reginald, *Race and Manifest Destiny: The Origins of American Racial*

Anglo Saxonism, Cambridge, Mass., 1981.

Jackson to John D. Terill, July 29, 1826 in Bassett ed., *Correspondence of Andrew Jackson*, IV.

Kappler, Charles J., *Indian Affairs: laws and Treaties*, 5vols. Washington, 1904.

Message of Dec. 2, 1829., Farewell Address March 4 1937 of A. Jackson, Message of Dec. 7, 1824 and Special Message of Jan. 27, 1825 in Richardson, James, comp., *A Complication of the Message and Papers of Presidents*, 11vols. Washington, 1897-1917.

Pessen, Edward, *Jacksonian America Society and Politics*, rev. ed., Homewood III, 1978.

Prucha, Francis P., *American Indian Policy in the Formative Years: The Indian Trade and Intercourse Acts, 1790-1834*. Cambridge Mass., 1962.

Prucha, Francis P., *Indian Policy in the United States: Historical Essays*, Lincoln Neb., 1981.

Prucha, Francis P., *Great Father: The United States Government and the American Indians*, 2vols., Lincoln Neb., 1984.

Prucha, Francis P., "Federal Indian Policy in the United States History," 1829 in Prucha *Documents of United States Indian Policy in the United States*, Univ. of Nebraska Press.

Prucha, Francis Paul, *Sword of the Republic: The United States Army on the Frontier, 1783-1846*. New York, 1969.

Prucha, Francis P., "American Indian Policy in the 1840's: Visions of Reform" in Prucha's *Documents of United States Indian Policy in the United States*, 1990.

Report of Cass and Clark; Fe. 4, 1829 in New *American State Papers, Indian Affairs*.

Remini, Robert V., *The Legacy of Andrew Jackson: Essays on Democracy, Indian Removal and Slavery,* Baton Rouge La., 1988.

Rogin, Michael P., *Fathers and Children: Andrew Jackson and the Subjugation of the American Indian*, New York, 1975.

Satz, Ronald N., *American Indian Policy in the Jacksonian Era*, Lincoln Neb., 1975.

Schults, George A., *An Indian Canaan: Isaac McCoy and the Vision of an Indian* State, Norman Okl., 1972.

Sheehan, Bernard W., *Seeds of Extinction; Jeffersonian Philanthropy and the American Indian*, New York, 1973.

Washburn, Wilcomb E., "Indian Removal Policy: Administrative, Historical and Moral Criteria for Judging Its Success or Failure," *Ethnohistory* No.12 (Summer 1965).

Weeks, Philip, *Farewell my Nation: The American Indian and the United States*, Arlington Heights, III, 1990.

Young, Mary E., *Red-skins, Ruffleshirts and Rednecks: Indian Allotment in Alabama and Mississippi*, Norman Okl., 1961.

フィッツジェラルド・フランシス，中村輝子訳『改訂版アメリカ―書きかえられた教科書の歴史―』 朝日出版社　1981.

鵜月裕典 「1830年インディアン強制移住法成立過程の一考察―白人社会内の賛否両論の検討を中心として―」『札幌学院紀要』48号　1990.

第３章　ジャクソン期インディアン領地構想

Abel, Annie H., "Proposals for an Indian State, 1778-1878" *Annual Report of the American Historical Associations for the Year 1906*.

Andrew III., John A., *From Revivals to Removal; Jeremiah Evarts, The Cherokee Nation, and the Search for the Soul of America*, Athens Ga., 1992.

Barbour to Coke, Feb. 3, 1826 in *American State Papers, Indian Affairs*, II.

Bills and Resolutions; US Congress, Register of Debates in Congress.

Calhoun, Report of Jan, 24, 1825 in *American Sate Papers, Indian Affairs*, II.

Commissioner of Indian Affairs. *Annual Report* (CIA).

Evarts, Jeremiah, "Essays on the Present Crisis in Condition of the American Indians, 1829," in Prucha ed., *Cherokee Removal* by Jeremiah Evarts, Univ. of Tennessee Press. Knoxville, 1981.

Evarts, Jeremiah, The "William Penn" Essays and Other Writings in Prucha ed., *Cherokee Removal* by Jeremiah Evarts, Univ. of Tennessee Press, Knoxville, 1981.

Gibson, Arrell M., "The Great Plains as A Colonization Zone for Eastern Indians," in Luebke, F. C. ed., *Ethnicity on the Great Plains*, Lincoln Neb., 1980.

Jackson to Monroe, March 4, 1817, Monroe to Jackson, Oct. 5, 1817, Jackson to Terrill, July 29, 1826 in Bassett, John B., ed., *Correspondence of Andrew Jack-*

son, 7vols. Washington 1926-35, II and III.
Kappler, Charles J., ed., *Indian Affairs and Treaties*, 5vols., Washington, 1904, II.
Kvasnicks, Robert M. and Viola, Herman J. ed., *The Commissioners of Indian Affairs 1824-1977*, Lincoln Neb., 1979.
McCoy to Commissioners, West, Oct. 15, 1832 in Satz, *American Indian Policy in the Jackson Era*.
McKenny, Thomas, *Memories, Official and Personal*, 2vols. New York, 1846.
McCoy, Isaac, *Historical of Baptist Missions* New York, 1840.
Message of Dec. 7, 1824 and Dec. 8, 1829 in Richardson James K. comp., *A Compilation of the Messages and Papers of the Presidents*, 11vols. Washington, 1897, II.
Message of Dec. 5, 1836 and Message of Dec. 3, 1833 in Richardson, James, comp., *A Compilation of Message and Papers of Presidents*.
Miles, William, "Enamoured with Colonization: Isaac McCoy's Plan of Indian Reform," *Kansas Historical Quarterly* 38 (Autumn 1972).
Morse, Jedidiah, *A Report to the Secretary of War of the United States on Indian Affairs*, New Heaven, 1822.
Prucha, Francis P., *Great Father: The United States Government and the American Indian* 2vols. I, Lincoln Neb., 1984.
Report of Commission, Feb. 10, 1834 in Prucha, F. P., *Great Father*, I.
Report of Cass and Clark, Feb. 4, 1829 in *New American State Papers, Indian Affairs* II.
Report made by Isaac McCoy, March 16, 1832 in *New American States Papers, Indian Affairs* II.
Satz, Ronald, *American Indian Policy in the Jacksonian Era*, Lincoln Neb., 1962.
Schultz, George A., *An Indian Canaan, Isaac McCoy and the Vision of Indian State*, Norman Okl., 1972.
Secretary of War Annual Report for 1838 and 1842 in Satz, Ronald, *American Indian Policy in the Jacksonian Era*.
Viola, Herman J., *Thomas McKenny; Architect of America's Earth Indian Policy, 1816-1830*, Chicago, 1974.

第４章　共生の試みと挫折

Berkhofer, Robert F., Jr. Salvation and the Savages: *An Analysis of Protestant Missions and American Indian Response 1787-1862*, New York ; Univ. of Kentucky Pr. 1976.

Mathes, Valeriel, "Chief John Ross," *Masterkey* 54 (April-June 1980).

Perdue, Theda, *Slavery and the Revolution of Cherokee Society 1540-1866*, The Univ. of Tennessee Press. 1993.

Prucha, Francis Paul, ed., *Documents of United States Indian Policy in the United States*, Univ. of Nebraska Press, Lincoln, London, 1819.

Prucha, Francis Paul, *The Great Father; The United States Government and the American Indians*. 2vols. Lincoln Neb., 1984.

第5章　セミノール族・アフリカ系黒人・白人

Garbarino, Merwyn S., *The Seminole: Indians of North America*, ed. By Porter, Frank W., Chelsea Houses Publishers, New York, 1989.

Littlefield Jr., Daniel F., *Africans and Seminoles from Removal to Emancipation*, Gainesville; University of Florida Press, 1967.

McLoughlin, William G., "Red Indians Black Slavery and White Racism: America's Slaveholding Indians," *American Quarterly* 24 (October 1974).

Porter, Kenneth W., The Negro on the American Frontier, New York Arno Press and the New York Times, 1971.

Simmons, William H., *Notices of East Florida* (Reprinted Gainesville: University of Florida Press 1978).

National Achieves Record Group 75 (Records of the Bureau of Indian Affairs), Records of the Commissary General of Subsistence, Seminole.

第6章　インディアンとインディアン文明化

Catlin, George, *Letters and Notes on the Manners, Customs and Conditions of the North American Indian*, 2vols. New York, 1841.

Commissioner of Indian Affairs Annual (CIA) Report: Nov. 16, 1842: Nov. 30, 1848.

Deloria Jr. Vine and Lytle, Califford, *The Nations Within: The Past and Future of American Indian Sovereignty*, New York, 1984.

Foreman, *The Five Civilized Tribes; Duane Champaigne, Social Order and Politi-*

cal Change: Constitutional Governments among the Cherokee, the Choctaw and the Chickasaw and the Greek, Stanford Cal., 1992.

Foreman ed., *A Traveler in Indian Territory: The Journal of Ethan Allen Hitcock*, Cedar Rapids, Iowa, 1930.

Miles, William, "Enamoured with Colonization: Isaac McCoy's Plan of Indian Reform," *Kansas Historical Quarterly* 38 (Autumn 1972).

Pearce, Roy Harvey, "The Metaphysics of Indian-Hating," *Ethnohistory* 4 (Winter 1957).

Prucha, Francis Paul., ed., *Documents United States Indian Policy,* 2nd Ed. Expounded, Univ. of Nebraska Press, Lincoln, 1990: Cherokee Nation vs. Georgia, 1831.

Reed, Gerard, "Postremoval Factionalism in the Cherokee Nation in King," Duane H. ed., *The Cherokee Indian Nation: A Troubled History,* Knoxville 1979.

Remonstrance of Col. Peter Pitchynn, Jan 20, 1849 in *New American State Papers, Indian Affairs* II.

Rothman, David J., *The Discovery of Asylum: Social Order and Disorder in the New Republic* (Boston 1971).

参考文献

本書と共にアメリカ インディアン史を更に研究するために

Perdue, Theda and Green, Michael D., eds. *The Cherokee Removal: A Brief History with Documents*, Boston, Bedford Books of St. Martin's Press 1995.

Prucha, Francis P., *American Indian Treaties: The History of a Political Anomaly,* Berkeley, Univ. of California Press, 1994.

Remini, Robert V., *The Life of Andrew Jackson*, Perenial Classics 2001, New York.

鵜月裕典 「アメリカ先住民:対白人関係の諸相」西村頼男・嘉納育枝編『ネイティブ・アメリカンの文学:先住民文化の変容』 ミネルヴァ書房　2002.

鵜月裕典 「アメリカ・インディアンの自意識の多様性」五十嵐武士編 『アメリカの他民族体制―「民族」の創出』 東京大学出版会, 2000.

W. T. ベーガン／西村頼男・野田研一・島川雅史訳 『アメリカ　インディアン史』 北海道大学出版会　1998.